KB059433

지구와 바꾼
휴대폰

Kaufen für die Müllhalde.
Das Prinzip der geplanten Obsoleszenz
by Jürgen Reuss, Cosima Dannoritzer © 2013 by orange-press, Freiburg

지구와 바꾼 휴대폰

환경을 위협하는 기업들의 음모와 지구를 살리기 위한 우리들의 선택

위르겐 로이스·코지마 다노리처 지음 | 류동수 옮김

애플북스

자원으로 살고 싶은 작은 소망, 이룰 수 있을까?

김미화(자원순환사회연대 사무총장)

휴대전화기가 고장 나면 우리는 A/S센터를 찾기보다는 새 휴대전화기를 구매하는 데 더 익숙해졌다. A/S센터에서 요구하는 수리비용과 새 휴대전화기를 구매하는 비용이 거의 비슷하기 때문이다.

비단 휴대전화기뿐만이 아니다. 컴퓨터, 텔레비전, 프린터, 디지털 카메라 등의 전자제품은 일정 기간이 지나면 느려지고, 고장이 나 버린다. 그럼 우리는 버리고, 사고, 또 버리고, 또 산다. 이런 구매 행태의 반복이 자연스럽게 일상이 되어버린 사회다.

이 책은 19세기 말에서 20세기 초의 전구부터 시작하여 현대인의 필수품인 컴퓨터와 휴대전화기 등의 각종 사례를 들어 쓰레기가 만들어지는 상황을 서술하고 있다. 경제성장, 소비자 심리, 광고, 마케팅, 에너지 등의 주제를 포괄적으로 다루면서 쓰레기가 발생하는 이유와 쓰레기로 인한 환경 파괴, 자원 고갈 등의 문제점들을 냉철하게 짚어주고 있다.

그렇다면 쓰레기는 왜 생기는 걸까? 쓰레기가 발생하는 이유는 여러 가지지만, 단지 불필요한 물건을 버리는 것을 넘어 물건을 구입하는 데에도 쓰레기가 발생한다.

경제는 순환이다. 제품을 만드는 사람이 있으면 구매하는 사람이 있어야 순환되는 게 경제다. 구매가 줄어들면 소매업과 제조업이 타협을 받게 되어 경제성장이 더디게 되고, 경제성장이 둔화되면 실업자가 늘어날 수밖에 없다.

그래서 경제는 우리에게 '제품 구매'를 강요한다. 신제품이 끊임없이 쏟아지고, 낡고 오래된 제품들은 급격히 밀려난다. 심지어 어떤 물건은 못 쓸 만큼 닳지도 않았고, 다 쓰지도 않았으며, 아직 충분히 쓸 수 있음에도 새로운 제품을 사들인다.

이는 휴대전화기만 봐도 알 수 있다. 구입한 지 얼마 되지도 않았건만, 새 모델이 시장에 나오자마자 기존의 모델은 낡은 것이 되어버린다. KT경제경영연구소에 따르면 국내 이동통신사 가입자 중 1년 이내에 약정을 해지하고 휴대전화 단말기를 교체하는 사람은 연간 1,500만 명으로, 전체 가입자의 28.0퍼센트에 해당하는 것으로 추정된다. 이는 경제협력개발기구OECD 주요 국가 중 가장 높은 수준으로, 한국인 4명 중 1명 이상이 휴대전화 단말기를 구입한 뒤 1년 안에 새

것으로 교체하는 셈이다. 이런 식으로 우리나라에서는 연간 2,000만 여 대의 폐휴대전화기가 발생하고, 세계적으로는 5,000만 톤에 달하는 폐전자제품이 발생한다.

전자폐기물에는 금이나 은 같은 유색금속과 팔라듐이나 인듐 같은 희귀금속이 들어 있다. 특히 휴대전화기 한 대에는 금 0.04그램이 들어 있다. 얼마 안 되어 보이지만 1톤의 휴대전화기가 모이면 40그램의 금을 손에 넣을 수 있다. 금광에서 캐낸 1톤의 천연광석에서 채취할 수 있는 금이 4그램밖에 안 된다는 점을 고려한다면, 우리의 선택은 당연히 휴대전화기에 든 금을 열심히 채취하는 것이다. 비용면에서도 이 방법이 훨씬 이익이다.

그러나 우리나라의 폐휴대전화기 수거율은 30퍼센트 내외다. 연간 2,000만 대가 발생한다고 했을 때 고작 600만 대가 수거되는 것이다. 많은 폐휴대전화기가 재사용이나 재활용으로 배출되지 않고, 집 안에 고이 모셔져 있다고 한다. 천연자원 고갈과 고비용, 저효율로 더 이상 자연에서 자원을 얻을 수 없다. 그래서 선진국들은 순환자원 확보를 위해 분리배출에서 재활용 기술 확대를 위해 많은 투자와 노력을 하고 있다. 전 세계에서 가장 물질자원이 부족한 우리나라에서 자원으로 가치가 매우 높고 훌륭하게 재활용할 수 있는 자원을 순환하지 않는다는 것이 과연 옳은 일인지 생각해볼 필요가 있다.

저자는 구매자의 구매욕구와 심리, 제조업체의 생존 전략, 전 지구 차원의 쓰레기 발생과 환경오염, 기술혁신을 종합적으로 언급하면서 쓰레기를 줄이는 방법을 제시한다. 유한 자원을 고려한 유통요금 책정, 탄소배출에 따른 환경비용 등을 계산하여 상품의 금액을 책정해야 한다고 주장하거나 유럽에서 이루어지고 있는 각종 재활용 방안을 소개한다.

현실의 경제성만 생각한다면 이런 노력은 무의미할 수 있지만 장기적, 전 지구적 차원에서 본다면 지금 하지 않으면 안 되는 일들이다. 따라서 이 책은 개인은 물론이고 제품을 생산하는 기업과 사회 전체가 두루 읽어보아야 한다. 내용은 쓰레기에 대한 것이지만, 결국 환경에 대해 무관심했던 스스로의 삶을 성찰해보라는 강력한 요구이기도 하다.

우리나라 전자폐기물이 아프리카나 서아시아 등에 불법 수출되어 그 지역을 오염시키고 주민들의 건강을 해치고 있다는 방송을 많이 봤다. 우리가 버린 전자폐기물로 다른 민족의 건강과 환경을 해한다는 것은 도덕적으로도 국가적으로도 부끄러운 일이며, 바젤협약 위반 사항이다. 전자폐기물 불법 수출을 원천적으로 막는 일은 분리수거함에 잘 넣어주기면 해도 가능하다. 조금 불편하고 귀찮더라도 환경과 자원순환을 위한 일이 무엇인가 고민해보고 실천하는 양심이 우리가 처한 자원순환 고갈 위기를 극복하고, 경제성장 촉진에도 기여할 수 있을 것이다.

일러두기

1. 이 책의 원제는 《Kaufen für die Müllhalde》이며, 동명의 다큐멘터리를 토대로 집필했다. 한국에서는 〈전구 음모이론〉이라는 제목으로 상영되었다.
2. 원서의 11장, 'Die Designer der Zukunft'은 미래를 위해 제품을 디자인하는 디자이너들에 대한 내용으로 이 책에서는 삭제되었다.
3. 저자의 주는 미주로, 옮긴이의 주는 본문에 표시했다.
4. 한국에 출간된 책들은 한국판 제목으로 표기했다.

1장

전자제품이
또 고장 났다!

프린터가 작동하지 않는다. 구입한 지 오래된 제품도 아닌데 고장이 났다. 서비스센터 기사는 "수리를 맡기시려고요? 수리비가 한 120유로쯤 나올 텐데, 아예 새것을 구입하시는 게 더 효율적일 것 같네요. 신제품 프린터는 최저 39유로로면 사실 수 있습니다"라고 조언한다. 결국 프린터 소유자는 수리 대신 새 프린터를 구입하기로 결정한다.

2~3년이 지나면 똑같은 과정이 다시 되풀이된다. 다만, 프린터 소유자가 고객 서비스센터를 들르지 않는다는 점만 다를 뿐이다. 이미 한 번 경험한 사용자는 고민 없이 고장 난 프린터를 폐가전수거함에 버리고 신제품을 구입한다. 스캐너도, 모니터도, 디지털 카메라도, 콘솔 게임기도, 디브이디 플레이어DVD Player도 마찬가지다. 고쳐서 다

시 쓰지 왜 버리느냐고? 사는 게 더 싼데, 누가 그러겠는가?

사고, 버리고, 새로 사고, 또 버리고, 또 새로 산다. 우리는 이런 흐름에 익숙해져서 너무도 쉽게 사고 버리기를 반복한다. 제품수명주기라는 것도 있어서 휴대전화기는 2년마다, 개인용 컴퓨터는 적어도 5년에 한 번씩 새 제품으로 바꾼다. 이 같은 소비습관이 거의 생활화되어 멀쩡한 제품을 두고도 후속 모델을 구입하기도 한다. 그들은 아직 쓸 만한 구형 제품을 신형 제품으로 교체하는 데 아무런 망설임도 없다. 별생각 없이 이루어진 구매의 결과가 곳곳에 쌓인 쓰레기더미임을 그들은 인식하고 있을까?

수리하면
오히려 더 손해

2012년 11월말 "크리스마스 특수를 앞두고 독일인의 구매욕구가 크게 줄었다. 소매업계의 10월 매출액은 지난 4년간 중 가장 부진했다"라는 뉴스가 흘러나왔다. 뉴스 앵커가 굳이 부연설명하지 않아도 우리는 그 말에 담긴 위협을 잘 알고 있다. 즉 구매가 줄어들면 소매업과 제조업이 타격을 받고, 경제 역시 위태로워진다는 것이다. 경제성장이 둔화되면 실업자가 늘어날 수밖에 없다. 구매력의 감소로 인한 고통은 고스란히 우리 몫이 된다.

이 이야기를 떠올리고 쇼핑하러 가는 사람은 아마 없을 것이다. 누가 경제를 살린다는 마음으로 쇼핑센터를 방문하겠는가? 사람들은 위협받지 않더라도 기꺼이 지갑을 열고 물건을 산다. 어떤 물건은 못 쓸 만큼 닳지도 않았고, 다 쓰지도 않았으며, 아직은 제 기능을 충분히 발휘할 수 있음에도 대체용품을 사들인다. 물론 필요해서 구매하는 경우도 있다. 그러나 얼리어답터 Early Adopter 로서의 삶을 누리기 위해 또는 소유의 기쁨을 누리기 위해 물건을 구매하는 경우가 더 많다. "이따금 새것도 한번 사보자!"라는 광고 문구는 이제 당연한 일상이 되었고, 구입 자체가 소비의 목적이 되어버렸다.

화면도, 메모리 용량도 더 크고 디자인도 끝내주게 멋진 새 휴대전화기, 게다가 내장 카메라로 찍은 사진은 몇 년 전만 해도 상상조차 할 수 없는 수준의 해상도를 자랑한다. 옛 휴대전화기가 쓰레기로 전락하는 순간이다. 물론 항상 새 제품을 구입하려 애쓰는 것은 아니다. 5년 넘도록 똑같은 자동차를 몰고, 10년 넘게 같은 소파에 몸을 기대기도 한다. 하지만 이것은 옛것이 주는 편안함 때문이지, 유행이나 변화를 나 몰라라 하는 것은 결코 아니다. 종이접시를 쓰레기통에 버리는 일만 아니라면 그릴 파티 후 설거지를 누가 달가워하겠는가? 가끔은 옛것이 고장 나 새것을 사야 할 때 화가 치밀어 오르기보다는 그냥 덤덤히 받아들이기도 한다. 아무래도 제품의 내구성에 소비자의 욕구가 맞춰져서 그런지도 모르겠다.

과연 그럴까? 한 예로, 스페인 바르셀로나에 살고 있는 마르코스 로페스 Marcos López 의 프린터가 어느 날 갑자기 고장 나버렸다. 프린터가 작동을 멈추자 마르코스는 그 상황을 이해할 수 없었다. 사전에 그 어떤 노후화 조짐도 없었기에 그 상황을 받아들이기가 더 어려웠다. 그는 고장 난 프린터를 버리고 새 프린터를 구입하는 관행을 따르는 대신 그동안 아무 문제없던 프린터가 왜 작동되지 않는지 알아보기로 결심했다.

이 일은 다른 장소에 살고 있는 우리 모두에게 똑같이 발생할 수 있다. 날마다 전 세계 도처의 사무실과 거실에서 말이다. 어느 날 갑자기 비교적 멀쩡하던 새 기기가 작동을 멈춘다. 그것을 곧장 '쓰레기'라고 선언하고 싶지 않다면 어떻게 해야 할까?

마르코스가 이 과정을 처음으로 경험해보았다. 먼저 그는 프린터 제조업체에 문의를 했는데, 고객 서비스센터에 연락해보라는 답변이 돌아왔다. 그다음 마르코스는 몇몇 전자제품 판매점에 들러 프린터 수리를 문의했다. 그러자 한결같은 답변이 돌아왔다. 수리하는 게 오히려 손해라는 것이다. 이쯤 되면 보통의 소비자는 판매업체의 조언에 따라 옛 프린터를 버리고 새 제품을 하나 장만한다. 기존 제품을 수리해서 쓰는 것보다 가격도 더 싼데 망설일 이유가 없다.

하지만 마르코스는 고집스레 버텼다. 무엇이 문제일까? 또 어떻게 하면 그 문제를 해결할 수 있을까? 하지만 제품 사용안내서 그 어디에도 그런 내용은 없었다. 그는 어떻게든 자신의 프린터를 다시 작동하게 만들고 싶었다. 그래서 인터넷을 뒤지며 조사를 시작했다. 여러 인터넷 커뮤니티를 둘러본 결과 자신만의 문제가 아님을 깨달았다. 다른 많은 사람들에게서도 자신과 똑같은 일이 벌어지고 있었다.

즉 해결책에 대한 알림도 없이 어느 날 갑자기 프린터 인쇄가 안 되는 것이다. 이는 특정 제조업체에 국한된 일이 아니라 다양한 상표의 제품에서 공통으로 일어나는 현상이었다. 인터넷 커뮤니티에 올라온 수백 개의 글마다 똑같은 하소연이 담겨 있었지만 뾰족한 해결책은 없었다. 뭔가 미심쩍었다. 마르코스는 계속 그 이유를 파헤쳐 들어갔고, 마침내 단서 하나를 찾아냈다. 다양한 기술 안내서를 비교한 결과 문제는 기기 결함이 아니라 다른 데 있음을 알게 된 것이다. 마르코스는 엔지니어들이 프린터의 수명을 사전에 프로그래밍해서 기기에 내장시킨다는 사실을 알아냈다. 즉 프린터 회로에 내장된 칩 하나가 수명을 결정지었던 것이다. '이이피 롬EEP ROM'이라 불리는 칩은 인쇄 매수를 기록하는 장치로서, 애초 정해진 분량에 도달하면 프린터가 더 이상 인쇄하지 못하게 만들었다(엔지니어가 프린터를 왜 이렇게 만들었는지에 대해서는 나중에 더 자세히 이야기하겠다).

문제의 원인은 찾았지만 해결책은 아직 나오지 않았다. 그 칩이 프린터의 인쇄를 방해하면 어떻게 대응해야 하는가? 다시 인터넷을 탐색한 결과 결정적인 힌트를 얻었다. 러시아의 한 웹사이트가 제공하는 무료 소프트웨어를 이용하면 마르코스의 프린터에 내장된 계수장치를 다시 0으로 설정할 수 있었다. 마르코스는 근본을 알 수 없는 이 소프트웨어를 자신의 컴퓨터에 설치해서 실행하는 일이 썩 유쾌하지는 않았다. 프로그래머 비탈리 키셀레프Vitaliy Kiselev가 동영상 메시지를 통해 자신의 지식을 무료로 네트워크 공동체와 나누는 동기를 온라인상에서 설명하고 있지만, 그것만으로 불신을 완전히 잠재울 수는 없었다. 키셀레프의 음모론적 시각에 영향을 받은 탓도 있었다. 어쨌든 마르코스는 러시아산 무료 소프트웨어를 일단 시험해보기로 하고, 자신의 컴퓨터에 내려 받아 설치했다. 아, 이게 웬일인가? 프린터가 다시 아무 문제없이 작동하는 게 아닌가! 프린터에 내장된 칩이 실제로 그 소프트웨어에 속아 넘어간 것이다.

마르코스의 사례에서 의문 하나가 생긴다. 제조업체들이 의식적으로 기기의 때 이른 고장을 만들어내는 요인을 자기네 제품에 내장하는 건 아닐까? 이 물음에 답하려면 좀 더 조사할 필요가 있다. 이런 조사는 제조업체가 실제로 기기를 조작해 수명을 조절한다는 사실뿐 아니라 고객으로 하여금 구형 제품을 가능한 한 빨리 신형 제품으로 교체하게 하려는 각종 전략을 구사하고 있음을 입증해준다. 그 제품은 칫솔이 될 수도, 침대가 될 수도, 자동차가 될 수도 있다.

이 같은 여러 전략들을 좀 더 자세히 들여다보면, 한결같이 거대한 개념 하나를 중심으로 돌아가고 있다. 바로 '계획된 노후화(또는 진부화)'다. 이 용어의 뜻을 정확히 이해하는 사람은 거의 없지만, 일상에서 자주 접하는 것만은 분명하다. 또 설령 계획된 노후화에 대해 전혀 들어본 적이 없다 하더라도 이미 우리는 소비자로서 그 현상 중심에서 살아가고 있다. 고객 서비스센터가 수리를 말리며 신제품 구매를 권한다면, 이는 종종 '계획된 노후화'의 결과다.

제품의 수명은
누가 정하는가

'옵졸레스첸츠(독일어로 Obsoleszenz, 영어로는 Obsolescence)'라는 단어는 '닳아서 못 쓰게 되다, 노후화되다, 사용할 수 없게 되다'라는 뜻의 라틴어 동사 'Obsolescere'에서 유래했다. '계획된 노후화'라는 개념은 경제 및 산업디자인 분야에서 주로 쓰이는데, 한 제품에 내재 또는 내장된 특성을 일컫는다. 즉 그 제품을 조기早期에 노후화시키거나 사용할 수 없도록 만든다는 뜻이다. 여기서 말하는 '조기'는 이른 시기를 뜻하며, 재료 자체 때문에 못 쓰게 되는 것이 아니라 특정 시점에 그렇게 되도록 제조업자가 의도적으로 계획하고, 실행한다는 의미를 담고 있다.

계획된 노후화는 사실상 모든 제품에 적용된다. 세탁기 드럼통을 둘러싸고 있는 약하기 짝이 없는 플라스틱 덮개가 깨지는 경우, 구입한 지 겨우 4년 된 외장 하드디스크가 연결부에 맞는 케이블이 없어서 그 가치를 완전히 상실하는 경우 등이 그 예이다. 또한 부엌가구에서도 그 예를 찾아볼 수 있다. 과거에 생산된 너도밤나무(비치우드) 무늬의 부엌가구 시리즈를 낡아보이게 만드는 자줏빛의 반짝거리는 칠이 바로 계획된 노후화의 증거다.

대다수 소비자에게는 이 개념이 무척 낯설게 느껴질 것이다. 하지만 소비재 생산업체에게는 노후화에 대한 숙고가 당연한 일로서, 제품 생산 과정과 생산 시기를 계획할 때 자사 제품의 내구성을 계산하는 작업을 반드시 거친다. 이때 그들은 아주 다양한 중점을 설정할 수 있다. 그들이 고객의 만족을 중요시한다면 고객의 구매비용과 비교했을 때 그 제품이 얼마나 빨리 고장 나도 되는지를 계산할 것이다. 다른 한편으로 그들은 자사 제품의 수요가 사실상 다 충족된 뒤에도 그 제품을 계속 팔 수 있느냐에 따라 기업의 존립 여부가 결정된다는 점을 직시해야 한다.

제조업자의 고민과는 별개로 계획된 노후화는 이미 우리 사회 깊숙이 침투해 있다. 성장에 기초한 소비사회 내부에 비밀스레 감춰진 엔진으로서 말이다. 때로는 더 드러나고, 때로는 덜 드러나지만 우리 사회 내에 확고하게 뿌리내린 하나의 메커니즘인 것이다.

더 나아가 노후화는 소비사회에서의 삶에 수반되는 커다란 딜레마들의 접점을 나타내기도 한다. 한편에서는 꾸준한 경제성장에서 벗어나는 것을 재앙이라고 여기며, 생산량과 구매량을 계속 늘려야 한다고 주장한다. 다른 한편에서는 자원 고갈과 산더미 같은 쓰레기를 걱정한다. 이 피해갈 수 없는 딜레마에 맞서려면 노후화를 다루지 않을 수 없다. 노후화가 어떻게 작동하는지, 어디서 접하게 되는지, 또 이것이 필요한지 묻는 것은 무척이나 흥미롭다.

그 답을 찾아내려면 노후화의 시초, 즉 오늘날보다 노후화가 덜 당연시되었으며 그 작용도 더 뚜렷이 인식되었던 시대를 들여다보는 것이 중요하다. 시장통제 도구로서의 계획된 노후화가 처음부터 당연시되었던 것은 아니다. 그 유용성은 일시적으로 다양한 공론을 이

끌어냈지만, 대부분은 반대하는 입장이었다. 한쪽은 계획된 노후화가 소비자를 기만하는 행위라고 비판한 반면, 다른 한쪽은 이를 옹호하며 법적 규정을 마련해 제도화하자고 했다. 또한 계획된 노후화는 제품 조작만이 아니라 소비자들의 심리까지 발 빠르게 변화시켰다.

그 이후 제조업체는 신제품 출시와 계획된 노후화를 시기적으로 적절히 조절하여 소비자들의 사고 및 행위, 결단을 그 과정에 익숙해지도록 만들고 있다. 그리고 제조업체의 지속적인 노력은 성공을 거뒀다. 제품 모델의 교체시기를 소비자들의 내면에 새겨 넣은 것이다. 이제 신제품이 출시되지 않으면 소비자들이 오히려 불안해한다. 만일 누군가가 노후화 제도를 없애기라도 한다면 소비자들은 금단증상을 치료받아야 할지도 모른다.

현대인의 소비생활과 계획된 노후화는 이제 떼려야 뗄 수 없는 아주 긴밀한 관계다. 그런 까닭에 선결파열점Sollbruchstelle(영어로는 Predetermined Breaking Point. 일부의 결함이 시스템 전체를 망가뜨리거나 큰 손상을 유발하는 일이 없도록 특정 부분을 약하게 만드는 것 또는 개봉 따위를 쉽게 하기 위해 제품의 특정 부분을 약하게 만드는 것으로, 이런 부품은 대체로 쉽게 교체될 수 있다. 판초콜릿 위에 그어진 선, 수류탄의 홈, 알루미늄 깡통의 따개 부분 등이 그런 사례다. 이와 달리 때로는 쉽게 고장 나도록 미리 만들어둔 부분, 즉 이 글에서 말하는 '계획된 노후화'를 가리키는 뜻으로도 쓰인다. - 옮긴이) 같은 아이디어가 경제활동 과정에서 아무런 역할도 하지 못하던 시대를 회상하는 일은 이제 별 의미가 없어졌다.

그런데 평생 쓸 수 있는 제품을 생산하던 시절이 사실 그리 오래 전은 아니다. 그 시절만 해도 철물점의 재료를 이용해 운전자가 직접 수리할 수 있는 자동차가 있었고, 무거운 트랙터도 끌 수 있는 질긴 나일론 스타킹이 있었으며, 100년 넘게 불을 밝히는 전구도 있었다. 어떤 면에서는 지금의 모든 사태가 마지막에 예로 든 전구로부터 시작되었다고 해도 과언이 아니다.

2장

100년 전구는 어디로 갔을까?

"순전히 통계적으로만 보면 전구는 수천 개마다 한 개꼴로 기술적으로 불이 전혀 켜지지 않는다. 그렇다고 아직도 환하게 빛을 발하는 이곳의 전구를 보고 크게 놀라서는 안 된다. 진실을 알면 더 놀랄 것이다."

실제로 토머스 핀천Thomas Pynchon이 쓴《중력의 무지개Gravity's Rainbow》(독일어판 제목은《우화의 종말Die Enden der Parabel》)에 등장하는 '바이론Byron'이라 불리는 전구의 역사는 매우 놀랍다. 바이론은 절대 꺼지지 않기 때문이다. 보통 1,000시간이 지나면 타서 끊어지는 일반적인 전구의 필라멘트와 달리 바이론의 필라멘트는 1,000시간이 지나도 멀쩡하다. 사이언스 픽션 스릴러 장르의 고전적 모티프가 그러하듯, 바이론이라는 전구는 공장 안에서의 실수로 탄생한다. 그리하여 수명 1,000시간이라는 한도를 초과하여 빛을 낼 수 있게 된 것이다. 그 뒤 어떤 일이 일어나는지는 정확히 규정되어 있다. 조명일탈통제위원회는 바이론을 파괴할 사람을 급히 베를린으로 보내지만, 전구는 그의 손길을 벗어난다.

이 바이론의 존재로 인해 '푀부스 카르텔Phoebus-Kartell'의 정보요원들이 활동에 나선다. 이들의 임무는 가격 결정뿐 아니라 개별 전구에 대해 최장 1,000시간이라는 수명을 관철하고 통제하는 것이다. 전력망 운용업체와 전구 제조업체는 협상을 통해 전구 수명을 제한하는데 합의한다. 즉 더 굵은 필라멘트를 써서 빛의 세기를 줄이면 전력망 운용업체에게는 유리하지만 전구 수명이 늘어난다. 반면 더 가는 필라멘트를 쓰면 빛은 더 강해지지만 전구 수명이 단축된다. 결과적으로 전구 제조업체에게 유리하다. 이렇게 합의된 전구 수명은 양측모두에게 대체로 같은 이익을 보장해준다.' '어떤 업체도 이 평균 수명을 더 늘리는 행위를 하지 않도록' 감시하는 통제실은 스위스의 고지대 초원 어딘가에 있다.

조명일탈통제위원회는 핀천의 소설 속에서만 존재하지만, 바이론은 실제로 있다. 실제 그 전구의 이름은 '센테니얼 라이트 벌브Centennial Light Bulb', 즉 '100년 전구'다. 이 전구는 독일 베를린이 아니라 미국 캘리포니아 주 리버모어Livermore 시의 한 소방서에 있으며, 거의 110년째 그곳을 환히 밝히고 있다.

1972년, 핀천의 소설이 발표되기 한 해 전 마이크 던스턴^{Mike}
Dunstan 기자는 〈리버모어 헤럴드 뉴스^{Livermore Herald News}〉에 이 꺼질 줄
모르는 전구에 대한 기사를 실었다. 그때부터 이 전구는 리버모어 시
의 명물이 되었고, 기네스북에도 올랐다. 사람들의 열기는 오늘날까
지 이어지고 있다. 2001년 6월에는 거의 900명이 소방서에 모여 이
전구의 100세 생일을 축하했다. 처음 전구를 소방서에 설치하는 모
습을 지켜보았던 소방대원들은 아무도 없었다. 던스턴 기자가 이 전
구에 대해 보도했을 당시 이미 그들은 구순을 훌쩍 넘겼었다. 하지만
그들은 기자에게 그 전구가 1901년부터 켜졌다고 증언해주었다. 몇
년 전부터 전구는 웹카메라를 통해 관찰되고 있다. 그러나 현대적 기
술의 카메라도 100살 넘도록 빛을 발하는 전구를 감당하지 못했다.
처음 설치된 카메라는 겨우 3년을 버텼고, 두 번째 카메라도 진작 교
체되었다.

100년 전구가 전구의 수명에 대한 오늘날의 기대를 크게 웃도는
것은 어떻게 된 일인가? 스티브 번^{Steve Bunn}은 이미 오래전부터 그 전
구에 대한 이야기에 관심을 보였다. 그는 웹카메라를 장착하고 웹사
이트도 함께 만들었다. 그 밖에도 그는 오래된 발광체에 열광하는 사
람이라 광범위한 수집품을 소장하고 있었다. 그가 수집한 전구는 모
두 19세기 말에 제작된 것으로, 이는 리버모어의 전구가 이국적인 예
외가 전혀 아님을 보여주는 증거다. 전구가 수년, 이따금 수십 년 동
안 빛을 발하는 게 아주 당연시되던 때가 있었다. 번은 자기가 소장

한 전구들을 신뢰하여 복도용 야간 조명으로 이용하고 있으며, 늘 또 다른 샘플을 구하려고 탐색에 나선다.

"주로 벽장이나 저장 창고 또는 비스킷 깡통에서 그런 전구가 발견됩니다. 저는 그것을 인터넷이나 벼룩시장에서 구입하죠."

그가 소장한 모든 전구들은 아직도 작동한다.

리버모어 소방서를 밝히는 그 전구는 1895년 미국 오하이오 주 셸비Shelby에서 만들어졌다. 전구 속에 가공되어 들어간 필라멘트는 프랑스 혈통의 발명가 아돌프 샤예Adolphe Chaillet가 만들었다. 1900년 10월 23일 샤예는 자신이 개발한 필라멘트에 대한 미국 특허를 신청했다. 특허에는 내구성 있는 필라멘트의 합성이 아니라 필라멘트를 꼰 방식만 나와 있다. 샤예의 전구는 1897년 이래 셸비 전기회사Shelby Electric Company가 생산했다. 당시 회사 광고에는 '수명 최장Longest Life'이라는 문구가 자랑스럽게 적혀 있다.

1914년 셸비 전기회사는 그 당시 다른 소규모 전기회사들과 마찬가지로 제너럴일렉트릭General Electric, GE에 흡수되었다. 그러면서 셸비 전기회사가 어떻게 오래가는 필라멘트를 만들었는지에 대한 이야기는 망각 속에 묻히고 말았다. 번이 비감하게 표현했다시피, "샤예는 그 비밀을 무덤 속으로 가지고 가버렸다."

샤예의 필라멘트를 둘러싼 비밀이 전구의 역사에서 유일한 미스터리는 아니다. 현대의 분석기술이라면 그 사이에 비밀을 풀었을 것이다. 더 긴장되는 것은 어째서 오늘날의 전구는 100년은 차치하고

라도 5년 또는 적어도 20년은 작동해야 할 터인데 왜 기껏 한두 해밖에 작동하지 못한단 말인가 하는 물음이다. 전구는 '대량생산 제품의 조기 마모'라는 총참모부(모든 것을 결정하는 기관을 지칭하는 비유적 표현 - 옮긴이)의 계획에 희생된 최초의 유명한 제품이자 패러다임 교체의 시작이다. 말하자면 그때까지만 해도 사람들은 당연히 가장 우수하고 가장 오래가는 재료와 기술을 동원하는 것이 사업을 위해서도 가장 좋은 방법임에 틀림없으리라고 여겼던 것이다. 그런데 이 원칙과 결별한 제품이 바로 전구이며, 그런 방향으로 나아가기 위한 초석이 깔린 것은 1924년 말이었다.

**전구 생산을
통제한 사람들**　　　　　　바이마르 바우하우스 대학교에서
　　　　　　　　　　　　　과학매체사를 가르치는 마르쿠스
크라예프스키Markus Krajewski 교수는 훌륭하게 문서화되어 남아 있는 이 계획된 노후화의 사례에 대해 이 같은 말을 남겼다.

"1924년 크리스마스는 매우 특별한 날이다. 제네바의 어느 뒷방에서 줄무늬 양복을 입은 몇몇 신사들이 은밀한 계획을 처리하기 위해 모였다. 그들은 세계 최초의 카르텔을 설립했다. 이 카르텔은 전 세계의 전구 생산을 통제하고 세계 시장을 자기네끼리 나눠먹자는 목표를 세웠다. 이 카르텔은 '푀부스Phoebus'라는 이름을 갖게 되었다(푀부스는 로마 신화에 나오는 태양의 신 '아폴로'의 별칭이며, '빛나는 사람'을 의

미한다. 제품 수명 단축을 기치로 내건 한 단체가 그 이름으로 불사의 존재자의 이름을 선택한 것은 실로 아이러니하다)."

크라예프스키 교수는 이 주제를 자신의 박사학위 논문에 헌정했다. 그 역시 많은 전구를 수집해 보관하는 사람으로, 그는 수집한 전구들을 바이마르에 있는 자신의 오래된 집 서재를 장식하는 데 사용하고 있다. 하지만 스티브 번의 전구와는 반대로 그의 전시물들은 현대에 제작된 복제품으로, 이들은 에디슨 전구 같은 명칭을 달고는 얼마 전부터 가정용 장식품 판매점에서 향수 어린 부활을 구가하고 있다. 그 외에도 크라예프스키 교수는 《전구Das Glühbirnenbuchs》라는 책의 편찬자들 중 한 명인데, 이 책은 푀부스 카르텔이 여기저기로 가지를 뻗어나가며 벌인 활동들을 보여주려는 목적을 지녔다.[2]

전구 사업의 조직화를 위해 전 세계 최대 산업국들의 주도적 전기기업들이 경제사經濟史상 최초로 제휴를 맺었다. 마르쿠스 크라예프스키 교수는 복잡한 조직구조의 생성을 다음과 같이 재구성했다. 앞서 언급한 줄무늬 양복을 입은 신사들은 전 세계 거대 전구 생산업체의 대표들이었다. 명단에는 유럽의 필립스Philips와 오스람Osram, 미국의 제너럴일렉트릭 그리고 일본과 브라질의 제조업체들뿐만 아니라 심지어 식민지 아시아와 아프리카에 있는 외진 식민지 국가의 기업들도 들어 있었다. 이들이 세운 카르텔은, 아주 중립적으로 말하자면 세계시장의 질서를 바로잡는 데 목표를 두었다.

이들은 구속력 있는 산업 표준을 제정했다. 예를 들면 소켓과 전

구에 대한 통일된 규격 같은 것인데, 일부는 오늘날까지 남아 있다. 이 같은 제품의 규격 통일은 소비자에게 매우 유리했다. 전구를 사기 전에 먼저 각 전구에 맞는 소켓부터 찾아야 하는 번거로움을 누가 감수하려 들겠는가? 하지만 카르텔의 본질적 합의는 이보다 덜 고객친화적이었다. 이에 관여한 제조업체들은 각각 자기네 제품을 경쟁 없이, 보호받는 지역 내에서 판매할 수 있다고 한다. 이를 위해 배타적 시장 그리고 공동 시장에 대한 쿼터가 결정되어 다양한 생산자에게 할당되었다. 예컨대 퉁스람Tungsram은 자국인 헝가리 시장을 할당받았고, 유럽 시장 전체 몫 중에서는 약 25퍼센트를 확보했다.[3]

그러나 이에 관여한 거대 기업의 주장만 반영된 게 아니라 조명 제품의 특성도 엄정히 규정된다.[4] 머잖아 제품 하나가 기술 개선 덕분에 더 신뢰받고 더 오래갈 수 있다는 상상은 전 세계의 전구 제조 업체들에게는 분명 기쁨보다는 불안을 제공했다. "이들 기업으로서 는 소비자들이 더 규칙적으로 전구를 구입하는 게 당연히 더 좋다. 오랫동안 타면서 빛을 내는 전구는 경제적으로는 손해다"라고 크라 예프스키 교수는 요약한다.

이것이 아주 구체적으로 의미하는 바를 필립스는 이미 1928년에 수치상으로 계산해냈다. "전구 수명이 개당 10시간만 늘어나도 이는 전 세계 할당량으로 계산해보면 1퍼센트 내지는 400만 개의 손실을 의미한다."[5]

전구의 수명은 앞으로 1,000시간으로 하향 조정되어야 한다. 베 를린 주립 자료관에 보존된 카르텔 내부 문건을 보면 카르텔 회원사 들은 이렇게 정해진 목표를 아주 분명히 고수한다. "The average life of lamps for general lighting service must not be guaranteed, published or offered for another value than 1,000 hours." 이 말 은 곧 일반 조명용 전구의 평균 수명에 대해 1,000시간 이상의 가치 를 보증하거나 광고하거나 제공해서는 안 된다는 것이다.[6]

토머스 에디슨이 1881년 파리 세계박람회에서 소개한 전구만 해 도 당시 이미 1,586시간 동안 불을 밝혔다는 사실, 그리고 1926년 에 푀부스 자체가 조사한 전구의 평균 수명이 1,800시간에 달했다 는 점을 생각한다면, 1,000시간은 그리 긴 수명이 아니다.[7] 그러나 1,000시간은 지나치게 짧은 제품 수명으로 인해 고객들의 짜증을 불

필요하게 유발하지는 않으면서, 그럼에도 불구하고 전기회사들이 매출을 넉넉히 올릴 수 있을 정도로 충분히 긴 수명이다.

그런 목표는 누구든 스스로, 그것도 공개적으로 처벌도 받지 않으면서 표현할 수 있었겠지만 카르텔이 그렇게 담합해서는 안 된다. 담합이 없었더라면 수명 단축은 곧 경쟁력의 손해로 작용할 수 있었을 것이다. 이들 문건에는 1,000시간 한도를 초과했을 때 얼마나 초과했는가에 따라 강력한 징벌을 규정한 벌칙표도 당연히 들어 있었다. 예컨대 전구가 2,000시간 이상을 작동하면 1,000개당 50스위스 프랑CHF이, 또 2,500시간 이상을 작동하면 100스위스 프랑이 벌금으로 부과되는 것이다.[8]

그러다가 1925년에는 푀부스라는 지붕 아래에 '수명 1,000시간 위원회'가 설립되었다. 이 위원회가 하는 단 하나의 업무는 수명 제한 조치를 카르텔 회원사 측에 관철하고, 월간 내구성 보고서에 기록으로 남기는 것이었다. 이곳에는 수많은 소켓이 설치된 검사대가 있었다. 여러 다양한 생산 라인에서 만들어진 전구 샘플들을 여기에 끼워 연소 시간을 직접 비교하는 것이다. "오스람 같은 회사들은 소켓에 끼운 전구들이 얼마의 시간 동안 빛을 냈는지를 아주 정확히 기록했다"라고 크라예프스키 교수는 설명한다. 검사 장비를 찍은 오래된 사진이 몇 장 있는데, 이를 통해 밝게 빛나는 수백 개의 다양한 전구들이 열 지어 끼워져 있음을 볼 수 있다.

전구 카르텔의 담합은 고객들에게만 짜증나는 일이 아니라 기술 수준에도 심각한 상처를 남겼다. 직업교육을 할 때에는 신진 산업디자이너와 엔지니어들에게 여전히 제품을 가능한 한 훌륭하게 디자인하라고 가르쳤다. 푀부스 카르텔이 설립되기 전에는 최장 2,500시간의 수명을 가진 전구를 자랑한 제조업자들이 많이 있었다. 카르텔의 담합 이후 연구 부서에는 까다로운 과제가 떨어졌다. 즉 영업부의 의도에 맞추어, 전구 수명을 가능한 한 정확하게 사전에 정해진 발광시간에 맞게 하향조정하라는 것이다.

푀부스가 설립되고 80여 년이 지난 뒤, 헬무트 회게Helmut Höge 기자는 이 위원회의 활동에 대한 증거자료를 발견했다. 평범한 종이서류철에서 카르텔에 참여한 전구 제조업체들의 내부 문건 다수가 발견된 것이다. 누렇게 변색된 종이에 당시의 타자기 자판을 두드려서 작성한, 탈색된 청색 및 흑색의 글씨로 뒤덮인 수천 장의 문서들이 느슨하게 철해져 있었다. 이 자료는 푀부스의 관료주의적 유산이었다. 이 문서에는 네덜란드의 필립스, 독일의 오스람, 프랑스의 콩파니 드 랑프Compagnie des Lampes 등 다수의 유명 전구업체 이름이 적혀 있었다.

주도적 발의자 목록에는 미국의 제너럴일렉트릭도 들어 있었다. 뉴욕에 본사를 둔 이 회사는 설립자 토머스 에디슨의 수많은 특허 덕에 전 세계를 주도하는 전기그룹으로 떠올랐다. 라이프치히 대학교에서 주로 카르텔 연구를 하고 있는 여류 학자 마리아 히드베기Mária Hidvégi에 따르면, 푀부스는 1919년 제너럴일렉트릭이 전 세계 전기 산업의 판도를 새로 짜기 위해 도입한 전략의 핵심요소였다.[9] 1924년 중 세계 최대의 전구 수출업체인 필립스 같은 제조사와 담합함으로써 불필요한 경쟁을 피하자는 것이다. 또 유럽의 거대 기업들도 시장 담합에 관심을 갖고 있었다. 유럽 시장은 미국 시장만큼 보호관세를 통해 보호받고 있지 못했던 것이다. 전 세계의 주도적 전기회사들이 생산허가제, 경험 교류 및 카르텔 담합을 하기로 합의함으로써 카르텔 회원사 각각의 자국 시장이 결정되었고, 공동 시장에 대한 쿼터가 확정되었다고 한다. 담합을 제한하는 미국법과의 갈등을 피하려고 제너럴일렉트릭은 해외 자회사를 통해서만 푀부스에 참여했지만, 핵심 회원사에 대한 지분을 통해 그리고 미국 및 캐나다 시장에서의 조명제품 독점 공급권을 통해 주도적 역할을 확보했다.

다른 나라들도 이 시기에 이미 국내 제조업의 담합을 방지하기 위한 카르텔 관련 법규를 갖고 있었다. 하지만 예외도 있었는데, 스위스가 그중 하나였다. 그래서 푀부스 카르텔은 최종적으로 제네바를 본부 소재지로 선택했다. 푀부스의 운영위원회 의장인 빌헬름 마인하르트Wilhelm Meinhardt는 1928년 본부 소재지 선정 기준을 설명하면서 "각 국내법의 상이성에 가급적이면 종속되지 않는 방향으로" 했다고 근거를 댔다.[10] 이는 어디까지나 표면적 이유일 뿐 속내를 들여다보면, 기업들에게는 모든 국가적 제약을 피하는 것이 중요했다고 말할 수도 있을 것이다.

푀부스는 빠른 시간 내에 남다른 성공을 거두었다. 미래에 불필요한 경쟁을 할 필요가 없도록 시장을 말끔히 분할한 것만이 아니다.

더 중요한 것은, 카르텔이 설립된 지 2년이 지나 전구가 2,500시간 이상 켜지는 것이 아니라 이미 수명이 1,500시간 미만으로 줄어들었다는 사실이다. 그리고 마침내 1940년대에 카르텔의 목표가 달성되었다. 전구의 표준 수명이 1,000시간에 도달한 것이다.

카르텔 담합이
남기고 간 것

1942년 카르텔 담합이 깨지기까지는 거의 20년이 걸렸다. 제2차 세계대전이 한창이던 시절, 푀부스 회원사들이 뉴욕에서 회동했다. '어떻게 하면 전쟁으로 인한 통상通商 제약을 피해서 전구 제조에 필요한 텅스텐을 규정대로 독일 측 사업 파트너에게 공급할 수 있는가' 하는 문제를 해결하기 위해서였다. 미국 당국은 이들의 회동을 주목했다. 그리고 미국 정부는 이를 제너럴일렉트릭 및 여타 전구 제조업체에 대해 소송을 제기하는 기회로 삼았다. 심리는 11년 동안 계속되었고, 이 기간 동안 세계적으로 얽힌 카르텔이 조심스레 재구성되었다. 그러다 1953년 마침내 거대 기업인 제너럴일렉트릭, 오스람, 필립스 등에게 추가적 담합 및 전구의 인위적 수명 단축을 금지한다는 판결을 내리며 재판은 종결되었다.

하지만 실제로 이 판결은 아무런 효력이 없었다. 사람들이 요구한 벌금형에는 이르지 않았고 1,000시간 제한과 관련해서도 실제로 달라진 내용은 아무것도 없었다. 이는 당연히 이 거대 기업들이 계속

자기네 담합을 유지하고 있다거나 카르텔이 다른 형태로 부활했다는 추측을 들쑤신다.

이 결정이 1953년 이후 실제로 어떻게 되었는지에 대해서는 의견이 매우 분분하다. "제2차 세계대전 이후 전구 카르텔은 더 이상 재조직되지 않았다"는 사실을 적어도 히드베기는 확신하고 있다.[11] 역사학자 크라예프스키 교수는 카르텔의 흔적을 찾을 수 없었다고 말한다. "서류상으로 사업보고서는 1940~41 회계연도의 것이 마지막이다."[12] 그럼에도 불구하고 그는 이 기관이 계속 존재한다고 확신한다. 가급적 흔적을 지워버리기 위해 끊임없이 조직을 새로 만들고 이름을 바꿔가며 활동하고 있다고 보는 것이다. "얼마 전까지만 해도 모든 전구에 대해 통제를 기하는 그 기관은 국제전기협회International Electrical Association, IEA라 불렸다. 기관 소재지는 재빨리 제네바 호수를 건너 로잔 쪽으로 옮겨졌으나, 그곳도 마찬가지로 1989년경 해체되었다고 한다. 그렇다고 해서 오래전부터 유지되어 오던 담합이 무효화되었음을 의미하지는 않는다."[13] 1946년 미국 법무부의 위탁으로 활동 중인 카르텔Cartels in Action에 대한 조사가 이루어졌는데, 이 조사는 적어도 해체에 대해서는 아무 언급도 하지 않고 있다.[14]

이따금 잠수를 타는 행위는 필경 일반적 전략의 하나일 것이다. 전반적으로 카르텔의 활동은 문서상의 기록으로 남겨지지 않는다. 주소만 있는 페이퍼 컴퍼니와 비슷하게, 특정 이름하에 결성된 단체는 기본적으로 계약 및 재정적인 것을 통제하는 데 필수적인 최소한의 형식적 껍질을 일시적으로만 제공한다. 약간 혼동을 주는 것도 어느 정도까지는 규칙의 일부다. 푀부스 카르텔과 국제전기협회의 경우 이 혼동은 원하는 효과를 달성했다. 그들의 흔적을 추적하기가 어려워진 것이다. 국제전기협회는 1936년 12월 11일 취리히에 설립되었고, 처음에는 런던에 사무국을 하나 두었다. 1941년 계약 당사자 간에 불만이 나타났다. 미국 시장에서 제너럴일렉트릭과 경쟁을 벌였던 웨스팅하우스 일렉트릭 인터내셔널Westinghouse Electric International이 카르텔에 대한 협력을 중단했기 때문이다. 그리하여 1945년 6월 5일 세계시장 분할을 위한 새로운 합의가 이루어졌는데, 그 합의문 B절節에는 다음과 같은 문구가 적혀 있다. "이로써 전쟁 이전에 존재했던 국제전기협회의 모든 의무사항을 넘겨받아 이행한다."[15]

국제전기협회의 또 다른 운명에 대해서는 브라질의 카르텔 전문가 쿠르트 루돌프 미로Kurt Rudolf Mirow의 말을 빌려 알 수 있다. 그는 전기업체 공동 소유자이자 브라질 전기산업협회ABINEE의 전기기계 부문장으로서 몸소 다국적 카르텔 전략가들의 압력을 체험한 바 있다. "1974년 2월 국제전기협회는 조심스럽게 그리고 미래를 내다보고서, 영국이 유럽경제공동체European Economic Community, EEC에 가입(1973년 가입 - 옮긴이)한 후 담합 관련 서류에 대한 경찰 몰수가 있을 수 있다고 보아 부시 하우스Bush House(20세기 초반에 건립된 런던 중심가의 건물. 얼마 전까지만 해도 BBC가 입주해 있었으며, 완공 당시 세계 최고가 건물로 꼽히기도 한 유서 깊은 건물이다. - 옮긴이)에 입주해 있던 그들의 오랜 런던 사무실을 포기하기로 의결했다. 국제전기협회는 새로 이사 가는 곳의 주소도 남기지 않고 사라져버렸다."

2년 뒤 국제전기협회가 로잔 인근 풀리Pully에서 다시 발견되었을 때 쿠르트 미로는 그 조직과 접촉을 시도하려 했다. 그러나 협회의 사무국장 제임스 로빈슨 휴즈James Robinson Hughes는 단호하게 "우리는 할 얘기가 없소!"라고 입장을 밝혔다.[16]

카르텔 형성에 대한 정보를 얻기란 여전히 어렵다. 추측은 난무하지만 의혹의 여지 없이 낱낱이 입증되지는 않는다. 쿠르트 미로 역시 국제전기협회의 해체를 믿지 않는다.

다른 한편으로 유럽연합European Union, EU 집행위원회는 2012년 그 비슷한 성질의 사건을 밝혀내고는, 텔레비전과 컴퓨터 모니터에 들어가는 브라운관에 대해 세계적으로 활동한 두 개의 카르텔을 결성했다는 이유로 일곱 개 국제적 대기업에게 총 14억 7,000만 유로(약 2조 원 - 옮긴이)의 벌금을 물렸다. 거기에는 퓌부스를 공동으로 설립한 필립스도 포함돼 있었다. 1996년부터 2006년까지 이들 거대 기업들은 은밀히 가격 담합을 행했을 뿐 아니라 서로 시장을 분할했으며, 생산 제한을 통해 인위적으로 가격을 끌어올렸다.

집행위원회가 이 카르텔에 대해 발표한 세부 자료들을 들여다보면 전구 카르텔과의 놀라운 유사성을 발견할 수 있다. 전구 카르텔 회원사처럼 모니터 제조사들도 일종의 검사대를 운영한 것으로 보인다. 집행위원회가 보도자료를 통해 "게다가 카르텔 가담 업체들은 카르텔 담합의 실천 여부를 감시했다. 예를 들면 개인용 컴퓨터 브라운관 카르텔의 경우와 마찬가지로, 공장에서 생산량 제한을 준수하는지를 점검함으로써 그렇게 한 것이다"라고 밝힌 것이다. 음모론적 요소까지도 발견되고 있다. 소위 '그린 미팅Green Meetings'에서 이들 기업의 최고위층으로 구성된 팀이 서로 만나 두 개의 카르텔이 나아갈 방향을 협의한 것이다. 이 명칭은 미팅 후 벌어지는 의무적인 골프 파티에서 기원한다. 이들 기업은 당연히 자신들이 현행 법규를 위반했음을 의식하고 있었다. 그들의 문서에는 부분적으로 "고객 또는 유럽연합 집행위원회에 공개될 시 아주 위험할 수 있으므로 비밀 엄수가 요구됨"이라는 경고문구가 적혀 있었던 것이다. 유럽연합 집행위원회의 발표에 따르면, 심지어 몇몇 문건에는 문서를 본 뒤에는 파기하라는 문구까지 들어 있었다.[17]

그러나 국제전기협회 또는 혹 있을 수도 있는 후속 조직들의 비밀 음모에 대한 유사 증거를 찾아 뒤지다가 암울한 음모론의 늪만 계속 들쑤실 위험에 처하기보다는, 전구 수명의 발전을 더 정확히 살펴보는 것이 유익하다. 전구 수명을 1,000시간으로 정한 것을 방어하는 오늘날까지의 공식적 논리는 그것이 빛의 획득, 전구의 수명 및 전기소비 간에 있을 수 있는 최선의 타협점이라는 것이다. 튼튼한 필라멘트는 전구 수명은 더 늘려주지만 빛은 덜 발생시키며, 이와 반대로 빛을 더 많이 발생시키는 더 가는 필라멘트는 전구 수명을 단축시킨다는 것이다. 이는 단순한 설명이다. 왜냐하면 필라멘트를 둘러싸고 있는 매개물, 예를 들면 가스나 진공 상태 같은 것이 일정한 역할을 하기 때문이다. 또 전구의 수명에 대해서는 더 자세하면서도 복잡한 계산식이 있다. 그러나 그것이 결과의 본질적 변화를 가져오지는 못한다.[18] 다만, 그것과 비슷한 근거를 들자면 옛 동독의 전구는 평균 2,500시간을 밝혔고, 중국에서는 심지어 5,000시간을 밝힌 전구도 있었다.[19]

토머스 에디슨이 처음 전구의 표준을 정한 이후 100년 넘게 흐르면서 10여 명의 발명가들이 다양한 수명을 지닌 신형 전구에 대해 특허를 신청했는데, 그중에는 1만 5,000시간 동안 사용할 수 있는 전구도 있었다. 이 전구는 독일의 발명가 디터 비닝거Dieter Binninger가 베를린 시내의 교통 신호등용으로 개발한 것이다. 비록 다른 전구에 비해 에너지를 좀 더 많이 소비한다는 단점은 있었으나, 이 전구를 사용하면 고장 난 신호등의 전구 교체를 위해 투입될 수리 차량이 훨씬 적어진다는 점에서 충분히 단점을 보완할 수 있었다.

그러나 비닝거의 전구도, 다른 변이형도 생산으로 이어진 적은 결코 없다. 여러 대안 전구들 가운데 어째서 단 하나도 소비자 곁으로 갈 수 없었는가, 하는 질문에는 아직 명확한 대답이 없다. 베를린의 여러 벼룩시장에서 사람들이 많이 찾는 긴 수명의 나르바NARVA 전구는 동독의 기술자들이 2,500시간의 수명을 갖도록 만든 것인데, 이는 고객들이 적어도 그런 욕구를 갖고 있음을 보여준다.

그러나 그 사이 기존 전구가 얼마나 오래 작동되는가, 하는 문제는 어차피 별 역할을 하지 못하는 것으로 상황이 전개되었다. 이제 게임은 다른 운동장에서 벌어지고 있다. 2012년부터 유럽연합 내에서는 소비전력 10와트 이상의 모든 표준 전구를 제조 및 판매할 수 없다. 그런데 기존 비효율 전구의 사용 금지 조치는 우리의 예상과는 달리 해당 제조업계에게는 하나의 축복이다. 왜냐하면 전구는 수십 년 전부터 기술적으로 이미 할 수 있는 만큼 이용되었으며, 그 사이 값도 계속 싸져서 전구로 돈을 벌기가 거의 불가능한 상태가 되었기 때문이다. 그런 시점에 전구는 낡은 것이라고 선언하고 고객들에게 훨씬 더 비싼 에너지 절약형 전등으로 갈아 끼우라고 강제하는 법이 나왔으니, 제조업자는 그야말로 하늘이 내려준 선물을 받은 것이 아닐 수 없다. 에너지 절약형 전등은 그때까지만 해도 가격이 비싼 데다 아직 기술적으로 충분히 무르익지 않은 탓에 다수 구매자들에게서 외면받고 있었다. 몇몇 제조업체들은 전구 사용이 금지되자마자 즉각 에너지 절약형 전등 및 형광등 가격을 25퍼센트까지 인상하기도 했다.[20]

먼저 홍보를 시작한 형광등 모양의 에너지 절약형 전등도 기존 전구와 마찬가지로, 머잖아 노후화의 희생물로 전락할 수 있다는 조짐이 이미 현실에서 나타나고 있다. 이 전등은 수은 함량이 높고 발광력이 만족스럽지 못하다는 심각한 결점을 지닌 것이다. 종래의 에너지 절약형 전등에 이어 나온 것이 발광 다이오드LED 전등으로, 이것은 에너지 소비는 적으면서 수명은 최장 1만 9,000시간에 이른다.

유럽 표준화위원회European Committee for Standardization는 아직 LED 전등의 표준화에 대한 결정을 내리지 못했다. 책임을 맡은 위원회에는 제조업체도 참여해 있다. 이들은 자기네 제품의 수명을 결정하고, 표준화위원회는 이 수치를 어떻게 검사할 수 있을지를 결정한다. 보통은 제조업자가 자기 공장 내 규정을 자체 품질관리 차원에서 점검하는 것으로 충분하다. 다른 기관에 의한 추가 검사는 가능은 하되 강제 규정은 아니다. 그러므로 미래의 조명체의 수명을 결정하는 주체는 제조업체의 규정일 것이다.

산업계는 내구성이 뛰어나 오래 작동되는 제품이 잘 팔린다는 사실을 이미 전구 카르텔 시대에도 알고 있었다. 심지어 미국의 한 대기업은 20세기의 첫 20년 동안 그런 제품으로 비할 바 없는 세계적 성공에 이르기도 했다. 그러나 그 전략으로 말미암아 그 회사는 1920년대 중반에 고객 확보 전쟁에서 패배하고 말았다.

1 핀천이 꾸며낸 이야기가 아니다. 1944년 웬델 버지 Wendell Berge 는 카르텔에 대한 연구
를 통해 거대 에너지 공급업체 한 곳과 제너럴일렉트릭 사이에 오간 서신을 근거로 전기
공장들이 전구 제조업체와 공동으로 형광등 개발을 뒤로 미루었음을 입증한다. 전기 및
전구 판매가 줄어들까 두려워서 그렇게 한 것이다. Wendell Berge, *Cartels: Challenge to a
Free World*, Washington 1944, 44쪽 이하.

2 Peter Berz, Helmut Höge, Markus Krajewski(편), *Das Glühbirnenbuch*, Wien 2011.

3 이어지는 여러 설명에 대해서는 Markus Krajewski, "Im Schlagschatten des Kartells",
in: Markus Krajewski, Bernhard Siegert(편), *Thomas Pynchon: Archiv – Verschwörung –
Geschichte*, Weimar 2003, 73~108쪽 및 93쪽을 살펴보라. 카르텔의 발달에 대해서는
Markus Krajewski, "Vom Krieg des Lichtes zur Geschichte von Glühlampenkartellen", in:
Das Glühbirnenbuch, Wien 2011, 347~393쪽을 살펴보라.

4 카르텔 담합에 대한 증거자료 및 출처는 Krajewski, "Krieg des Lichts", 같은 곳.

5 같은 책, 95쪽. 1928년 3월 7일자 필립스의 한 청원을 인용했다.

6 "Decision", Phoebus Development Department, Genf, 1929년 4월 작성(푀부스의 원본 서
류, Landesarchiv Berlin).

7 Krajewski, "Krieg des Lichts", 같은 곳, 370쪽과 *Das Glühbirnenbuch*, 같은 곳, 13쪽에 복
사된 "Phoebus-Messblatt"를 참조하라.

8 벌칙표는 Krajewski, "Krieg des Lichts", 같은 곳, 369쪽에 있다.

9 Mária Hidvégi, "Internationale Kartelle und der europäische Wirtschaftsraum der
Zwischenkriegszeit", in: *Themenportal Europäische Geschichte 2011*, www.europa.clio-
online.de/2011/Article=482 참조.

10 Krajewski, "Schlagschatten", 같은 곳, 93쪽.

11 Hidvégi, "Internationale Kartelle", 같은 곳.

12 Krajewski, "Schlagschatten", 같은 곳, 98쪽.

13 Helmut Höge, "Von Blog zu Bloch", *tazblog* 2006년 8월 6일자, http://blogs.taz.de/
hausmeisterblog/2006/08/06/83 참조.

14 George W. Stocking, Myron W. Watkins, *Cartels in Action*, New York 1946을 참조하라.

15 Kurt Rudolf Mirow, *Die Diktatur der Kartelle*, Reinbek 1978, 104쪽 인용.

16 같은 책, 106쪽 이하.

17 유럽 집행위원회의 2012년 12월 5일자 보도자료, "Kartellrecht: Hersteller von Bildröhren für Fernsehgeräte und Computerbildschirme ein Jahrzehnt lang an zwei Kartellen beteiligt – Kommission verhängt Geldbuße in Höhe von 1,47 Mrd. EUR", http://europa.eu/rapid/press-release_IP-12-1317_de.htm 참조.

18 Burkhart Röper, *Gibt es geplanten Verschleiß? Untersuchungen zur Obsoleszenzthese*, Göttingen 1976, 239쪽 이하 참조.

19 Moritz Gieselmann, "Bulb Fiction", in: Berz, Höge, Krajewski(편), *Das Glühbirnenbuch*, 같은 곳, 14쪽.

20 2011년 8월 31일자 독일통신dpa 보도, www.wn.de/Welt/Wirtschaft/2011/08/Wirtschaft-Nach-Gluehlampenverbot-kosten-Energiesparlampen-mehr 참조.

3장

경제 불황이
쓰레기를
부추긴다고?

제품의 조기 노후화에 대한 생각은 이미 1928년에 불거졌다. 당시에는 이 같은 생각이 사회적으로 당연시될 만큼 일반화한 탓에 미국의 유력한 광고잡지 〈프린터스 잉크Printers' Ink〉는 다음과 같이 오래가는 제품이 경제 발전의 위협요소라고 대놓고 낙인찍을 정도였다. "낡고 닳아 못 쓰게 되는 일이 일어나지 않는다면 사업에는 비극이다."[1] 이에 비하면 전구 생산업체의 카르텔 담합은 오히려 음모론적인 뒷방 회합 수준이었다.

　그 한 해 전인 1927년에는 포드자동차의 T 모델Ford Model T 마지막 제품이 그 유명한 컨베이어벨트를 거쳐 나갔다. 당시 T 모델은 고객의 신뢰를 듬뿍 받았을 뿐만 아니라 견고한 조립방식을 대표하는 자동차였다. 이 모델의 최후는 한 시대의 종말로 간주될 만한 사건이었다. 이제 제품의 수명은 더 이상 전면에 대두되지 않았고, 오히려 제조업체의 매출에 방해 요소가 된다고 보는 시대가 시작된 것이다.

T 모델의 믿을 수 없는 성공은 신뢰할 수 있고 튼튼한 제품이라는 명성에서 기인했다. 1908년 이래 헨리 포드는 이 모델을 1,500만 대나 판매했으며, 이로써 이 자동차를 최초의 현대적 대량생산 제품으로 만들었다. 포드 덕분에 자동차의 의미는 소수의 상류층만을 위한 사치품에서 무계급이라는 미국 사회의 이념을 나타내는 상징물로 변했다.

평균적인 일반 소비자도 자동차 한 대쯤은 장만할 수 있게 하려고 포드는 T 모델을 단일 모델로서 가급적 대량으로 생산했다. 특별한 고급형은 따로 존재하지 않았던 것이다. 그뿐만 아니라 포드는 자사 생산 자동차에서 꼭 필요치 않은 부분은 모두 다 없애버렸다. 그 대신 포드는 가장 이용하기 쉽고, 간편하게 수리될 수 있도록 하는 데 주의를 기울였다. 특별한 공구 없이도 수리할 수 있어야 했으며, 대체용 부품은 모든 철물점에서 구입할 수 있어야 했다. 컬러 도색 같은 과시적 요소도 거부했다. T 모델은 검정 일색이었다. 검정은 가장 저렴한 색상인 데다 건조도 가장 빨리 이루어졌던 것이다. 이 모든 조치를 통해 포드는 1914년까지 차량 가격을 절반 넘게 낮출 수 있었으며, 효율성을 더 높임으로써 마침내 가격을 종전에 비해 3분의 1 수준으로 낮출 수 있었다. 대당 850달러 하던 자동차 가격이

370달러를 거쳐 마침내 280달러가 된 것이다. 오늘날의 구매력으로 환산하면 이는 대략 2만 1,000달러 하던 제품이 7,000달러로 떨어진 셈이다. 포드는 합리적 가격이면서도 기능적이고 믿을 만하며 내구성 있는 제품을 제조하는 데 성공했다.

자동차 산업의 패러다임을 바꾼 제너럴모터스의 전략

포드의 시도는 대성공을 거두었다. 1920년대 초반에는 전 세계적으로 자동차 두 대 중 한 대는 T 모델이었다. 그러나 이 모델을 도입한 이래 포드는 자동차에 사람들이 기대한 큰 변화를 주지 않았다. 1920년대 중반 들어 제너럴모터스General Motors, GM가 당시 절대 강자였던 경쟁자 포드에게 선전포고를 하지 않았더라면 그 성공의 역사는 추정컨대 한동안 더 이어졌을 것이다.

먼저 제너럴모터스의 알프레드 슬론Alfred P. Sloan 회장은 포드와는 정반대되는 전략을 전개했다. 바로 기술혁신이었다. 오로지 생산 효율성에 사활을 건다는 T 모델의 성공 전략이 경쟁사에게는 비판의 유일한 단서였다. 왜냐하면 포드는 원가 절감 정책으로 자동차에 대한 지속적인 기술개발을 태만히 할 위험성이 있었고, 거기에 T 모델 생산의 전성기에 이미 기술적 개선을 요하는 사항이 상당히 있었기 때문이다.

그중 하나는 찰스 프랭클린 케터링Charles Franklin Kettering에게서 나온 것이다. 매우 창의적이었던 그는 일생 동안 300건이 넘는 특허를 신청했다. 전기 금전등록기, 크루즈 미사일의 원형에 해당하는 장치 및 속건성 자동차 도료에 대한 특허가 그것이다. 그가 발명한 전기 시동장치는 자동차 산업 최초로 어마어마한 효과를 지닌 기술혁신을 일으켰다. 안락함에 대한 고객들의 욕구 증대는 포드자동차에게조차도 압박으로 작용했다. 포드는 자동차 엔진을 구동하는 번거로운 수동식 크랭크를 더 간편하게 이용할 수 있는 신형 시동장치로 대체해 대량생산하지 않을 수 없었던 것이다.

제너럴모터스는 전기 시동장치의 성공에 주목했다. 1923년 제너럴모터스의 회장으로 취임한 슬론은 데이튼 엔지니어링^{Dayton Engineering Laboratories Company}과 함께 찰스 프랭클린 케터링의 회사를 사들였으며, 케터링을 제너럴모터스의 개발책임자 자리에 앉혔다. 케터링은 공랭식 엔진을 시장에 내놓음으로써 자동차 업계를 다시 한 번 뒤흔들었다. 왜냐하면 그때까지의 수랭식 엔진은 외부 환경에 매우 취약했기 때문이다. 외부 온도가 빙점 이하로 내려가면 냉각수가 얼어 엔진이 터져버릴 수 있었고, 또 엔진이 너무 뜨거워지면 냉각수가 빨리 끓어오르기도 했다. 제너럴모터스는 신임 개발책임자의 작업에 큰 기대를 걸었지만 이번에는 케터링이 실패하고 말았다. 새로운 냉각 시스템에 수많은 문제점이 있어서 신형 엔진은 단 몇 백 개만 생산되었을 뿐이다. 타격을 받은 슬론은 이제 판매촉진을 위한 기술적 도약 없이 포드에 대항하여 자신의 신형 쉐보레를 성공적으로 시장에 진입시켜야 한다는 문제에 직면했다.

그때 탈출구를 하나 제공한 것이 자동차의 소유가 점점 더 일상화될수록 고객들에게서 안락성에 대한 요구가 증가하기 시작했다는 사실이었다. 그러니까 설득력 있는 신기술이 없는 상태에서 슬론은 자사 신형 쉐보레에 대대적인 페이스리프팅Face-lifting(일종의 자동차 모델 업그레이드로, 소규모의 디자인 변경을 말한다)을 처방한 것이다. 신형 모델의 때를 벗기고 제대로 단장시켰으며, 차체도 우아한 곡선형으로 다듬고 엔진룸을 더 길게 빼냄으로써 아름다움을 더한 것이다.

효과는 놀라웠다. 이 쉐보레와 나란히 서 있으면 '틴 리지Tin Lizzie'라는 애칭으로 불린 포드의 구형 T 모델은 마치 덩치 크고 볼품없는

농사꾼처럼 보였다. 슬론의 새 전략에서 역할을 한 것은 아마 전기 시동장치 및 운전의 편의성을 높여준 다른 여러 신기술 덕에 이제 여성들이 목표 집단으로 중요해졌다는 점인 것 같다. 적어도 노후화의 역사를 집중적으로 파헤친, 캐나다의 소비비판 전문가인 자일스 슬레이드 Giles Slade는 그렇게 추측했다. "남성에게 T 모델은 마치 트랙터와 같았다. 그 차는 미국의 일하는 짐승이었다. 그러나 여성들은 시끄럽고 냄새나며 더러운 그 자동차에 아무런 관심이 없었다."[2]

자동차를 출시하면서 제너럴모터스가 내놓은 전투적인 가격에 힘입어 쉐보레의 판매는 경이적인 성공을 거두었다. 이 순간은 자동차 산업에서의 패러다임 전환의 탄생 시점으로 간주된다. 슬론은 오로지 외관에 집중함으로써 자동차 시장을 새로 열어가는 길을 발견했던 것이다. 밭이나 갈던 힘 좋은 말에 이어 마장마술을 연기하는 말의 우아함을 그가 판매논거로 발견했다고도 말할 수 있다. 이 전략의 결정적인 장점은, 단지 외관만 새로 단장한 모델은 자금을 공급해 진정한 기술혁신을 일으키는 것보다 시간적, 경제적으로 훨씬 더 효율적이었다는 것이다. 비용도 훨씬 적게 들었을 뿐 아니라 시장에도 더 빨리 나올 수 있었다.

그러나 신형 기계, 프레스, 펀치 기계나 주형鑄型 등에 거금을 투자하지 않고는 차체 디자인이나 계기판의 근본적인 혁신은 있을 수 없었다. 따라서 각각의 신규 모델은 그 이전 모델과 비교할 때 비용 때문에 대개는 비교적 소소한 유행 변화에서만 다를 뿐이었다. 근본적 개선이 이루어진 차량은 기껏해야 3년에 한 번 출시되었다. 이는 계획된 것이라기보다는 오히려 불가피하게 받아들이지 않을 수 없는 생산기계 노후화로 인한 것으로, 그 기계 대다수를 교체하지 않으면 안 되게 하는 주기였다. 1950년대 중반까지의 모든 제조업체는 기본적으로 이 시간 간격에 구속을 받았다.[3] 이 3년의 기간 이내에는 자동차 디자이너들이 표면적 장식에 변화를 줌으로써 매년 새로 나오는 모델들이 적어도 어떻게든 혁신적으로 보이도록 만들었다.

슬론의 천재적 아이디어는 적중했다. 고객들은 자기 자동차를 정기적으로 더 새롭고, 유행이 반영된 후속 모델로 교체하는 데 동참했다. 구매를 자극한 또 하나의 요소는 바로 위신이 설 수 있다는 기대감이었다. 구매자들은 제너럴모터스의 신형 모델을 매번 새로 구입함으로써 자신의 사회계층 상승을 과시할 수 있었다. 사람들은 쉐보레로 시작해서 폰티액과 올즈모빌을 거쳐 캐딜락까지 올라가려 애를 썼다. 포드의 민주적 단일모델이 가고, 그 자리에 제너럴모터스가 끌어들인 사회적 차별화가 나타난 것이다.

슬론으로 인해 자동차 산업은 점점 더 거대한 환상의 기계로 변신했다. 도어트림을 새롭게 바꾸거나 테일핀을 더 길게 빼내는 것 따위는 마치 그것이 혁명적 변화에 적합한 것인 양 열광적으로 찬미되었다. 멋진 외형은 판매의 논거가 되었고 자동차는 패션 상품의 성격을 띠게 되었다. 갑자기 온갖 다양한 색상의 차량이 시장에 나왔다.

1924년 제너럴모터스는 '트루 블루 오클랜드True Blue Oakland'라는 청색 계열의 자동차를 내놓았다. 진정한 의미에서 이 자동차는 업계 최초의 컬러 색상 자동차였는데, 출시되자마자 사람들의 눈길을 사로잡았다. 그 외에도 아름답고 멋진 부수효과가 있었으니, 그 자동차를 위해 새로 개발된 속건성 자동차용 도료가 바로 같은 해에 화장품 산업에도 짜릿한 자극으로 작용했다는 것이다. 큐텍스^{Cutex} 사는 동일한 화학적 합성을 바탕으로 매니큐어를 시장에 내놓았다. 마침내 사람들은 손톱에 자기 애마에 어울리는 색상을 입힐 수 있게 되었다. 비록 파란색이 아니라 연한 붉은 빛이기는 했지만 말이다.

몇 년 지나지 않은 1927년 8월, 대량 소비품목 분야의 가장 영향력 있는 마케팅 개척자 어니스트 엘모 칼킨스^{Ernest Elmo Calkins}는 유력 월간 문예지 〈애틀랜틱 먼슬리^{Atlantic Monthly}〉에 "회색빛 기계류 시대와의 작별이 완료되었다"라고 선언했다. 복지가 증가함에 따라 소비자들은 포드 T 모델 같은 제품을 점점 더 감각에 대한 모욕으로 여기게 될 것이라고 그는 확신했다. 효율성으로는 이제 충분치 않으며 정신도 충만감을 원한다고 본 것이다. 결국 칼킨스는 "아름다움 또는 사람들이 아름다움이라고 여기는 것이 상품의 제조 및 시장화를 위한 생산요소가 되었다"라고 여겼다.[4]

**이젠 필요만으로
제품을 구매하지 않는다**   푀부스 카르텔에 가담한 전구 제조업자들이 고객들로 하여금 자기네 전구를 정기적으로 교체하도록 강제하기 위해 가급적 눈에 띄지 않으면서 은밀하게 자기네 제품의 물리적 수명을 줄였던 반면, 제너럴모터스는 말하자면 다른 길을 개척했다. 즉 후자의 노후화 전략은 바로 대중의 감각을 먹고 살았던 것이다. 그 전략이 필요로 한 바탕은 사회 계층 속에서의 자기 위치를 자신의 소비행태를 통해 과시할 수 있지 않을까 하는, 자기 위신을 의식한 고객의 소망이었다. 이렇게 슬론은 어떤 욕구 하나와 결합했는데, 이를 미국의 사회경제학자인 소스타인 베블런Thorstein Veblen은 20세기로 넘어가는 세기말 전환기에 '과시적 소비Conspicuous Consumption'라는 개념으로 표현한 바 있다.

사람들은 이제 제품이 필요하다는 이유만으로 구입하지는 않는다. 제품 소비를 통해 자신의 사회적 지위를 공공연히 드러내고 강화하려는 욕구를 충족시키는 데 관심이 많다. 특정 물건을 살 만한 여력이 있기에 그 물건을 사는 것이다. 심지어 그 물건이 자신의 위신에 걸맞고 그것을 도외시할 수 없기에 구입하기도 한다. 예전에는 귀족과 교회만이 남에게 과시하기 위한 치장으로 자신들을 일반 민중과 차별화한 반면, 19세기 이후 전반적으로 복지 수준이 향상된 사회에서는 갈수록 더 광범위한 국민계층들이 이 대표성 원칙을 넘겨받았다. 오늘날의 광고를 보면, 광고는 오로지 소비를 통해 자기 자신을 고양, 완성 및 최적화함으로써 차별성을 획득할 수 있는 건반 위에서 작동한다. 당신이 구입하는 물건이 곧 당신의 존재다.

그런 까닭에 포드가 T 모델의 생산을 중지한 바로 그 해에 슬론은 아트 앤 컬러 섹션Art and Colour Section이라는 디자인 스튜디오를 자동차 산업 최초로 설립했다. 이곳에서 디자이너들은 오로지 차체 디자인에만 몰두했다. 엔지니어이자 산업디자이너인 스튜디오 책임자 할리얼Harley Earl은 차체 외형을 먼저 점토로 만든 다음 새로운 종류의 낯선 형태로 나아갔다. 자동차에 근본적 변화를 주는 일은 '3년에 한 번'이라는 규칙이 한동안 유지되기는 했지만, 그들의 일은 더 긴박하게 돌아가야 했다. 얼은 멀쩡하게 잘 굴러가는 차를 더 짧은 주기로 바꾸도록 할 필요가 있다는 주관을 아주 공개적으로 피력했다. 그의 노력 덕분에 1934년에 5년 정도였던 자동차 평균 보유기간이 1950년대 중반에는 2년으로 줄어들었고, 그는 이 사실을 매우 자랑스럽게 여겼다. 물론 소비자로 하여금 매년 자동차를 바꾸게 했다면 가장 좋았을 테지만 그렇게 하지는 못했다.

같은 시기에 경쟁업체인 포드 역시 같은 목표를 향해 달리고 있었다. 판매대수가 급격히 붕괴된 이후 1930년대 초반 헨리 포드는 패배했다는 태도를 보이며 제너럴모터스의 전략으로 선회했다. 포드는 19년 동안 T 모델만을 생산했지만 이제 제너럴모터스와 마찬가지로 해마다 신모델을 내놓았다. 이로써 마케팅 핸드북에서 오늘날 '심리적 노후화'라 불리는 것의 패권이 미국 자동차 시장에서 확립되었다. 사람들이 신규 구매를 하도록 압박한 것은 자동차가 낡고 닳아 못 쓰게 되어서가 아니라 신차가 줄 것 같은 이미지의 획득 또는 유행에 뒤지는 차량을 계속 보유함으로써 생겨나는 이미지의 상실이었다. 자일스 슬레이드가 보기에는 자동차 산업에 트렌드세터^{Trend-}setter(유행선도자)의 역할이 부여된 듯했다. "자동차 산업은 (미국의) 선도 산업이었기 때문에 모든 다른 산업 분야가 얼마 지나지 않아 그 뒤를 따랐다."[5]

자동차 산업계는 기꺼이 새로운 노선으로 방향을 바꾸었다. 그 전제는 벌써 오래전에 만들어졌었다. 산업화 및 대량생산으로 인해 별 무리 없이 판매 가능한 수량보다 더 많은 상품들이 시장으로 밀려나오는 것에 대해 이미 19세기 말에 수많은 판매상들이 한탄하기 시작했던 것이다. 제조업체가 공급하는 물량은 갈수록 더 늘어나는데 소비 욕구는 그것과 같은 정도로 성장하지 않았다. 무엇보다도 수많은 공급자들이 유사한 상품을 너무 많이 시장에 내놓았다. 그러므로 제조업자들은 '고객이 왜 하필이면 경쟁사의 상품이 아니라 자기네 상품을 사야 하는가' 하는 문제를 스스로 물어보아야만 했다. 다른 것과 구별해주는 충분한 특징이 없다면 그 제조업체의 이름이 판매의 논거로 제시되어야 했다. '상표'라는 법칙이 혜성처럼 떠오르기 시작한 것이다.

물론 운송의 편의성을 위해 상품에 독자적 표시를 하는 일은 이미 14세기에 시작되었었다. 제품의 특성을 바탕으로 어느 정도 그 가치를 인정받은 제품을 제조하는 업자는 그렇게 함으로써 시간이 흐르면서 제품의 원산지와 품질에 대해 광고할 수 있었다. 오직 자기의 믿을 만한 이름으로 말이다. 이 같은 상표 표시는 19세기 들어 더 사치스러워졌고, 그렇게 함으로써 본래적 의미의 '브랜드화'의 선구자가 되었다. 이런 브랜드화는 한 제품의 재인식 가치를 높여주었을 뿐아니라 특정 제조업자의 제품을 전반적으로 긍정적 연상들과 결부시켜주어야 했다. 그때부터 대다수 제조업자들은 자기 이름을 잘 보이도록 상품에 갖다 붙이는 일에 세심한 주의를 기울였다.

버터나 밀가루 같은 소비 품목의 경우, 예전에는 고객이 필요로하는 만큼을 큰 덩어리에서 잘라주거나 자루에서 퍼주었다. 이때 그냥 맨 종이에 싸서 고객에게 전달되었다. 시간이 흐르면서 상인들은사전에 버터나 밀가루를 분량별로 미리 포장해서 공급하게 되었다. 이때 쓰이는 포장지에는 제조업자의 이름이나 상징 문양이 뚜렷하게자리를 차지하고 있었다.

이 새로운 포장은 또 다른 장점을 갖고 있었다. 원산지 표시 외에도 포장은 구매를 맛깔스럽게 만들어주는 그림, 상징 및 메시지를 추가로 제공해주었다. 처음에는 많은 고객들이 직접 보거나, 시험해보거나, 만져보지 않고 상품을 사는 행위에 대해 미심쩍어했다. 먼저그들은 똑같은 포장지에 싸인 리글리Wrigley's 껌은 미국 어디에서든 똑같은 맛이라는 포장지에 적힌 글에 신뢰를 보내고 받아들이도록 차근차근 설득되어야 했다.

수많은 제품의 경우 결정적인 구매유인 요소는 무엇보다도 제품 포장의 신호작용 및 재인식 기능에 있었다. 아메리칸 익스프레스American Express, 립톤 티Lipton's Tea 또는 코카콜라Coca-Cola 같은 상표계의 선구자들은 자기네 물건을 이런 면에서 아주 훌륭하게 만들었기에 그 외형은 오늘날까지 집단의 기억에 깊고 뚜렷한 자국으로 남아 있다. 디자이너들은 아주 일찍부터 이미 제품 겉싸개가 종종 그 안에 든 내용물보다 더 세심한 연구와 계획을 필요로 함을 입증했다. 전형적인 굽은 목 형태의 용기에 담긴 구강세정제 오돌Odol(물파스 용기처럼 목이 굽은 형태 - 옮긴이)을 모르는 사람은 없다. 그것이 갖는 재인식 가치는 대단하다. 이미 19세기 말에 그 제조업체는 제품 마케팅에 엄청난 금액을 투자했다. 독일의 아르누보Art Nouveau 계열 예술가 프란츠 폰 슈투크Franz von Stuck로 하여금 용기를 만들게 했고, 오페라 작곡가 자코모 푸치니Giacomo Puccini에게 심지어 '오돌 송가頌歌'를 작곡하게도 했다.

일회용 제품이
상용화되기까지

다른 한편으로 19세기 이래 산업 생산이 급격하게 발전하면서 수많은 물질들의 가격이 점점 더 저렴해지고 더 다양하게 소비될 수 있었다. 얼마 안 되는 제조원가 덕에 최초로 일회용 제품을 만드는 길이 열렸는데, 이런 제품은 나중의 노후화 전략에서 점점 더 큰 역할을 하게 된다.

한 번만 사용하기 위한 소비재를 생산한다는 것은 이 시점까지만 해도 상상도 못할 일로 통했으며, 과잉사회의 출발점으로 기록된다. 상황은 급속도로 변했다. 1870년 무렵에는 종이로 만든 일회용

셔츠 깃이 미국에서만 1억 5,000만 개나 생산되었다. 볼티모어에 살던 윌리엄 페인터^{William Painter}는 1891년 병마개를 처음 발명했는데, 이는 지렛대 방식의 병마개를 신속히 대체했다. 그가 세운 '크라운 코르크 앤드 실 컴퍼니^{Crown Cork & Seal Company}'는 오늘날에도 최대의 병마개 제조회사 중 하나다. 가장 결정적인 성공을 거둔 사람은 사업가 킹 캠프 질레트^{King Camp Gillette}였다. 1903년 그는 168개의 일회용 면도날을 판매했다. 한 해 뒤에는 그 숫자가 12만 3,000개로 늘어났으며, 1917년에는 미국 정부만 군대용으로 3,600만 개의 면도날을 주문했다. 일회용품을 사용하는 이유는 일회용 티슈나 아기용 기저귀를 생각해보면 알 수 있는데, 이 같은 현상은 무엇보다도 위생용품 분야에서 두드러졌다. 일회용품이 빈번히 사용될수록 전반적 편의성은 더 확대되었다.

물건을 그냥 내버릴 수 있다는 자세는 점점 더 많은 영역으로 확대되었으며, 심지어 습관으로까지 자리 잡았다. 일회용 휴대전화기와 일회용 카메라의 존재는 오늘날 아주 당연해 보이는 일회용 접시, 일회용 휴지 및 일회용 라이터 같은 제품의 역사 없이는 거의 생각할 수 없을 것이다. 쓰고 버리는 제품들은 순수한 형태의 노후화다. 왜냐하면 설득력 있는 일회용 제품으로 제조업자는 즉각적 신규 수요를 만들어내는 품목을 갖게 되었기 때문이다. 제조업자에게는 아주 매력적인 분야인데, 제품의 지속적인 매출을 위태롭게 할지도 모를 시장 포화 상태가 그곳에는 없다. 브랜드를 만들고 포장을 거쳐 일회용품 자체에 이르면 이로써 대량생산품 소비가 활발하게 유지되도록 해주는 기본 필수장비가 다 갖춰진 것이다.

일찌감치 일회용 품목의 보급 확대에는 검약(儉約)을 욕하고, 심지어 학교 교과목에도 전혀 개의치 않는 캠페인이 추가적으로 수반되었다. 그래서 한 교과서 출판사의 영향력 있는 편집자 클래런스 윌버 테이버Clarence Wilbur Taber는 1922년판 가정 교과목 관련 한 교과서에서 "물건을 간직하는 것은 천박하고 이기적이며 성격에 유해하고 공동체와 국가에 대한 위협요소"라며, 지나친 검약을 우리 모두를 나락으로 떠밀지도 모를 인류의 역병이라고 낙인찍었다.[6] 오늘날 이 문장은 부조리하게 들릴 수 있다. 하지만 1920년대의 반검약(反儉約) 단체들은 심리적 노후화의 가장 중요한 개척자의 일원이었다. 그리고 우리는 오늘날 그 심리적 노후화의 독재를 받아들였다.

1929년 10월의 검은 목요일Black Thursday에 뉴욕 증권시장에서 주가가 크게 폭락하는 사건이 일어났다. 이로써 1920년대를 휩쓴 광란의 구매열풍은 갑작스럽게 끝이 나버렸다. 세계는 깊은 불경기에 빠졌다. 소비재를 사려고 길게 줄을 서는 일은 없어졌다. 사람들은 일자리와 음식을 원했다. 일이 없으면 월급도 없고, 월급이 없으면 수요도 더 이상 생기지 않는다. 사람들은 더 이상 소비하지 않았다. 기업들은 쌓인 물건 위에 올라앉았고, 더 많은 노동자들을 내보내야만 했다. 수요와 공급은 균형 상태를 벗어나버렸고 미국의 경제는 바닥을 기었다.

이런 하향의 나선을 돌파하기 위해 루즈벨트^{Franklin D. Roosevelt} 대통령 하의 미국 정부는 1933년 '뉴딜^{New Deal}' 정책을 시행함으로써 그때까지 미국 역사에서 유례가 없었던 경기 및 경제부양 프로그램을 위한 초석을 깔았다. 공공 건설 부문에서의 대규모 국가 투자와 국가가 장려하는 각종 사업들은 대공황을 종식시키는 데 도움을 주었다. 근본적인 사회 및 경제 정책적 개혁과 더불어 뉴딜 정책의 가장 중요한 목표는 어떤 값을 치르더라도 국민들을 다시 일자리로 보냄으로써 소비를 진작시키고, 그것과 더불어 경제를 일으키는 일이었다. 1937년 미국 정부의 위탁으로 제작된, 국가적 차원의 일자리 창출 조치를 다룬 영화 〈워크 페이스 아메리카^{Work Pays America}〉는 애국적 열정으로 충만하여 "정직한 남녀들은 그런 지원책에 부응하기를 원했다. 그래야 자랑스럽게 고개를 쳐들 수 있으며 자신의 기술을 잃지 않기 때문이었다. 또 소매상은 그들의 구매력에 의지해야만 상거래를 다시 되살릴 수 있었다"라고 말한다.[7]

뉴딜 정책의 틀 안에서 요구되고 공적 자금으로 촉진된 것은 도로망 확충 및 낙후된 도시구역의 정비 같은 전형적인 건설 사업만이 아니었다. 일련의 좀 기괴한 느낌을 주는 사업들도 생겨났다. 실업 상태의 예술가들은 까다로운 세밀한 작업을 통해 맨해튼의 미니어처를 정교하게 만들어냈으며, 오늘날까지도 유명한 웨스트포인트 육군사관학교^{West Point Military Academy}의 유리창도 그때 생겨났다. 이 모든 일들은 1920년대의 소비돌풍을 되살리자는 목표하에 진행되었다.

소비 진작, 불황을 끝내는
아이디어
1932년 광고회사 대표인 어니스트 엘모 칼킨스는, 그러니까 루즈벨트 대통령의 개혁정책이 발효되기 한 해 전에 이미 어떻게 하면 사람들로 하여금 힘들게 번 돈을 빨리 다시 경제순환 속으로 펌프질해 넣어줄 수 있을지 고민했다. 그의 해법은 단순했다. 자기 회사 직원 두 사람이 간행한 《소비자공학Consumer Engineering》이라는 제목의 핸드북 도입부에서 그는 이렇게 썼다. "재화는 두 부류로 나뉜다. 하나는 우리가 사용하는 것, 예를 들면 자동차나 면도기 같은 것이고, 다른 하나는 우리가 쓰고 버리는 것, 예를 들면 치약이나 크래커 같은 것이다. '소비자공학'은 우리가 지금까지 사용한 재화를 쓰고 버리기도 하도록 신경을 써야만 한다."[8]

칼킨스는 '소비자공학'이라는 용어를 철저히 자신의 이중의 의미로, 즉 소비자를 위한 제품을 디자인하는 것뿐 아니라 그 제품을 구매하려고도 하는 소비자를 창조하는 일이라고도 이해했다. 그는 소비자공학이라는 새로운 '학문'이 획득한 것을 적시에 사용했다면 경제적 위기에 이르지는 않았을 것이라고 확신하고 있었다. 그의 견해에 따르면, 지난 10년간 새로운 세계가 창조되었고, 그것에 경제를 맞추기 위해서는 시급히 그 세계를 조사하고 측량했어야 했는데 미국은 그렇게 하지 못하고 그냥 시간만 허비했다는 것이다. 칼킨스의 주된 질문은, 우리가 충분히 빨리 소비하고 점점 더 빠른 속도로 시장에 나오는 그 새로운 상품공급에 충분할 정도로 신속히 우리의 습관을 적응시킬 수 있느냐, 못 하느냐 하는 것이었다. 그는 또 소비자들이 아무도 더 이상 진정으로 필요로 하지 않는 점점 더 많은 물건을 가급적 신속히 쓰고 버려야 한다는 의무를 갖고 있다고 보았다. "우리는 우리가 생산할 수 있는 모든 것을 모조리 다 소비할 수 있을 때까지 쉬어서는 안 된다."' 그것보다 불과 50년 전의 척도에 따라 고찰한다면, 칼킨스의 세계란 머리가 땅으로 간 뒤집힌 세계였다. 그의 세계에서는 수요가 공급을 결정하는 것이 아니라 점점 더 커가는 공급을 위해 수요가 창출되어야만 했다.

뉴욕의 부동산 중개업자 버나드 런던Bernard London에게는 그것조차도 아직 성에 차려면 멀었다. 불황을 끝내자는 그의 제안은 과격하기는 했지만 일관되었다. 왜 우회로를 거쳐 소비자로 하여금 새 제품을 구매하게 만들어야 하는가? 즉 아직 쓸 만한 제품을 지위 과시나 분위기에 휩쓸리는 사람들의 본능적 충동에 호소함으로써 같은 기능을 가진 새것으로 교체하게 해야 한단 말인가? 적어도 위기 시대에는 정부가 계획된 노후화를 법제화함으로써 그것과 똑같은 효과를 훌륭히 낼 수 있었다. 〈계획된 노후화로 불황 끝내기Ending the Depression Through Planned Obsolescence〉라는 에세이를 씀으로써 런던은 이런 아이디어를 체계적으로 천착한 최초의 출판물을 저술한 사람이 되었다.

런던은 모든 제품에 일종의 '폐기시점'을 부여하자는 생각을 갖고 있었다. 이 시점을 넘긴 물건은 공식적으로 '수명을 다했다'고 간주하는 것이다. 그러면 소비자들은 이 물건을 해당 관청에 반납해 파괴하도록 해야 한다. 이 폐기시점을 넘긴 품목을 갖고 있으면 벌금 등의 처벌을 받아야 한다. 이 조치를 취하면 소비를 지속적으로 살아나게 하고 경제를 다시 돌아가게 해줄 항구적 수요가 창출되지 않겠는가 하는 것이다. 사람들은 재화를 쓰고 버리지 않을 수 없을 것이며 기업은 다시 이익을 낼 것이고 얼마 지나지 않아 다시 완전 고용이 자리 잡게 되지 않겠는가 하는 것이 버나드 런던의 희망이었다.

런던의 사업파트너 헨리 웨이츠너Henry M. Weitzner의 딸 도로시어 웨이츠너Dorothea Weitzner는 백만장자 런던과의 만남을 이렇게 기억한다. "당시 저는 열예닐곱 살쯤이었어요. 부모님은 아주 큰 캐딜락을 갖고 계셨죠. 어머니가 운전을 하셨고 아버지는 조수석에 앉아 계셨어요. 저는 뒷자리의 런던 아저씨 부부 곁에 앉아 있었죠. 그때 아저씨는 어떻게 불황을 물리치려 하는지 당신의 아이디어를 말씀해주셨어요. 그분은 마치 자기 그림에 몰두하는 화가처럼 이 생각에 사로잡혀 있었어요. 심지어 자동차 안에서조차 목소리를 낮춰 속삭이셨어요. 마치 자신의 이론이 너무 과격할지도 모른다는 사실을 두려워하시기라도 하듯이 말이에요."

버나드 런던은 20세기 초 미국으로 건너갔다. 부동산 사업을 통해 그는 백만장자가 되었으며 뉴욕 전역의 건설 프로젝트에 투자했다. 그의 에세이를 읽으면 자신의 아이디어로 그가 중요시하는 것이 이익인지(경제 위기는 결국 사업에 좋지 않다), 아니면 실업자의 운명도 그의 관심사였는지 처음에는 분명치 않다. 추측건대 둘 다 어떤 역할을 했을 것이다. 어쨌든 그는 도드라진 사교적 기질을 갖고 있었고, 이는 그의 수많은 자선 프로젝트에 대한 참여에 반영되었다. 1927년부터 뉴욕 시의 유대인 교육협회Jewish Education Association of NYC 회원으로 활동했던 그는 그때부터 정기적으로 이 협회의 자선행사 및 기부 캠페인 초청인사로 모습을 드러냈으며, 특히 학교 및 고아원을 지원했다.

어쩌면 그는 노후화의 법제화라는 아이디어로 정말 오로지 이 세상만을 구원하려 했는지도 모른다. 자신의 소책자에서 경제 위기 시의 인간의 행태를 욕하면서 보여준 그의 분노와 오만함은 사실은 조금 과장된 듯한 느낌을 준다. "두려움이 지나쳐 히스테리적인 감정에 사로잡힌 사람들은 자신의 소유물을 불황 이전에 늘 그랬던 것보다 더 오래 사용한다. 이전의 풍요롭던 시대에 미국인들은 각 품목이 갖고 있는 유용성의 최후의 한 방울까지 다 짜낼 때까지 기다리지를 않았다. (…) 오늘날 사람들은 노후화의 법칙에 순종하기를 도처에서 거부한다. 그들은 자기의 낡은 자동차, 낡은 타이어, 낡은 라디오 및 낡은 옷을 통계학자들이 지금까지의 자기 경험을 바탕으로 내놓을 법한 예측보다 더 오랫동안 사용한다."[10]

그러나 법을 통해 사람들의 검약에 반하는 쪽으로 접근하는 것은 정치적으로는 분명 너무나 난감한 일이었다. 어쩌면 런던의 견해는 몇몇 측면에서 볼 때, 대략 비슷한 시기에 저술된 올더스 헉슬리Aldous Huxley의 《멋진 신세계Brave New World》로 이어졌기 때문인지도 모른다. 런던의 에세이를 읽으면 사람들은 거의 자동적으로 헉슬리의 악몽 같은 미래에 나오는 "수리하는 것보다 버리는 것이 더 낫다Ending is better than mending"는, 마치 최면을 거는 듯한 명령을 귓속에서 또렷이 듣게 된다. 결함이 있는 물건은 완전히 치워버리는 것이 수리하는 것보다 더 낫다는, 각운을 맞춰 압축한 구호다.[11]

계획된 노후화를 법으로 규제하는 일에까지 이르는 일은 결코 일어나지 않았다. 그러나 그 아이디어는 세상에 존재했으며, 계속 확산되기 시작했고, 점차 새로운 사회적 합의 하나가 뚜렷이 자리를 잡아갔다. 필요한 것을 충당해줄 필요는 이제 더 이상 없었으며, 오히려 사람들에게 필요성을 일깨워주어야 했다. 생산 측면에서는 과잉이라는 것이 없었으며, 다만 소비자 측면에는 너무 적음만이 있을 뿐이었다. 재화를 생산하는 사람이 이제 처음부터 염두에 둔 것은 '어떻게 하면 동시에 그런 적절한 소비자를 함께 창출해낼 수 있을까' 하는 점이었다.

당시 소비자 행동에 대해 쓴 가장 영향력 있는 책 중 하나를 저술한 크리스틴 프레드릭Christine Frederick은 이를 "미국이 이 세상에 줄 수 있는 가장 위대한 아이디어, 즉 노동하는 대중이 노동자나 생산자로만이 아니라 소비자로도 간주될 수 있다는 발상"이라 여겼다.[12] 또 이 아이디어는 결국 굴러갔다.

1 W. R. Heath, "Advertising That Holds the 'Mauve Decade' Up to Ridicule", in: *Printers' Ink*, 1928년 5월 10일자, 42쪽.

2 Giles Slade, *Made to Break. Technology and Obsolescence in America*, Cambridge Mass. 2006, 37쪽.

3 Vance Packard, *Die große Verschwendung*, Walther Schwerdtfeger 번역, Düsseldorf 1961, 103쪽.

4 Earnest Elmo Calkins, "Beauty: The New Business Tool", in: *Atlantic Monthly*, 1927년 8월 호.

5 Slade, *Made to Break*, 같은 곳, 47쪽.

6 Clarence Wilbur Taber, *The Business of Household*, Philadelphia 1922, 438쪽.

7 *Work Pays America*, USA 1937, National Archives and Records Administration.

8 Earnest Elmo Calkins, "What Consumer Engineering Really is", in: Roy Sheldon, Egmont Arens, *Consumer Engineering: A New Technology for Prosperity*, New York 1976, 18쪽 참조.

9 Calkins, "Consumer Engineering", 같은 곳, 18쪽 이하.

10 Bernard London, *Ending the Depression through Planned Obsolescence*, in: Bernard London, *The New Prosperity*, New York 1933, 10쪽.

11 Aldous Huxley, *Schöne neue Welt*, London 1977, 51쪽.

12 Christine M. Frederick, *Selling Mrs. Consumer*, New York 1929, 3쪽 이하.

4장

우리는
제조업자들에게
속고 있다

"자동화된 제조업, 온갖 수단이 다 동원된 영업 그리고 세련된 광고가 우리에게 압박할 수 있는 모든 것을 다 구입해 사용해야 한다면 우리의 끊임없이 성장하는 수백만 인구 각자는 별도의 귀와 눈 및 다른 추가적 감각기관을 가져야만 하며, (…) 또 당연한 말이지만 별도의 수입도 있어야만 한다. 그 모든 요구를 제대로 감당하는 확실한 수단은 아마 하나뿐이다. 즉 초우량 고객이라는 아주 새로운 종을 키워내는 것이다."

〈판매관리Sales Management〉라는 제목의 판매 전문지는 1960년 소비자 시장의 상황을 이렇게 비웃듯 요약한다.[1] 말하는 스타일이 좀 유머러스하다고 오해를 해서는 안 된다. 그 뒤에는 정말 진정이 담긴 협박이 숨어 있다. 지속적 성장이라는 원리가 어떤 결과를 수반하는지, 또 마케팅 부서가 그 성장에 대해 어떻게 자기 몫의 기여를 하는지는 이미 얼마 전부터 서서히 드러났다.

이 초우량 고객을 키워내는 일은 기본적으로 1950년대 후반 이래 팽팽 잘 돌아가고 있다. 광고를 통해 공격적으로 달라붙는 방식에 소비자들이 짜증을 내기 시작할 정도로 말이다. 소비를 비판적으로 바라보는 도서들이 처음으로 간행되기 시작했고, 이 책들은 수많은 독자들의 취약점을 건드렸다. 이 주제에 가장 철저하고도 성공적으로 헌신하고 있는 저자는 밴스 패커드Vance Packard다.

1957년 패커드는 《숨은 설득자들The Hidden Persuaders》(독일에서는 '은밀한 유혹자'라는 뜻의 《Die geheimen Verführer》라는 제목으로 출간됨)이라는 책으로 먼저 광고 권력을 정조준했다. 1960년에 나온 후속작 《쓰레기 생산자들The Waste Makers》(독일어판 제목은 《거대한 낭비Die große Verschwendung》)에서 그는 이 주제를 다시 한 번 다루는데, 그 과정에서 초점을 유혹의 기술技術에서 조기 노후화 기술로 옮긴다. 이로써 그는 '계획된 노후화'라는 원칙을 체계적으로 연구한 최초의 사람이 된다.

두 책이 베스트셀러가 되었다는 사실은 성장사회에 대한 어떤 불편함이 저자뿐 아니라 그 시기의 소비자 집단을 꽤나 사로잡았음을 보여준다. 더욱 더 많은 신제품에 대한 전후의 갈증은 1950년대 말에는 포화점에 이를 것 같았고, 몇몇 영역에서는 이미 그 지점을 넘어섰다. 또 이 시기에 미국의 평균적 시민이 제2차 세계대전 직전에 비해 두 배나 더 많은 물건을 구매하기는 했지만, 전문가들은 경제가 병드는 것을 막으려면 50퍼센트의 증가율은 필수적이라고 여겼다. 그 전문가들은 어떻게 해서 그런 수치에 이르렀을까?

지금은
소비를 권하는 사회

밴스 패커드는 코넬 대학교의 어네스트 데일Ernest Dale 교수를 통해 경제사에 거대한 전환점이 있음을 설명한다. "미국 전체의 매출 경제는 받아들이기 힘든 하나의 사실에 직면해 있다. 미국의 생산능력은 추측건대 소비능력을 능가하는 것 같다."[2] 그렇다고 해서 이 주장이 미국 제조업으로서는 소비자들을 고리에서 풀어주고, 예컨대 대량 제조를 점차 줄여가게 하는 근거는 절대 아니다. 그 반대다. 생산 증가가 유지되기만 하면, 즉 매출시장이 완전히 새로운 규모를 갖게 되면 그냥 소비자를 몰아붙여야 한다. 비상시에는 소비를 전 사회적인 시민의 의무로 선포한다. 이 처방약에는 경제적 필요성이라는 소비 동기가 하나의 감정으로 우아하게 변경 규정됨으로써 당의糖衣가 입혀진다.

이케아IKEA에 가면 소비자가 직접 계산까지 하는 창구를 볼 수 있다. 마치 겨냥이라도 한 듯 이미 아이들마저 소비자로 불리는 것을 몇몇 사람들은 음흉한 짓이라 느낄지도 모른다. 그럼에도 불구하고 그것은 당연한 일이다. "상표 선호 현상은 두 살에서 세 살 사이에 형성된다. 이 같은 선호 현상을 바꾸려면 아이들의 나이가 많아질수록 돈이 더 많이 든다"라고 크리스토퍼 셰링Christopher Schering은 말한다. 베를린의 광고업체 코브라 유스Cobra Youth의 대표인 그는 루프트한자Lufthansa나 네슬레Nestle 같은 회사의 아동용 광고를 기획하는데, 내일의 고객에게 미리 메르체데스 벤츠Mercedes-Benz에 대한 '긍정적 상표 이미지'를 전달해주는 것은 베엠베BMW를 모는 50대에게 메르체데스에 대해 확신을 갖도록 하는 것보다 더 효과적이라고 본다. 그러면 나중에 어느 시점이 되면 유치원에서 겪은 뚜렷한 광고 경험이 다시 떠올라 이제는 성인이 된 그 사람들의 구매 결정에 영향을 미친다고 셰링은 말한다.[3]

오늘날 소비자들은 기업이 소비자들의 이런저런 상표의 선택만이 아니라 소비자의 욕구까지도 조종하려고 한다는 사실에 진작부터 익숙해졌다. 한 연구에 따르면, 오늘날 우리에게 쏟아지는 광고 메시지는 하루 3,000개에 달한다. 텔레비전을 보는 사람들은 일생 중 3년을 오로지 광고를 시청하는 데 바치고 있으며, 컴퓨터에 사회화된 사람들은 여기에 더해 컴퓨터 모니터 사방에 깔려 있는 광고 배너를 보는 몇 달의 시간을 추가해야 한다.

오늘날 우리가 보이는 태연함은 《쓰레기 생산자들》을 쓸 무렵의 밴스 패커드에게는 낯선 태도다. 1950년대 말 그는 온갖 매체를 도배하다시피 뒤덮은 광고문구를 보고 진정으로 분노했으며, 그것을 명백히 헉슬리의 음울한 미래 전망에 나오는 최면적 명령과 비슷한 후안무치한 짓이라 느꼈다. "장 보는 날은 돈 버는 날… 또 돈 버는 날은 멋진 날… 그러니 장 보러 가요, 장 보러 가요. 오늘 필요한 게 있으면 뭐든 사러 가요" 하는 시엠송^{CM song}이 디트로이트에서 하루에 500번씩 라디오와 텔레비전을 통해 그의 귀에 쟁쟁거릴 때면 말이다.[4]

월가^{Wall Street}의 금융가로 리먼 브라더스^{Lehman Brothers} 소속인 폴 메이저^{Paul Mazur}는 1953년 다음과 같이 썼다. "대량생산이라는 거인은 자신의 엄청난 허기가 끊임없이 최대한 채워지지 않으면 자기 힘의 정점에 머무를 수 없다. 이 말은 물건들이 그 생산 속도와 동일한 속도로 소비되어야 함을 의미한다."[5] 이 생각을 계속 이어나가 패커드는 이 비유를 그에 맞게 보완한다. "그러므로 문제는 늘 뭔가를 만들어내는 자기네 기계처럼 늘 먹성 좋은 국민을 길러내는 일이었다."[6]

1950년대 중반부터 매출 문제가 긴박해지면서 소비자에게 점점 더 많은 압박이 가해진다. 여기에 투입되는 무기들은 패커드에 따르면 "50년대의 불 속에서 단련되었으며 (…) 이제 60년대의 소비를 위해 완성되었다."[7] 이 무기는 때로는 더, 때로는 덜 공개적으로 노후화라는 의식 속에서 사용된다.

거기에 어떤 새로운 시대가 떠오르는지를 인식하려면 새로운 것을 위한 자리와 수요를 든든하게 계속 만들어줄 도구를 이해할 필요가 있다. 패커드는 노후화 현상을 체계적으로 파악하려는 시도에서 세 가지 작동방식을 구분한다. "첫째, 기능적 노후화다. 더 나은 기능을 가진 새로운 제품이 도입되면서 기존 제품이 낡은 것이 된다. 둘째, 질적 노후화다. 제품이 그리 멀지 않은 특정 계획된 시점에 작동하지 않거나 손상이 있다. 셋째, 심리적 노후화다. 질적, 기능적으로 아직 양호하지만 유행 또는 다른 변화로 인해 덜 매력적으로 보이는 탓에 시대에 뒤지고 낡은 것으로 간주된다."[8] 그는 이 세 가지 범주에 의거하여 노후화가 어디에 있으며 어떤 종류인지를 추적한다. 패커드의 분류는 최초의 질서정연한 접근법으로, 오늘날까지도 그 역할을 훌륭히 해내고 있다.

오래된 기술을 도태시키는
기능적 노후화

가장 이해하기 쉬운 것은 '기능적 노후화' 개념으로 보인다. 이는 기본적으로 모든 기술혁신에 수반되는 형태다. 그 좋은 사례가 자동차 산업이다. 자동차의 발명은 시간이 흐르면서 말과 마차라는 이동수단을 낡은 것으로 만들었다. 엔진이 달린 경쟁제품에 비하면 말과 마차는 대번에 여행자에게 너무 불편하고, 번거로우며, 느리게 느껴졌다. 관광객이 시내 여행을 할 때나 아직도 전통적으로 말을 이용해 맥주를 공급하는 맥주업체의 경우를 제외하면 오늘날 도로에서 말을 볼 수는 없다.

자동차 산업 내부에서도 근본적인 혁신이 이전의 기능방식을 대체하는 일은 늘 반복적으로 일어난다. 해당 기계부품만을 교체하는 것이 아니라 그 이상의 교체가 일어나는 일도 있었다. 전기 시동장치의 발명으로 크랭크를 돌려 시동을 거는 모든 자동차가 객관적으로 낡은 형태로 판정받은 것이다.

이는 패커드가 거의 반박할 이유가 없는 노후화다. 새로운 제품의 도입이 개선을 수반한다면, 거기에 대해 반대할 이유가 어디 있겠는가? 그러나 정말 개선이 있었는지를 확인하는 일은 실제로는 놀라울 정도로 어렵다. 전동 칫솔은 정말 뚜렷한 개선인가? 정말 그렇다면 왜 아직도 많은 사람들이 확신을 갖고 손으로 칫솔질을 한단 말인가? 왜 그렇게 다양한, 당연히 호환성도 없는 전동 칫솔 장착 시스템이 존재한단 말인가?

새것의 도입과 결부된 과정이 첫 눈에 추측할 수 있는 것보다 더 복잡할 수 있는 경우도 있다. 예를 들어 유럽연합의 의결로 규정된 종래의 백열등 전구의 사용 금지는 실제로 어떤 상황인가? 백열전구를 투입하는 동안의 에너지 소비량과 관련해서 본다면 이 옛 전구의 기능적 노후화는 명백하다. 에너지 절약형 램프는 운용 시 전기를 덜 소모한다. 하지만 둘을 비교할 때 생산과 더불어 폐기까지 고려한다면 상황은 어떠한가? 예를 들어 널리 보급은 되었지만 수은 함유량 때문에 폐기 시 문제가 되었던 콤팩트형 형광등은 이 점에서 백열전구, LED 조명 또는 할로겐 기술을 적용한 더 최신식 전구보다 근본적으로 훨씬 못하다.

그런 문제는 새롭지 않다. 이미 1950년대에 종종 어떤 혁신이라고 하는 것들이 진짜인지, 아니면 혹 그럴싸하게 보이기만 하는 속임수가 아닌지를 찾아내기가 고객들로서는 쉽지 않은 일이었다. 예를 들어 패커드에 따르면, 당시 주방용품에는 매년 새로운 버튼(조작단추)이 몇 개씩 추가되었다. 그렇게 함으로써 가정주부에게 새로운 디자인의 제품을 장만했을 뿐 아니라 새로운 기능까지도 함께 구입했다는 느낌을 주려 한 것이다. 하지만 사실은 그런 몇몇 버튼들은 그저 기능 없이 모양으로 달아놓은 것이었다.

패커드도 여러 가지 노후화 형태를 규정하는 시도에서 이미 그 사이의 경계가 늘 분명하게 내려질 수는 없음을 의식하고 있었다. 오늘날 모든 진공관식 텔레비전이 평면 모니터 텔레비전으로 대체되고 있듯, 1960년대에는 음향기기가 그랬다. 모두 스테레오로 전환된 것이다. 사실 이는 기능적 노후화의 분명한 사례다. 스테레오는 입체적 청취라는 새로운 경험을 가능하게 해주었다. 또 스테레오로 듣고자 하는 사람은 바로 그 새 음향기기를 하나 장만해야 했다.

다만, 놀라운 것은 그 시점이다. 이 신기술에 대한 특허는 이미 1931년에 신청되었으며, 그 얼마 뒤 특허가 났다. 그런데 수십 년이 지난 뒤에야, 그러니까 모두가 '보통의' 전축을 보유하고 있을 시점이 되어서야 마침내 스테레오의 원리를 시장에 내놓을 정도로 발전시킬 때가 된 것이다. 성장을 확보하거나 오히려 증가시키기 위해서는 매출 통로를 열어주는 쪽으로 거래를 이동시키는 혁신적인 신제품이 나와야 했다. 결정적인 것은 지금까지 사용하던 기기가 낡은 것처럼 보이게 하고, 그 기기의 소유자를 설득하여 새로운 하이파이 기기를 장만하도록 하는 일이었다.

　이제 기능적 노후화의 경우에는 '그것이 무엇을 야기했는가' 하는 것이 기본적으로 아무 문제가 되지 않는다. 관건은 기술혁신이 우리의 요구를 더 훌륭하게 채워주는 일이다. 그럼에도 불구하고 근본 동인動因이 제품 개발이 아니라 영업부서에서 나온다면, 사태는 다소 달리 보인다. 이미 패커드의 눈에도 띈 사실이지만, 새로운 스테레오 기술의 도입은 그렇게나 많은 중간 단계를 거친 다음에야 충분히 성숙한 개선에까지 이르렀으며, 그렇게 속도를 결정한 사람은 명백히 엔지니어들이 아니라 오히려 마케팅 전문가들이었다. 그런 신제품은 일종의 살라미 전략, 즉 단계적으로 도입된다. 그렇게 한 단계씩 제시된 신기술은 매번 새로운 노후화의 물결을 유발하는 것이다.

　하나의 기술혁신이 더 오래된 기술을 도태시키며 관철되는 것이 아니라 오히려 덜 투명한 노후화 전략의 하나로서 동시에 이용되는 것으로 보이는 기능적 노후화의 또 다른 사례를 찾으려고 오랫동안 뒤질 필요가 없다. 표준 모델이 되리라던 3리터 자동차(3리터 주유로 100킬로미터를 달리는 자동차 - 옮긴이)는 도대체 어떻게 되었는가? 제조업체는 이 자동차의 도입을 이미 1970년대의 석유 위기 때부터 약속했었다. 하지만 환경 기준의 강화 및 계속 올라가는 유류가격조차 이에 대한 충분한 자극을 제공하지 못하는 것 같다. 이미 이루어진 기술혁신을 공개하지 않고 있는지 또 그 이유는 무엇인지는 짐작의 대상으로 남아 있다. 기름을 엄청나게 삼키는 크고 육중한 모델이 더 비싸며, 따라서 기업은 작은 차로 버는 것보다 더 많은 돈을 그런 모델로 벌게 된다는 것 역시 쉽게 이해할 수 있는 일이다.

소프트웨어 시장으로 가보면 사태는 정말 복잡해진다. 우리는 중단될 줄 모르는 새 소프트웨어와 업데이트의 물결에 늘 휩싸여 있다. 브라우저, 프로그램, 운영체제는 늘 최신화되거나 자동으로 최신화된다. 신형과 구형이 서로 호환되지 않는 경우가 종종 있는 탓에 하나를 새로 바꾸는 사람은 모든 것을 다(심지어 하드웨어까지) 새것으로 바꿔야 하는 일이 생길 수도 있다. 신형 컴퓨터에 설치되어야 하는 구형 프린터용 드라이버가 더 이상 제공되지 않아서 프린터까지 신제품으로 구매해야 하는 경우도 생긴다. 아니면 최신 인터넷 사이트를 계속 문제없이 불러낼 수 있으려면 새 브라우저가 있어야 하는데, 그 새 브라우저는 더 최신의 운영체제에서만 작동하며 또 기존의 컴퓨터 메모리가 이 운영체제용으로 충분치 못하여 5년째 소프트웨어 설정과 관련하여 아무 탈 없이 작동하는 컴퓨터를 새것으로 바꿔야 하는 상황도 벌어진다.

새로 장만하기 전에 정확히 어떤 응용 프로그램 때문에 이제 새 '인텔 코어 i7Intel Core i7 프로세서'로 갈아타야 하는지에 대해서 깊이 생각하는 경우는 드물다. 그 전문적 상황이 얼마나 복잡한지는 해당 위키피디아Wikipedia 기사에서 확인할 수 있다. 거기에는 "코어 i7 CPU가 일반적으로 코어 i5보다 더 빠르다거나 코어 i5 CPU가 일반적으로 코어 i3보다 더 빠르다"고는 말할 수 없다고 나와 있다. 게다가 "모든 프로세서는 시간이 지나면서 최신화되어 더 낮은 모델번호 꼬리숫자를 지닌 신형 프로세서가 더 높은 모델번호 꼬리숫자를 지닌 구형 프로세서보다 심지어 훨씬 더 빠를 수 있다"는 것이다.[10]

이제 모든 게 분명해졌다! 이 부문에서 보통의 소비자는 거의 불가능해 보이는 과제 앞에서, 광고에서 떠들어대는 기능적 노후화 조치로부터 자신이 언제 실제로 덕을 보는지 인식하기를 진작 포기했다. 소비자는 자신에게 훨씬 더 많은 가능성을 제공해주는 그 모든 멋진 새로운 점에 대해 마냥 기뻐하지만은 않는다. 오히려 점점 더 빨라지는 혁신 주기의 그 무자비한 리듬에 무기력하게 내동댕이쳐졌다고 느끼기도 한다. 최초의 달 착륙을 계산해낸 컴퓨터가 오늘날의 전자 연하장보다도 저장용량이 적었다는 사실, 다시 말해 매우 미미한 수단으로 비교적 거대한 일을 해낼 수 있다는 사실을 우리는 잊고 있는 것이다.

제품 수명을 조작하는
질적 노후화

패커드의 두 번째 범주, 즉 '질적 노후화'의 경우에는 개선이라는 목표에 추가적으로 매출 최적화라는 소망이 혹 어떻게 더해지는 것은 아닌가 하는 질문이 제기되지 않는다. 여기에서 중요한 것은 오히려 대략 '기능장애'라 지칭할 수도 있을 그 무엇이다. 즉 오작동, 닳음이 의도적으로 또는 잘 계획된 가운데 유발되도록 하는 것이다. 어떤 물건이 수명 단축을 제공하는 '선결파열점'을 갖게 된다면, 이에 따라 원칙적으로 명료한 노후화 형태 하나가 존재하는 것이다.

그러나 여기에도 고약한 음모가 숨어 있다. 주된 문제점은 어떻게 그런 의도적 조작을 입증하는가 하는 데 있다. 어떤 제조업체라도 피해갈 수만 있다면 자기네 제품의 수명을 인위적으로 단축한다는 지적을 인정하지 않을 것이다. 설령 그것이 입증될 수 있다 하더라도 업체 스스로 인정하기는 쉽지 않을 것이다. 예컨대 퓌부스 카르텔의 담합으로 전구를 오래 쓰지 못하게 만들었다고 해도 말이다. 물론 이 경우는 제품 수명을 인위적으로 단축했다는 사실이 문서로 잘 남아 있는 사례이기는 하다.

하지만 생산자끼리의 약속이 드러난 뒤에도 아무것도 변하지 않는다면 무슨 소용이 있단 말인가? 카르텔에 의한 담합이 아주 광범위하게 금지되어 있다고 해도 유감스럽지만 그로 인해 그런 담합이 자동적으로 더 이상 존재하지 않음을 의미하는 것은 아니다. 예컨대 전기 산업 부문의 거대 업체들과 전력망 운용업체 사이에 또는 자동차 제조업체와 석유업체 사이에 내부 담합이 있다고 하더라도 그 사실을 파악하기란 거의 불가능하다. 또 그런 '선결파열점'이 드러난다 해도 그것으로 그 사실이 인정되었거나 제거된 것은 아니다.

제1장에서 마르코스 로페스의 프린터 속에 장착된 계수용 칩을 둘러싼 이야기를 살펴보았는데, 이 이야기를 계속 이어가다 보면 질

적 노후화의 메커니즘을 잘 파헤칠 수 있다. 의식적으로 내장된 기능장애를 마르코스가 발견한 뒤에도 그 프린터 제조업체는 몸 둘 바를 몰라 한다거나 사죄의 반응을 전혀 보이지 않는다. 그 업체는 오히려 모든 것은 오로지 고객의 이익 극대화를 위해 정확히 제조되었음을 증명하는 식의 설명으로 공격에 나선다. 즉 계수용 칩은 소비자 보호를 위한 조치에 다름 아니며, 그렇기 때문에 계수장치는 공식적으로 '기기 보호용 계수장치Protection Counter'로도 불린다고 설명했다. 오류 메시지가 뜨는 시점은 바로 과도한 잉크를 빨아들이는 스펀지가 가득 차 잉크가 묻어나오고, 이로 인해 책상이 더러워질 위험성이 있는 것은 아닌지 점검해야 할 때라는 것이다.

여기까지는 그래도 이해가 된다. 다만, 프린터가 이 설명을 보여주지 않은 것뿐이다. 프린터는 이용자에게 직접 스펀지의 상태를 점검하거나 그 문제를 서비스센터에 문의하라는 요구를 하지 않는다. 모델에 따라 그냥 멈춰버리거나 인쇄가 되지 않는 것이다. 아무런 정보도 나타나지 않거나 "프린터 내 부품들의 서비스 수명이 종료 시점에 이르렀다"는 무슨 암호문 같은 글이 나타나는 것이다. 진정한 보호기능이라면 오히려 "스펀지를 점검하시오" 같은 경고 메시지가 떠야 한다. 그렇게 되면 스펀지가 잉크를 빨아들일 수 없는 상태에 이르렀을 때 누구나 스스로 그 스펀지를 교체할 수 있다. 사용자용 설명서에도 그런 내용에 대한 언급은 없다.

더 좋은 사례도 있다. 정보기사인 마이크 거먼Mike Gurman은 한 업체에서 여러 해 동안 회사 내에서 사용되는 다수 프린터를 유지 보수하는 일을 담당했다. 그는 프린터를 계속 사용하도록 회사를 설득하기 위해 언제나 그 러시아의 차단 해제 프리웨어를 사용했다. 그는 '잉크젯 프린터의 소소한 더러운 비밀'을 제거하는 법을 알려주는 동영상을 직접 제작했는데, 동영상을 만들기 위해 이 문제를 집중적으로 파고들었다.[11] 이 과정에서 그는 흥미로운 발견을 하나 했다. 실제로 스펀지 대다수는 그가 계수장치를 여섯 번이나 초기화한 다음에야 비로소 더 이상 잉크를 빨아들일 수 없는 상태에 이른 것이다. 고객의 책상이 혹 있을지도 모를 잉크자국으로 더럽혀질 것을 정말 무척이나 염려한 탓에 제조업체가 극단적인 안전 조치를 취했음이 분명했다. 이에 대비했다면 고객이 스스로 이따금 스펀지를 교체할 수 있도록 작은 덮개를 장착하는 일도 제조업체로서는 당연히 할 수 있었을 것이다. 그러나 업체는 아마 고객에게 이런 폐를 끼치기를 원치 않았던 것 같다.

그 사이 오류 메시지는 수많은 고객들에게는 곧 새로 구매하라는 낯익은 신호가 되었다. 이제 많은 사람들은 서비스센터에 가서 물어보거나 뭔가를 수리 맡기는 일을 더 이상 전혀 고려하지 않는다. 마르코스의 경험이 보여주다시피, 이는 어쩌면 올바른 결정이기도 하다. 뭔지 모를 오류 메시지 때문에 서비스센터에 가봤자, 거기서 만나는 직원들 역시 어떻게 해야 할지를 모르는 경우가 드물지 않기 때문이다. 고쳐 쓰는 일이 오히려 수지맞지 않은 일이라고 설득해도 소비자가 즉각 수긍하지 않으면 수리비 견적이 뒤따라 나온다. 그 금액은 새 프린터를 사는 데 드는 비용을 크게 웃돈다.

우리는 영화 〈쓰레기더미를 위한 구매^{Kaufen für die Müllhalde}〉(한국에서는 〈전구 음모이론〉이라는 제목으로 2013년 서울환경영화제에서 상영되었다. - 옮긴이)의 촬영을 위해 실제 물건을 갖고 실험을 해보았다. 일단 기술자들에게 프린터의 문제점이 무엇인지 알아봐 달라고 의뢰했지만, 단 한 사람도 무엇이 문제인지를 알아내지 못했다. 그중 한 사람은 사태에 대한 우리의 설명이 있은 뒤 그 러시아 소프트웨어에 접근할 수 있는 링크 주소를 요청했다.[12]

기술자가 이 문제를 알고 있고 고객은 수리비를 낼 자세가 되어 있다고 가정한다면, 그 기술자는 기술 매뉴얼, 즉 서비스센터만을 위한 매뉴얼을 통해 그 스펀지(솜덩어리 하나)를 어떻게 새것으로 교체할 수 있는지를 알 수 있다. 그러나 함께 제공된 회사 자체의 소프트웨어는 러시아의 그 프리웨어와는 달리 스펀지 교체 후 계수장치를 다시 완전히 0으로 초기화하는 것을 그 기술자에게 허용하지 않는다. 오히려 이상하게도 계수장치 수치의 절반으로만 낮춰지는 것이다.

스펀지가 왜 그렇게 빨리 잉크로 흠뻑 적셔지는지도 마찬가지로 흥미로운 문제다. 사실은 잉크 분사장치를 닦아낼 때 새 잉크 카트리지 내용물의 최대 25퍼센트가 종이가 아닌 스펀지로 들어간다. 제조업체는 이것이 최적의 인쇄 결과를 얻기 위해서는 불가피한 일이라고 말한다. 누가 이를 반박하면서 그것이 오히려 비싼 잉크 카트리지가 가능한 한 조기에 바닥나도록 하는 짓이라고 주장하겠는가? 그 외에도, 인쇄를 한 뒤 스위치를 끌 뿐만 아니라 플러그까지 뽑아버릴 만큼 에너지 절약 의식이 강한 이용자들은 잉크 손해를 특히 더 많이 본다. 프린터에서 전원을 완전히 차단한 뒤 다시 전기와 연결하면 잉크 소비가 많은 완전 청소 과정이 매번 새로 이루어지기 때문이다.

계수용 칩 사건도 칩의 발각으로 사태가 종료된 게 아니다. 한동안 상황은 마치 프린터 제조업체와 러시아 프로그래머가 냉전 시기에 군비경쟁이라도 하는 것처럼 보였다. 제조업체가 맨 먼저 칩을 장착해 실행시켰고, 뒤이어 프린터 칩의 계수기능을 '차단'함으로써 인쇄가 되도록 해주는 프리웨어가 인터넷상에 나타났다. 그런 다음 후속 모델은 칩의 프로그램에 약간 변화를 주었고, 따라서 그 러시아 프로그래머는 새로운 버전의 프로그램을 짜야 했다. 여러 해 동안 40~50여 모델에 대해 그런 식으로 사태가 전개되었다. 그러나 제조업체는 이에 대해 학습을 했고, 크게 앞서는 도약을 했다. 비탈리 키셀레프의 초기 프로그램들은 계수장치 숫자를 완전히 0으로 낮출 수 있었던 반면, 나중의 버전에서는 계수장치 상태를 동결하는 수준에만 이르렀을 뿐이다. 게다가 이 조치는 계수장치가 공격 시점에 이르기 전에 취해져야만 했다. 그 뒤에는 아무 조치도 취할 수 없었다.

오늘날에는 이 칩이 프린터가 아니라 잉크 카트리지에 내장되어 있다. 카트리지는 잉크가 30퍼센트까지 남아 있으면 잉크가 떨어졌다는 메시지를 보낸다. 모델과 프린터 상표에 따라 경고가 나오기도 하고 프린터 작동이 즉각 차단되기도 한다. 사용하지 못하는 30퍼센트에다 잉크노즐을 청소하느라 낭비되는 25퍼센트를 더하면 인쇄에 쓰이는 잉크가 얼마나 남는지 상상이 된다.

질적 노후화가 언제나 은밀한 담합에 따른 약속이나 의도적으로 내장된 선결파열점에 따른 것일 필요는 없다. 어떤 제품이 때 이르게 제 일을 다 하지 못하는 것은, 이미 패커드도 지적했다시피 매년 신 모델을 내놓아야 한다는 압박감에 수반되는 조급한 생산도 한몫을 할 수 있다. "광고비와 판매비를 벌충하려고 어쩌면 제품에 들어가는 뭔가를 아꼈거나, 아니면 그냥 싸구려 물건을 생산했을 수도 있다."[13]

그런 인식은 오늘날까지 유효하다. 부품이 고장 나는 일은 짜증 스럽긴 해도 우리 일상의 한 부분이다. 뭐가 문제인지에 대해 우리는 곰곰이 생각할 수도 있으며, 때로는 그것을 아주 즐기기도 한다. 그 뒤에는 이익을 극대화하겠다는 의지가 숨어 있지나 않은지, 아니면 제조업체가 빠듯한 원가계산에 그저 생산조건을 맞춘 것은 아닌지 의심하면서 말이다. 자동차 운전 경력이 길면서 장기간 같은 모델을 충실하게 보유하는 사람이라면 시간이 흐르면서 자신이 선호하는 모 델의 취약한 곳을 알게 된다. 다른 곳보다 먼저 고장 나서 못 쓰게 되 는 곳은 배기통일 수도 있고, 점화플러그일 수도 있다. 그러면서 이 런 고장들을 다루는 법을 배워간다.

한때 독일 남부에서 화물운송업을 하던 사람의 이야기다. 그는 1980년대에 자기가 소유한 화물차 전부에서 일정 시간이 지나면 똑같은 현상이 나타났음이 눈에 띄었다고 말한다. 배기통이 완전히 녹슬어버렸다는 것이다. 정시 배송을 위해 믿을 만한 차량에 의지한 기업인으로서 그는 그때부터 모든 차량을 신규 구매한 직후 내구성 있는 대체부품을 장착했다. 이 같은 조치로 차량을 수리하지 않아도 되는 기간이 몇 배나 늘어났다. 제조업자가 아꼈던 부분에 그가 투자를 한 덕분이었다.

오늘날 이런 이야기는 이미 선사 시대 이야기처럼 들린다. 전자 장비로 중무장한 현대의 자동차의 경우 우리가 직접 손댈 수 있는 가능성이 점점 더 줄어들고 있다. 이는 자동차 기술자에게도 점점 더 많이 해당되는 현상이다. 전조등 전구를 교체하는 일조차도 몇몇 모델의 경우에는 복잡한 과정이 되어버렸다. 어쩌면 자동차 제조업체들이 자기네 모델에 기기 보호용 계수장치를 하나 내장한다는 발상에 이르렀는지도 모를 일이다.

전자장치 장착이 증가하면서 질적 노후화의 구현 가능성은 모든 영역에서 늘어났다. 또 일반적으로 그런 조치들은 사전에 계획된 것이다(이를 입증하기는 쉽지 않다). 그렇기 때문에 이런 형태의 노후화는 종종 '계획된 노후화'라고도 불린다. 그래도 한편으로는 이렇게 '질적 노후화'와 '계획된 노후화'를 동일시하면 선결파열점의 의도적 장착 때문이 아니라 재료의 약점에 기인하는 기능장애는 배제될 것이다. 그런 약점은 어떤 식이든 간에 저가 생산을 위한 것으로 인정되어 받아들여진다. 또 다른 한편으로 패커드가 말한 제3, 제4의 노후화 범주도 마찬가지로 잘 계획된 과정으로 간주될 수 있다.

신제품을 강요하는
심리적 노후화

'욕구 가치의 노후화 Obsolescence of Desirability'는 《쓰레기 생산자들》의 독일어판에서 '심리적 노후화'로 번역된다. 글자 그대로 번역한다면, 그리던 것 또는 열망하던 것의 노후화가 될 것이다. 이를 일으키는 조치들은 소비자에게서 자신이 취득한 제품이 아직 기능적으로 멀쩡함에도 불구하고 새것으로 교체하려는 태도를 일깨워야만 한다. 심리적 노후화로 우리는 광고, 마케팅 및 PR대중홍보 분야에 존재하는 것이다. 이 분야의 주안점은 혁신을 하거나 기능이 시원찮은 재료를 바꾸는 데에 있는 것이 아니라 소비자의 심리에 영향을 미치는 데에 있다.

심리적 노후화는 어느 정도는 특별한 위치를 차지한다. 즉 한편으로는 고객으로 하여금 완전히 흠결 없는 기기, 가구, 의류 등 많은 것을 내다버리게 하는 데 매우 구체적으로 투입되기도 하지만, 더 나아가 인간들로 하여금 노후화 같은 현상 전반을 받아들이게 만들기도 한다. 말하자면 이 심리적 노후화는 여러 노후화 전략 각각을 심리 속에 적절히 집어넣는 일을 끊임없이 행하는 것이다. 그렇기 때문에 여러 종류의 노후화가 현실 속에서 서로 아주 깔끔하게 분리되어 나타나는 경우는 거의 없으며, 오히려 모든 가능한 것들이 서로 조합되어 나타난다는 점이 심리적 노후화에서 매우 강력하게 감지되는 것이다. 모든 혁신에는 일반적으로 광고가 수반되며 선결파열점도 들어 있을 수 있다. 심리적 노후화는 이런 상호작용에서 종종 여러 개별적 이야기를 담는 큰 틀의 이야기를 담당한다.

그 효과는 매우 흥미롭다. 모든 실마리가 심리적 노후화로 수렴되어 서로 만나기 때문이다. 이와 관련하여 다음과 같은 몇몇 중심적 질문은 흥미를 끈다. 즉 노후화에 대한 긍정적 태도가 어떻게 만들어져서 사람들을 거대한 낭비에 동참하게 하는가? 사람들은 어떻게 제품에 감정을 불어넣는가? 또 이 세 가지의 노후화 전부가 현실 속에서 어떻게 서로 상호작용하는가?

기본적인 것에서부터 시작해보자. 도대체 왜 계획된 노후화 같은 것이 사람들의 마음을 사로잡았을까? 그것은 그리 오래된 일도 아니다. 예전에 아직 쓸 수 있는 물건을 버리라고 사람들을 설득하려 했다면 어처구니없는 행동으로 여겨졌을 것이다. 적어도 1960년대 후반까지만 해도 독일에서는 소유한 물건을 조심스레, 또 그 재료에 대해 어느 정도 주의를 해가며 다루는 것이 일반적이었다. 또 생산자 측에서도 그것과 비슷한 주의를 기울이는 것이, 다소의 차이는 있더라도 당연한 일로 전제되었다. 그러나 경제 시스템이 점점 더 세분화되고, 그 시스템이 만들어내는 구조가 점점 더 확대될수록 이런 태도는 점점 더 문제가 되기 시작했다.

돈을 주고 취득하는 물건을 정말 오랫동안 사용하는 일은 결국 성장에 기초한 대량생산과는 양립될 수 없었다. 남보다 앞서서 이 새로운 경제방식을 생각한 사람들에게 이 상황은 일찍부터 자명한 일이었다. 마찬가지로 쓰고 내다버리자고 전면적으로 호소하는 일이 소비자들의 대규모 몰이해에 부닥칠 거라는 사실도 일찌감치 자명해졌다. 앞 장에서 소개한 바 있는 노후화의 개척자 버나드 런던이 1930년대에 확실하게 하기 위해 입법가를 개입시켜 '쓰고 내다버리기'를 정말 진지하게 의무화하려고 했던 것은 놀라울 바 없는 당연한 일이었다.

다른 한편으로 쓰고 내다버리는 사회를 옹호하는 쪽에서는 자신감이 자라났다. 그 점이 드러난 것은 대공황 같은 위기를 극복할 필요가 있었을 때였다. 1930년대 마케팅의 구루Guru였던 어니스트 엘모 칼킨스Earnest Elmo Calkins는 그때 감추지도 않고 아주 분명하게 자기 견해를 표출했다. "우리는 시대와 함께 가기 위해서 옛날 물건과 결별하고 새것을 사라고 사람들을 설득한다. 거기에서 가슴 쓰라린 낭비를 볼 수 있는가? 절대 그렇지 않다. 복지란 물건을 물려받아 못 쓰게 될 때까지 사용하는 것이 아니라 새 물건을 구입함으로써 작동한다. 산업사회에서 경제성이란 모든 공장을 돌아가도록 하는 데 의의를 둔다."[14]

당시만 해도 이런 태도를 지닌 칼킨스는 아직 전위파前衛派에 속했다. 그래서 그는 그런 태도로 인해 소비자 중에서는 아무도 자기 친구로 삼지 않았다. 이를 바꾸기 위해서는, 또 어느 정도의 쓰고 내다버리기의 의지를 일단 확립하기 위해서는 새로운 지렛대를 동원할 필요가 있었다. 바로 감정이었다. 아무런 제동 없이, 또 점점 더 많은 대중용 물건을 생산하려는 사람은 예나 지금이나 잠재 소비자가 결정을 내릴 때 이성보다는 감정에 따르는 데 의존해 있다. 하나의 생산품이 '머스트 해브Must-have', 즉 고객이 반드시 갖고자 하는 뭔가가 될 수 있는가 하는 것은 바로 그 점에 달려 있다.

대량생산품의 구매를 유도하는 광고계의 꾼들은 일차적으로 긍정적 감정에서 시작하지를 않는다. 그들이 특별히 적합하다고 여긴 감정은 두려움, 즉 일자리와 관련한 두려움이었다. 대공황으로 사람들 모두가 일자리의 상실이 무엇을 의미하는지를 체험한 뒤였다. 그러니까 사람들의 머릿속에 믿음 하나가 확고하게 자리를 잡을 필요가 있었다. 즉 실업을 막는 유일하게 유효한 보험은 성장이며, 이 성장은 모두가 왕성하게 소비할 때에만 보장된다는 믿음 말이다.

이런 인과관계는 국민의 의식 속에 조금씩 자명한 것으로 각인되었다. 이 과정에서 중요한 이정표가 된 것은 검약과 내구성 있는 제품은 결국 일자리의 희생으로 이어진다는 사실이었다. 노조 역시 1950년대에 이 확신 쪽으로 방향을 틀었다.

기본적으로는 오늘날까지 여기에서 변한 게 전혀 없다. 2012년 12월, 일간지 〈디 벨트Die Welt〉에는 다음과 같은 기사가 실렸다. "보훔Bochum의 오펠Opel 자동차 공장이 폐쇄된다고 발표된 후 산별노조 및 보훔 공장 노조는 현재의 공장에 대해 최소한 4년간 일자리를 보장해달라고 요구하고 있다."[15]

회사 측은 공장 폐쇄가 무엇보다도 자동차 부문의 생산능력 과잉이 심해서라고 제시했었다. 이 논거가 전혀 잘못된 것은 아닌 듯하다. 실제로 서유럽의 자동차 시장이 수십 년에 걸친 지속적 성장 끝에 이제 위축되고 있다면(그것이 생태적 이성 덕분이든 아니면 경제적 비상 상황 탓이든), 일개 자동차 공장의 존재의 정당성이 안정된 일자리에 대한 소망에서가 아니면 어디서 그 근거를 대겠는가 하는 문제가 제기된다. 산별노조가 여러 해 동안 일자리를 보장해줄 것을 요구한다면 우리의 성장경제 논리의 측면에서 볼 때 그들은 비교적 높은 수준의 자동차 '소비'를 간접적으로 요구하는 것이다. 악의적으로 해석하자면, 이는 계획경제 메커니즘의 특별한 형태 하나를 보여주는 것이다. 바로 구매자 측도 계획한 목표 수치를 채워주어야 하는 계획경제다. 그러므로 일자리를 잃을 수 있다는 위협은 오늘날까지도 아주 훌륭하게 효과를 발휘한다. 아울러 노동 그리고 그것을 통해 얻는 임금과 밥이 오로지 성장을 통해서만 보장될 수 있다는 확신도 마찬가지로 우리의 머릿속에 견고하게 박혀 있다.

최근 들어 마음에 드는 새 물건 때문에 그리 낡지도 않은 물건을 버리는 것에 반대하는 저항이 나타났는데, 제2차 세계대전 시기의 미국에서는 다른 수단을 이용해 이런 저항을 처리했다. 즉 해고에 대한 두려움이라는 부정적 감정 곁에 긍정이 담긴 느낌을 갖다 두는 방식을 썼다. "소비가 없으면 일자리도 없다"는 강력한 논거에 애국심이라는 불타오르는 횃불을 짝으로 갖다 붙인 것이다. 이 모티프와 노후화의 조합은 나일론 섬유사의 사례에서 아주 잘 드러난다.

나일론이 발명되기 전에는 여성들이 비단 스타킹을 신었다. 1920년대에 치마 길이가 더 짧아질수록 스타킹 같은 액세서리도 더 눈에 잘 띄고 중요해졌다. 수요와 생산은 그에 따라 올라갔다. 스타킹의 주재료인 비단의 90퍼센트는 일본에서 수입해 미국으로 들여왔는데, 수입 금액이 1억 달러(오늘날의 구매력에 따르면 약 12억 달러에 해당)나 되는 엄청난 규모였다. 세계 경제위기는 일본에게 큰 충격을 주었으며 비단을 수많은 미국 여성에게 그림의 떡으로 만들었지만, 그 이후 비단 수입은 다시 늘어났다. 그 사이 비단은 정치적인 이유로 미국에서는 별로 달갑지 않은 물건이 되었다. 미국으로서는 중국에 대한 일본의 군사개입에 간접적으로 돈을 대주는 일을 하고 싶지 않았던 것이다. 일본 비단을 대체할 섬유를 도입하는 것이 절박할 정도로 간절해졌다.

일본 비단의 기능적 노후화를 유발하는 바탕이 될 기술혁신이 필요했다. 그러면 그것이 미국의 경기를 부양시킬 것이다. 더 나아가 그렇게 함으로써 새로운 형태의 심리적 노후화, 즉 애국적 열정으로 물건 하나를 배제해버릴 수 있는 밑바탕이 준비되었다.[16] 간절히도 바라던 신소재가 실제로 거의 동시에 개발되었다. 애국자들이 기뻐하기에 충분한 사건이었다.

19세기 초 화약 제조업체로 설립된 미국의 화학업체 듀폰DuPont은

1934년 '나일론 66'이라는 이름의 인조 섬유사를 개발했는데, 이는 비단의 진정한 대체재가 되는 소재였다. 듀폰이 나일론 66을 시장에 내놓은 시점은, 관련 캠페인 덕분에 여성들이 심지어 훨씬 더 싸구려 소재를 대체재로 받아들일 만큼 일본제 비단으로 만든 스타킹을 신는 것이 수치스런 일로 낙인찍힌 직후였다. 수입 비단에 대한 정치적 거부감으로 인해 시장은 준비가 잘된 상태였다.

그럼에도 불구하고 듀폰은 새 직물제품을 도입하면서 그 어떤 것도 우연에 맡기지 않았다. 여성 고객도 마음에 들어 할 물질 이름을 찾아내는 일에는 여성 고객들도 동참했다. 최초로 시장에 대한 경험적 조사가 시행되었으며, 선별된 초점 집단Focus Group(특정 조사 주제와 관련하여 공통의 특성을 지닌 소비자 집단 - 옮긴이)은 이 조사에서 다양한 제안을 내놓았다. 설문에 응한 여성들은 이 물질의 이름으로 '노런Norun'을 제시했으나('No run', 즉 스타킹 올이 나가지 않는다는 뜻 - 옮긴이), 명칭확정위원회는 물질의 이름을 나일론Nylon으로 결정했다. 나중에 밝혀졌지만, 이는 현명한 결정이었다.

1939년 2월, 듀폰은 최초의 나일론 스타킹을 여성 직원들에게 나누어주면서 평가를 설문지에 기록하라는 과제도 함께 주었다. 델라웨어 주 윌밍턴에서 행한 최초의 미국 내 시험판매에서는 3시간도 못 되어 가게 판매대 위의 스타킹 4,000켤레가 팔려나갔다. 또 나일론 스타킹이 전국적으로 판매에 들어간 1940년 5월 15일에는 수천 명이 듀폰이 내놓은 이 기적의 신제품을 사려고 줄을 섰다. "이전의 그 어떤 신제품도 이런 직접적인 성공을 거두지는 못했다. 첫 여섯 달 동안 스타킹 3,600만 켤레가 생산되어 팔려나갔다. 1941년에는 그 양이 이미 1억 200만 켤레에 이르렀다"고 캐나다의 노후화 연구가 자일스 슬레이드는 말한다.[17]

주간지 〈뉴요커The New Yorker〉에는 여성 캐리커처가 실리기도 했다. 스타킹 가게를 덮치는 여성이나 마당의 빨래걸이에 널어놓은 자신의 나일론 스타킹을 지키려고 무릎에 총을 품은 채 앉아 있는 여성들의 모습이었다. 그러나 일본제 비단을 누르고 승리한 최고의 영예가 나일론에게 돌아간 것은 1942년 일본의 진주만 공격이 있은 뒤였다. 그때 백악관에는 나일론으로 만든 미국 국기가 바람에 휘날렸다. 미국 제조업이 더 뛰어나다는 것과 (비단으로부터의) 독립의 상징이었다. 기능적 및 심리적 노후화의 조합, 혁신 및 애국심 마케팅은 천하무적처럼 보인다. 그러나 바로 이 성공은 이미 이 동맹의 제3요소인 질적 노후화를 시야 안에 들여놓는다.

올 잘 나가는
나일론 스타킹의 등장

세상에 처음 나왔을 때 나일론은 아주 두껍고 정말 오래갔다. 듀폰의 화학자들은 자신들이 발명한 이 제품을 자랑스러워했다. 심지어 남성들조차 나일론 스타킹의 질긴 성질을 칭찬했는데, 비상시 나일론 스타킹으로 자동차도 견인할 수 있어서였다. 이는 전혀 예상 못했던 장점으로, 듀폰의 마케팅 부서는 전 세계를 상대로 이 점을 철저히 써먹었다. 1954년 방송된 독일의 울리[Uhli] 스타킹 광고를 보면, 어느 지방도로에 한 남성이 도울 채비를 갖추고 기사[騎士]처럼 나타난다. 스포츠카를 타고 가다 도랑에 빠진 금발 여성을 도와주기 위해서다. 이 스폿광고의 정점은 스포츠카를 몰던 여성이 차량을 꺼내달라고 나일론 스타킹을 벗어 그 기사도의 남성에게 건네주는 장면이다. 심지어 프랑스에서도 은밀한 사치품으로서의 비단 스타킹의 낭만적 과거와 결부시키는 일을 완전히 거부한다. 광고에 나오는 유명 남성들의 손에는 이미 나일론 스타킹이 들려져 있다. 어쩌면 공구 상자에서 꺼낸 것인지도 모른다. 그리고 그것으로 기름 범벅의 육중한 차량을 견인한다. 로맨스를 유발할 법한 멋들어진 자동차가 아니라 오히려 헨리 포드의 일하는 짐승을 닮은 차다.

그래서 이 질기디 질긴 스타킹은 모든 전선에서 거대한 진보로 통했다. 기능적 및 심리적 노후화 덕분에 일본제 비단은 틈새시장으로 밀려났다. 그러나 암울한 구석이라고는 하나도 없는 이 기쁨은 오래가지 못했다.

제너럴모터스에서 이미 보았다시피, 노후화에서 핵심은 우선적으로 경쟁자를 제거하는 것에 있지 않다. 오히려 핵심은 소비를 전체적으로 촉진하는 일이다. 영원히 유지되는 고운 스타킹은 여기서 반생산적인 작용을 신속히 전개했다. 그래서 얼마 안 가 '어떻게 하면 여성들로 하여금 더 많이, 또 더 자주 나일론 스타킹을 구매하게 할

수 있느냐' 하는 문제가 대두된 것이다. 분명한 해결책은 나일론의 수명을 단축시키는 데 있었다.

손전등 수명이 짧다고 불평하는 멋들어진 소네트를 지은 니콜스 폭스Nicols Fox는 우연하게도 질적 노후화가 나일론 생산에 개입하는 것을 가까운 곳에서 직접 체험한 당대의 목격자 중 한 사람이었다. 그녀의 아버지는 제2차 세계대전 이전 및 이후에 듀폰의 나일론 부서에서 일했으며, 다른 동료들과 마찬가지로 아내나 여성 친지들에게 새로 개발된 나일론 스타킹의 품질 테스트를 부탁해야 했던 사람 중하나였다. 그렇게 니콜스의 어머니는 듀폰을 위해 제품을 테스트하는 사람이 되었다. "제품이 매우 튼튼하다는 사실에 처음 어머니는 아주 열광하셨죠"라고 그녀는 기억한다. "여성들은 스타킹의 올이 나가지 않는다는 사실에 대해 매우 기뻐했습니다."

니콜스의 친지 중에는 아직도 그녀의 아버지가 테스트용으로 준 평생 가는 스타킹을 몇 켤레 가지고 있는 사람들이 있다. 두툼한 직물에 아직 염색이 되지 않은, 다소 푸른빛이 감도는 재료의 색상, 이미 70년이나 된 테스트용 스타킹의 내구성은 인상적이 아닐 수 없다. 그런데 이제 바로 그 점이 문제가 되었다. 왜냐하면 그것은 스타킹 제조업체가 스타킹을 아주 많이 팔 수 없다는 말이기도 했기 때문이다. 그래서 니콜스 폭스의 아버지와 듀폰에서 일하는 그의 동료들은 새로운 지시를 받았다. "아버지 부서에서 일하는 남성들은 다시 제도판으로 돌아가서 이 섬유사를 올이 잘 나가도록, 그래서 스타킹이 그렇게 오래가지 않도록 변경하는 시도를 해야 했습니다."

화학자 미하엘 브라운가르트Michael Braungart는 스타킹의 내구성을 얼마나 간단하게 줄일 수 있는지를 설명한다. "스타킹은 나일론만으로 이루어진 게 아닙니다. 거기에는 다른 소재도 들어가 있습니다. 예컨대 태양의 자외선을 막아 나일론을 안정화시켜주는 물질 같은 것이지요. 이제 손쉽게 이런 추가되는 소재의 양에 변화를 줄 수가 있습니다. 이 추가 소재를 아주 조금만 추가하거나 전혀 추가하지 않으면 스타킹은 태양이나 공기 중의 산소에 의해 망가져서 훨씬 더 쉽게 찢어집니다. 말하자면 해어짐, 망가짐을 계획해서 집어넣을 수 있다는 것입니다." 이렇게 해서 스타킹의 올이 나가는 일이 다시 벌어졌다. 이 섬유를 '노런'이라 하지 않고 '나일론'이라 명명한 것은 얼마나 현명한 예상이었는가 말이다.[18]

줄어든 내구성이 눈에 띄지 않은 채로 넘어갈 수는 당연히 없었다. 스페인 카탈루냐 지방의 해안도시 마타로Mataro에서 바느질용품 가게를 운영하다가 은퇴한 카르메 데베사Carme Devesa는 왕성하게 일하던 당시 올이 나간 나일론 스타킹을 수많은 가정주부로 하여금 집에서 다시 실을 잡아당겨 수선하게 했다. 1950년대 및 60년대에는 이것이 짭짤한 부수입을 안겨주는 일거리였는데, 특히 미용사들도 이 일감을 제공했다. 그녀는 그렇게 함으로써 스타킹의 발전과정을 잘 추적할 수 있었다. "그것은 단계적으로 진행되었습니다. 어느 날 갑자기 스타킹 품질이 한탄스런 지경으로 떨어지지는 않았어요. 서서히 스타킹이 점점 더 가늘고 약해졌다는 거죠."

오래가는 실의 이야기와 그것이 어떻게 공장에서 사라졌는지는 심지어 영화의 소재가 되기도 했다. 영국 영화의 고전으로 꼽히는 1951년 작 〈흰 양복을 입은 남자The Man in the White Suit〉(독일어판 제목은 〈Der Mann im weißen Anzug〉)에서 한 젊은 화학자로 분한 배우 알렉 기네스Alec Guinness는 때가 묻지 않아 눈부시게 흰, 실질적으로 망가지지 않는 품질의 섬유사를 개발한다. 그는 섬유 산업에 일대 혁신을 몰고 올 발명을 했다고 생각한다. 또 아주 부차적이지만, 자신이 섬유공장 사장의 딸에게 청혼한다면 이 발명으로 결혼할 가능성도 더 커지리라고 여긴다. 그는 이 새 옷감으로 자기 양복을 짓게 한다. 장점을 과시하기 위해서다.

하지만 이 흰 양복은 사람들의 한결같은 열광을 전혀 얻지 못한다. 오히려 그 반대다. 이 풍자 코미디 영화에서 그 발명가는 곧 쫓기는 처지가 된다. 공장 주인에게서만이 아니라 일자리를 잃을까 염려하는 노동자들로부터도 쫓기는 것이다. 가난한 세탁부조차도 그에게 "이 조그만 내 빨래 바구니는 어떡하라고?"라며 쓰라린 불평을 해댄다. 큰 회사 사장에서부터 노동자에 이르기까지, 신분 여하를 막론하고 모든 사람들은 당연하다는 듯 서로 운명공동체로 연대한다. 빨리 닳아 못 쓰게 되는 것은 그들에게는 구원救援이다. 또 그렇기 때문에 그들은 오래가는 천이 마치 프랑켄슈타인의 괴물이라도 되는 양 그것에 맞서 싸워야만 하는 것이다.

1 *Sales Management*, 1960년 5월 6일자. 인용은 Vance Packard, *Die große Verschwendung*, Düsseldorf 1961, 24쪽에 따름.

2 Packard, *Verschwendung*, 같은 곳, 23쪽.

3 Steffi Unsleber, "Ein Bund fürs Leben. Firmen zielen mit ihrem Marketing zunehmend auf Kleinkinder", in: *sonntaz*, Nr. 18./19., 2012, 32쪽.

4 인용문 원본에는 이 슬로건이 "Buy days mean paydays, and paydays mean better days (…) So buy, buy! (…) something that you need today"로 되어 있다(Vance Packard, *The Waste Makers*, New York 2011, 37쪽).

5 Paul Mazur, *The Standards We Raise*, New York 1953, 134쪽 이하.

6 Packard, *Verschwendung*, 같은 곳, 39쪽.

7 같은 책, 41쪽.

8 같은 책, 73쪽.

9 같은 책, 74쪽.

10 http://de.wikipedia.org/wiki/Intel-Core-i-Serie 참조.

11 이 동영상은 www.atomicshrimp.com/st/content/inkjet_printer에서 온라인으로 볼 수 있다.

12 http://ssclg.com/epsone.shtml 참조.

13 Packard, *Verschwendung*, 같은 곳, 77쪽.

14 Earnest Elmo Calkins, "What Consumer Engineering Really is", in: Roy Sheldon, Egmont Arens(편), *Consumer Engineering: A New Technology for Prosperity*, New York 1976, 17쪽.

15 "오펠 공장 노조, 장기간의 일자리 보장을 요구하다(Opel-Betriebsräte fordern langjährige Jobgarantie)", in: *Die Welt*, 2012년 12월 13일자, www.welt.de/wirtschaft/article111987205/Opel-Betriebsraete-fordern-langjaehrige-Jobgarantien.html 참조.

16 Giles Slade, *Made to Break: Technology and Obsolescence in America*, Cambridge Mass. 2006, 115쪽 이하를 참조하라.

17 같은 책, 125쪽 이하.

18 나일론의 품질 저하는 흥미로운 부수효과를 낳았다. 나일론은 그 특수한 합성 때문에 공기오염을 탐지하는 데 쓰임으로써 지하에서 채광할 때 활용되는 카나리아 새와 똑같이 값나가는 물질이 되었던 것이다. 즉 1952년 3월 주간 〈뉴요커The New Yorker〉는 맨해튼의 펜실베이니아 역 주변에서 스타킹 올이 유난히 뭉쳐진다고 보도했다. 듀폰에 문의한 결

과, 공기 중의 검댕 함량이 높을 경우 나일론이 분해되기 시작한다는 답이 나왔다. 〈뉴요커〉 1952년 3월호, 25쪽 이하를 참조하라.

5장

성장이냐
죽음이냐,
그것이 문제로다

듀폰은 스타킹의 수명을 줄이는 것으로 그칠 수 없었다. 품질 저하는 제품의 이미지에 손상을 가할 수 있다. 섬세함과 우아함을 위해서는 질긴 성질을 포기할 것을 요구한다. 그건 누구나 이해한다. 그럼에도 불구하고 올이 나가는 일은 짜증을 유발한다. 여성 고객들은 늘 올이 나가는 스타킹을 계속 새로 구입해야만 했을 뿐 아니라, 새 스타킹을 구입하려는 욕구도 가져야만 했다. 이를 위해서는 당연히 광고의 중점이 "견인용 밧줄로도 쓰일 수 있다"는 제품의 장점이 아닌 다른 곳에 주어져야 한다.

스타킹은 의류의 일부다. 따라서 화학기업 듀폰이 심리적 노후화라는 화살집에 들어 있는 수많은 화살 중에서 '패션'이라는 화살을 선택하는 것은 당연한 일이다. 이는 강력한 무기다. 심지어 1960년대에 맨 다리가 유행했을 때 듀폰은 이미 염색과 무늬 그리고 직물조직을 다양화한, 아주 세심하게 구색을 맞춘 제품군을 제공했다. 그래서 이 기업은 스타킹 착용에 반대하는 맨 다리의 계율에도 불구하고 매출 증대를 기록할 수 있었으며, 부차적으로 여태 아무 불만 없이 피부색 스타킹을 신던 여성 고객들에게 유행을 따르려면 신제품을 구입해야 한다는 압박을 가할 수 있었다. 패커드 역시 "여성 패션은 계획된 심리적 노후화의 길라잡이로는 아주 이상적이다. 심리적소망이 이 패션 분야에서 가장 풍성하게 요동치기 때문이다"라고 보고 있다.[1]

심리적 노후화 전략으로서의 패션이 갖는 효과가 어떤지는 계절별 색상 교체를 통해 잘 파헤칠 수 있다. 향후의 유행 색상을 계획하는 일에 무척 열렬히 몰두하기 시작한 것은 1950년대 말이다. 패커드는 "몇몇 기업 컨설턴트의 '색상 예측'을 보면, 음모라고는 말하지않더라도 서로 협력한다는 강력한 의혹을 떠올리게 한다"라고 하면서 예측과 실상의 일치에 경탄을 금치 못했다. 예컨대 미국의 한 대표적 플라스틱 제조기업의 색상 컨설턴트들이 1955년에 분홍색을 그 시즌의 색상으로 예측하자 분홍색이 나타났고, 1956년에 터키석 색상을 예측하자 터키석 색상이 부상했으며, 그 이듬해에도 그들은 아주 정확히 레몬 빛깔의 노란색을 들고 나타난 것이다.

그것이 구체적으로 어떻게 진행되는지를 당시 뉴욕의 백화점 '에

이브러햄 앤 슈트라우스Abraham & Strauss'의 판매책임자 알프레드 대니 얼스Alfred Daniels가 〈하버드 비스니스 리뷰Harvard Business Review〉에 폭로했 다. 다음 시즌용 의류제품으로, 예컨대 뭔가 '동양적 경향'이라고 넌 지시 말한다는 것이다. 그러면 이 말은 패션 매장 소유주들에게까지 파고들어가지만, 그들은 어떻게 해서 그런 결과에 이르렀는지에 대 해서는 전혀 알 필요가 없다는 것이 대니얼스의 지적이다. 만일 그들 이 호기심 많은 사람이라면 패션 전문가 한 사람에게 전화를 걸 수 있으며, 그 전문가를 통해 그들은 그게 어떤 '몽골계 멍청이들'의 영 향 탓이라는 것을 알게 된다는 것이다. 이 말은 이 분야를 바라보는 눈길이 눈에 띌 만큼 냉소적임을 웅변한다.

이 속임수는 아직도 기능을 하고 있다. 예컨대 2013년의 색상으 로 녹색이 예정되어 있다. 이에 부합하는 은근한 말을 수십 년 전부 터 미국 기업 팬톤Pantone이 떠벌리고 있으며, '팬톤 색체연구소Pantone Color Institute' 소장인 리트리스 아이즈먼Leatrice Eiseman으로 하여금 해가 바 뀌는 시점에 딱 맞추어 '에메랄드'라는 아름다운 이름의 팬톤 색상 번호 17-5641을 칭송하게 한다. 즉 "에메랄드색은 성장, 혁신, 구원, 통일 그리고 되살림의 색상입니다"라고 찬미하는 노래를 하도록 하 는 것이다.

디자이너, 자동차 제조업체, 액세서리와 가구 디자이너들은 팬톤 의 의도를 순순히 받아들이며, 유명 인물들은 필요한 주목을 받으려 애를 쓴다. 유행을 선도하는 영국 왕세손비 케이트 미들턴Kate Middleton

과 그녀의 여동생 피파 미들턴^{Pippa Middleton}은 분명 그보다 좀 더 일찍 에메랄드 빛깔의 의상이나 액세서리를 걸치고 나타나며, 그렇게 함으로써 올해의 색상을 발표하기도 전에 이미 사람들로 하여금 짙은 녹색 계열의 의상과 핸드백에 주목하게 할 수 있었다. 그렇다. 한 해 전인 2012년 팬톤은 '에너지를 가득 품은 강렬한' 오렌지 색상을 '탠저린 탱고^{Tangerine Tango}'라는 이름으로, 또 그 전해에는 '당당하며, 안정감과 생동감을 지닌' 분홍빛을 '허니서클^{Honeysuckle}(인동덩굴)'이라는 이름으로 찬탄했다.[2] 그 진행과정은 언제나 같다. 유행을 선도하는 몇몇 유명 인물들이 자리를 잘 잡아 앞서 나가면 대중 고객들이 그 뒤를 따르는 것이다. 그런 식으로 허니서클이 뒤로 밀려나고 에메랄드 색상이 새로 전면에 등장한다.

그럴싸한 제품으로

소비자를 현혹하는 눈속임　깊은 확신 속에서 패션의 메커니즘을 가능한 한 많은 다른 산업 부문에 전파하기 위해 싸운 사람은 산업디자이너 브룩스 스티븐스^{Brooks Stevens}였다. 1911년생인 이 미국인은 버나드 런던과는 달리 계획된 노후화라는 원칙을 법률을 통해 도입하려 하지는 않았다. 그는 소비자를 유혹해 그런 원칙을 받아들이게 해야 한다고 보았던 것이다. 그가 이상으로 삼은 것은 더 나아가 가장 순수한 형태, 즉 전혀 닳아 못 쓰게 되는 요소를 장착하지 않고도 작동하는 심리적 노후화였다.

그가 심리적 노후화의 중심이 된다고 여기는 것은 그 자신도 확신하고 있는 어떤 삶의 감각이었다. 빨리 낡아버리는 것, 그렇다. 쓰레기가 될 물건을 구매하는 것은 안 될 일이다. 이상적인 경우 제품은 철저히 훌륭하게 생산되어야 하며, 그 기능적 가치를 일찍 잃어서는 안 된다는 것이다. 그가 본보기로 삼은 제품은 고가의 패션 의류였다. 그런 옷은 못 입을 만큼 문제가 있어서 버리는 것이 아니라, 새로운 패션의 등장으로 그 옷을 입지 못하게 되어 배제된 것이다. 스티븐스의 눈에는 산업디자이너가 해야 할 가장 중요한 일은 모든 제품에 대해 "좀 더 새롭고 좀 더 나은 뭔가를, 그것도 필요한 것보다 좀 더 일찍 갖고 싶다"는 욕구를 일깨우는 것이었다.[3] 이 일에 성공한다면 사람들은 아직도 쓸 만한 것들을 자발적으로 더는 쓰지 않게 될 것이다.

스티븐스 자신도 이 과업을 멋들어지게 해결했다. 그가 디자인한 제품의 하나인 토스터Toaster는 뉴욕의 현대미술관Museum of Modern Art에 전시되어 있다. 그는 살림살이, 자동차 그리고 심지어 기차에 이르기까지 모든 제품을 다 디자인했다. 계획된 심리적 노후화를 언제나 염두에 두고서 말이다. 그가 디자인한 제품에 너무 열광하다보니 그 이전의 모든 제품은 사람들의 뇌리에서 잊혀졌다. 브룩스 스티븐스의 디자인은 1940년대 디자인 아방가르드의 정신 속에서 무엇보다도 속도와 근대성을 표방했다. 그의 집조차도 남달랐다. 그의 디자인 회사를 물려받아 경영한 아들 킵 스티븐스Kipp Stevens는 "집이 완공되자 모든 사람들이 그 집을 새로 지은 버스 정류장으로 여겼다. 전혀 개인 주거용 주택처럼 보이지 않았던 탓이다"라고 말한다. 하지만 정작 아들 자신은 뉴욕의 자기 집에 최신 디자인 제품을 갖다놓은 게 아니라 오히려 역사가 있는 물건, 예를 들면 완벽하게 보존된 1960년대의 이탈리아제 흰색 소파 같은 물건을 들여다 놓았다. 기본적으로 그는 자기 아버지가 노후화 개념을 특정 사람들의 삶의 방식과 결부시키려 했을 때 아버지의 머릿속에 맴돌던 부류의 고객이다. 그런 특정 사람들의 삶의 방식이란 오늘날 로하스^{LOHAS}(건강하고 지속가능한 삶의 방식을 지지하는 사람들)라 불릴 사람, 물건을 살 때 제품의 지속가능성 및 가치유지 가능성에 주목하지만 그럼에도 불구하고 아름다움, 새로운 유행 또는 특권적 의식의 향유 가능성 때문에 신규 구매로 유도될 수 있는 사람들의 삶의 방식을 말한다.

브룩스 스티븐스는 미국을 종횡무진 여행하면서 수많은 연설에서 자신의 사물관을 역설했다. 이 관점을 그는 '계획된 노후화'라고 요약했다. "우리의 경제 전부는 계획된 노후화에 기초해 있습니다"라고 그는 지칠 줄 모르고 설교하면서 이 아이디어의 근원을 다음과 같이 강조했다. "결혼식과 장례식 모두에 입고 갈 수 있으면서 오래도록 입을 수 있는 완벽한 옷, 입는 동안 그 옷을 내버리게 하는 동기는 전혀 없을 것 같은 정장 한 벌을 만들겠다는 유럽의 태도와는 반대로, 미국의 태도는 고객들이 자기 욕구의 충족을 위해 장만한 옷에 불만스러워하도록 만드는 것, 고객으로 하여금 그렇게 장만한 옷을 중고장터에 건네주고는 구매 가능한 최신 디자인의 새 옷을 구매하도록 하는 데 있습니다."[4]

스티븐스는 의도적으로 선결파열점을 장착하는 것을 거부했다. 어쨌거나 아들 킵 스티븐스는 자기 아버지가 조기에 결함을 드러낼 제품을 의도적으로 디자인한 적은 결코 없었다고 확신하고 있다. 계획된 노후화가 언제 작동되는지를 소비자가 함께 결정할 수 있어야 한다는 생각이었던 것이다.

다른 한편으로 브룩스 스티븐스는 온갖 형태의 노후화에 대해 증언대에 불려나가는 것에 대해서도 별로 저항하지 않았다. 또 '제품 디자이너가 할 일이란 과연 무엇이어야 하는가' 하는 문제는 전혀 논란의 여지가 없는 것이 아니었기에 잡지 〈로터리언The Rotarian〉은 1960년 2월호에서 그 직업군 내부의 논란을 자세히 다루었다. "계획된 노후화, 그것은 공정한가? 브룩스 스티븐스는 당연하다고 말한다. 반면 월터 도윈 티그Walter Dorwin Teague는 그렇지 않다고 말한다."

스티븐스의 반대편에 있던 티그는 미국 산업디자인계의 노장이었다. 그는 제2차 세계대전이 일어나기 전 이 분야를 사상 최초로 독자적 직업으로 확립한 사람이었다. 스티븐스의 신조에 대한 그의 견해는 자명했다. "새 모델이 아무런 개선점을 제공할 수 없음에도 불구하고 이전 모델을 시대에 맞지 않은 것으로 보이게 하는 이런 관행을 사람들은 '계획된' 혹은 '인위적' 노후화라고 부릅니다. 후자가 더 적확한 표현이기는 하지만, 그냥 간단하게 '사기'라고 하는 것만큼 적확하지는 않지요."

본디는 스티븐스도 품질에 대해서는 할 말이 많았지만, 이제 질문이 "노후화에 대해 찬성이냐, 반대냐"로 날카롭게 대립되어 있었기 때문에 그가 싸움에 나섰던 것이다. 그는 아무 조건 없이 조기 노후화 편에 서서 공개적으로 그 이유를 이렇게 밝혔다. "여러분들은 디자이너가 사기꾼이 아닌가 하고 제게 묻습니다. 저라면, 어느 정도까지는 그렇다고 답하겠습니다. 저는 판매할 제품의 경우 손실을 전혀 고려하지 않은 채 좋은 디자인을 선택하는 결정을 할 수 없습니다. 제가 말하는 좋은 디자인이란 정말 훌륭한, 미적인 면에서나 생산적인 면에서 훌륭한 디자인을 가리키는 것인데, 이런 디자인으로는 수익이 나지 않기 때문입니다. 대중들은 그것을 이해하지도, 받아들이지도 못할 것입니다. 그런 디자인은 대중의 수준을 넘어서는 것이죠. 그것은 한마디로 잘 팔리지 않습니다."[5]

이런 언급 속에서 스티븐스가 처해 있는 딜레마가 드러난다. 오로지 물건들이 너무 대단하다는 이유만으로 사람들을 구매로 유도하는 그런 아주 탁월한 제품이라면 그는 너무나 기꺼이 만들어낼 것이다. 그러나 결국 그는 자신이 선전한, 저항할 수 없는 디자인을 통한 노후화의 이면에도 모든 다른 노후화의 근거가 되는 추진력이 존재함을 인정한다. 노후화가 기술혁신으로 일어나든, 아니면 기능장애나 정교한 마케팅을 통해 유발되든 상관없다. 결정적인 것은 경제성장이다. 그래서 영원히 갈 디자인의 보물을 만들어낸 천재 디자이너에게도 남는 것은 다음과 같은 단 하나의 냉정한 결론뿐이다.

"우리는 훌륭한 제품을 생산하며, 사람들로 하여금 그것을 구매하게 합니다. 또 그다음 해에 우리는 아주 의도적으로 뭔가 새로운 것을 만들어냅니다. 그 훌륭한 제품을 구닥다리로, 시대에 뒤진 것으로, 낡은 것으로 보이게 하는 제품을 만드는 것입니다. 생각할 수 있는 가장 합리적 이유, 즉 돈을 벌기 위해 그렇게 하는 것입니다."[6]

경제성장의 논리로 무장한
계획된 노후화

성장에 대한 무조건적 믿음에 관한 한 스티븐스는 러시아의 프로그래머 비탈리 키셀레프와 정신적 동지관계다. 키셀레프는 전기기기의 가치를 깎아먹는 기능장애를 받아들이려 하지 않으며, 그렇기 때문에 잉크젯 프린터의 수명이 어떻게 하면 몇 배나 늘어나는지를 세상과 공유한 사람이다. 기본적으로 품질의 가치를 인정하는 산업디자이너 스티븐스와 마찬가지로 제품 수명을 단축시키는 프린터 칩의 코드를 풀어 공개한 이 러시아 프로그래머 역시 "잘 작동하는 제품을 버리는 짓을 그만둔다면 우리 경제는 붕괴할 것"이라 말함으로써 결국 경제의 계속적인 성장을 중요하다고 여긴다.

실용적 차원에서 계획된 노후화를 반대하는 도구를 소비자의 손에 쥐어주는 사람들조차도 이론적으로는 계획된 노후화를 옹호하지 않을 수 없다고 본다. 계획된 노후화의 종말은 성장의 종말이며, 성장의 종말은 세상의 종말이라는 것이다.

그런데 이 성장 위주의 사고방식이 진작부터 그렇게 당연한 일은 아니었다. 그 초석이 놓인 시기는 오히려 1950년대로, 성장 이념이 득세하던 그때부터 이 이념은 지금까지 계속 지배를 하고 있다. 바로 그 1950년대 말에 처음으로 밴스 패커드는 모든 노후화 형태를 체계적으로 분석했는데, 그의 관찰에 따르면 경제계는 물론이고 드물지 않게 사회에서도 '팡파르'가 함께했다. "우리는 성장해야만 합니다. 그렇지 않으면 죽습니다." 즉 성장이냐, 죽음이냐 하는 것이 당시의 키워드였다. 핵심이 무엇인지를 버로스^{Burroughs Corporation}(1886년 설립된 미국의 사무용 전산기기 제조업체로, 이후 합병을 거쳐 1986년 유니시스^{Unisys Corporation}로 개명됨- 옮긴이)의 회장 레이 에퍼트^{Ray R. Eppert}가 1957년 미국 제조업협회의 한 회의에서 그렇게 간략하게 지적했던 것이다.[7]

1950년대에 들어서면서 선진 공업국은 완전히 이 주문^{呪文}에 따라 조직되었다. 제조업체가 성장을 위해 매진하는 것 말고 뭘 해야 했겠는가? 신기술을 개발해야만 그 기술을 이용해 제품을 더 빨리 또 더 저렴하게 생산할 수 있다. 경쟁에서 뒤처지지 않으려면 제조업체는 새 기계를 장만해야만 한다. 새 기계를 장만하려면 제조업체는 대출을 받아 자금을 조달해야만 한다. 생산단가는 많은 양의 제품을 만들어낼 때에만 비로소 진짜로 더 저렴해지며, 그렇지 않으면 기계를 장만해도 수지를 맞출 수 없으므로 매출을 올려야만 한다. 그런 다음에는 생산된 많은 물건들이 팔려야만 한다. 그렇지 않으면 그 물건들은 불량재고로 남는다. 수익도 증가해야 한다. 투자에 끌어들인 빚과 그에 따른 이자도 결국 갚아야 하고, 주식회사의 경우 돈을 댄 주주들에게 배당금도 지급해야만 하기 때문이다. 제품을 더 자주 팔 수 있으려면 그 제품에 대한 광고도 더 많이 해야 한다. 광고에도 마찬가지로 돈이 많이 든다. 그러므로 그것에 부응하도록 제품을 더 많이 생산해서 더 많이 팔아야 하는 것이다. 그렇게 하려면 다시 새 기계가 필요하다. 이런 식으로 나사가 돌아가듯 계속 돌아가는 것이다.

그러나 뭔가를 조이는 나사와는 달리 성장의 나사는 최종 도달점이라는 것이 없다. 그 나사는 계속 돌아야 한다. 기업은 성장해야 하고, 생산은 증가해야 하며, 매출은 더 늘어나야 한다. 한번 매출이 무너지면 운영비 감당을 위해 차입을 해야 하기 때문이다. 이 차입금은 나중에 그에 상응할 만큼 이익을 늘림으로써 상쇄해야 한다. 그렇지 않으면 나사는 거꾸로 돌기 시작한다. 직원들은 해고되고, 생산은 줄어들며, 매출은 계속 아래로 떨어져 더 이상 차입을 할 수 없게 된다. 기업은 도산하고, 은행은 회수하지 못한 대출금 때문에 파산의 길로 들어서 신규 기업에 자금을 제공할 수 없다. 경제가 무너지면서 대규모 실업이 사방으로 퍼져나가고, 국채 상환이 불가능해 국가가 붕괴한다.

성장하지 않으면 죽는다. 이런 확신은 전반적으로 내면화되어 있어서, 심지어 독일에서는 '꾸준하고도 적절한 경제성장'이 1967년부터 법적으로 국가 목표로 정해져 있을 정도다.[8] 여기서 적정 성장률은 3~4퍼센트인데, 소박하게 보이는 이 3퍼센트 성장은 23년 만에 두 배로 성장함을 의미한다.

경제성장을 통해 삶의 수준과 인간의 욕구는 증가할 것이다. 그러나 언젠가는 자동차, 세탁기, 컴퓨터 및 휴대전화기의 수요가 다 충족될 것이다. 그때가 되면 어떻게 성장을 일으켜야 한단 말인가? 그런 상황에서는 계획된 노후화가 논리적 결론으로 보인다. 그렇다. 그게 바로 우리 삶의 방식의 바탕으로 보이는 것이다. 물론 프린터가 작동하지 않거나 휴대전화기의 배터리가 더 이상 충전되지 않는다면 우리는 당연히 불평을 한다. 짜증도 나겠지만 정기적으로 행하는 신규 구매를 거부할 정도는 아니다. 우리는 그것을 원치 않는다.

또 우리는 소비 거부로 인해 야기되는 위협을 알고 있다. 여기서는 오펠 자동차 공장이, 저기서는 섬유업체가, 또 거기서는 태양전지 제조업체가 문을 닫는다. 우리의 생각도 비탈리 키셀레프와 브룩스 스티븐스와 마찬가지다. 조악한 품질 때문에 우리가 열을 받기는 하지만, 그래도 성장은 계속되어야만 한다.

빚내서 구매하라고 부추기는 은행

그러나 다른 문제가 또 하나 있다. 바로 구매력이다. 성장이 중요하다고 해서 다양한 형태의 노후화 조치로 타협을 했다고 한번 가정해 보자. 그래도 그런 제품의 값을 어떻게 치를 것인가 하는 질문은 여전히 남는다. 새로 물건을 장만하기에 앞서 우리는 어쩔 수 없이 지갑을 들여다보아야만 한다. 어쩌면 거기에 문제가 숨어 있을 수도 있음을 제조업자도 알아챘다. 고객이 일상적으로 필요로 하는 것 이상을 언제나 지출하기 위해 충분한 돈을 저축할 때까지 기다리는 것은 성장을 목표로 하는 경제가 요구하는 바를 결국에는 채워줄 수 없다.

그렇다면 고객의 지갑 사정이 판매를 기다리는 물건들의 증가와 보조를 맞출 수 없을 경우 어떻게 해야 할까? 돈 쓰는 것에 대한 걱정의 수준을 어떻게든 낮출 수는 없을까? 실제로 제조업계 및 상업계는 탈출구 하나를 발견했다. 할부 판매다. 돈이 부족한 고객에게 똑같이 물건 살 돈을 파는 것이다.

오늘날 독일에서는 소매 매출의 거의 절반이 외상 아니면 할부 금융에 의존해 있다. 가계의 3분의 1이 빚으로 소비재를 구매하는 것이다.[9] 물론 이를 위해서는 소비자에게 손쉽게 빚내는 법을 일단 가르쳐주어야만 했다. 수십 년 전까지만 해도 소비재를 사려고 돈을 빌리는 행위는 전반적으로 옳지 않다고 여겨졌다. 1950년대 말까지만 해도 수많은 사람들은 소비를 절제하면서 힘들게 저축한 돈이 아닌 빚을 얻어 냉장고나 유명상표 의류를 구매하거나 해외여행을 떠나는 행동을 경박한 소비행위로 보았다.

광고업체와 은행은 이런 인식을 바꾸려고 온갖 노력을 기울였다. 1958년 4월 〈타임Time〉지는 '배튼, 바톤, 더스틴 앤드 오스본Batten, Barton, Durstine & Osborn(업계 최대의 광고회사로, 줄여서 BBDO)' 광고회사의 찰스 브라우어^{Charles H. Brower} 사장이 한 금융기관 회의에서 빚을 내서 구매하는 행위를 마침내 더 매력적으로 만드는 방법을 은행 관계자들에게 주입했다고 보도한다. "여성들에게 소비자 대출의 가능성에 대해 알려주십니까? 대다수 기기를 구입하는 계층인, 소득이 중간 수준인 젊은 세대에게 여러분의 메시지를 전달하시나요?"[10]

밴스 패커드는 이런 자극이 대출창구 직원들을 위한 심리교육에서 어떻게 실천되었는지를 기술한다. 바야흐로 패러다임의 교체 시기였다. 은행의 잠재고객에게 대출 신청이 수치라는 느낌을 갖지 않도록 하는 일에 갑자기 가치가 주어졌다. 살림 장만을 위해 돈을 빌리는 행위는 생각이 진보적인 사람임을 보여준다는 것, 대출자에게 전달해야 하는 메시지는 바로 이것이었다. 빚을 내 소비하는 것이 도덕적으로 아무 문제없는 행동으로 느껴져야 했으며, 재미도 있어야 했다.

이런 노력이 결실을 맺는 데에는 그리 오랜 시간이 걸리지 않았다. 이미 1960년에 제너럴푸드^{General Foods}의 대표이사는 자랑스럽게 다음과 같은 결론을 낼 수 있었다. "오늘날의 소비자들은 자신이 갖고 싶어하는 물건을 즉각 가지려 하며 (…) 나중에 벌어들여야 하는 수입으로 그 대가를 지불하고 싶어합니다." 어느 미국 백화점 체인의 간부 직원 한 사람은 "인간이 자기 관심을 끄는 물건을 돈을 빌려 구입하는 데 그렇게 길들여진 적은 여태 없었다"라고 덧붙였다.

구매용 금융을 활용한 사업은 은행과 소매상에게는 하나의 축복이었다. 점점 더 많은 은행들이 '대중을 빚으로 내모는 사냥'에 동참했다. 심지어 자동차 판매의 경우 금융 제공을 통해 얻을 수 있는 수익이 '수많은 딜러들이 자동차 자체를 판매하는 일에 매달리는 만큼이나 금융 제공 업무에 매달릴 정도로 매력적'인 것으로 드러났다. 1959년 텍사스 주 포트워스Fort Worth에 있는 한 백화점의 소비자 여신 부서장은 자기 회사의 매출 증가에 대해 이렇게 말했다. "부가 수익 전부는 신용판매를 통해 이루어졌습니다."[11]

1960년대 초반에 드러난 미국의 할부구매 관행은 전 세계 다른 나라로도 퍼져나갔다. 1970년대부터는 은행직원들이 신용에 기초한 소비를 더 많이 하라고 고객들을 설득하는 교육을 별도로 받기도 했다. "우리 부모님이라면 돈 없이 자동차를 산다는 생각은 절대로 하지 못했을 것입니다. 우리는 고객들에게 그렇게 하라고 요구했지요. 신형 텔레비전을 한 대 구매하시려고 1년을 저축하시겠다는 말씀인가요? 그러면 1년 뒤에는 그 모델이 구식이 되어버립니다. 지금 1,000마르크를 신용으로 마련하시면 그 텔레비전을 당장 사실 수 있습니다. 저축은 그런 뒤에 하시면 됩니다"라고 당시 도이체방크 Deutsche Bank에서 직원으로 근무했던 로타르 바커Lothar Wacker는 당시의 새로운 지침을 설명한다.[12]

이런 전개양상의 결과는 인상적이다. 2011년 말 기준으로 독일 사람들은 신용을 통한 소비재 구매로 대략 2,300억 유로(1유로를 1,500원으로 환산 시 약 345조 원 - 옮긴이)의 채무를 떠안고 있으며, 그

규모는 계속 증가 추세에 있다. 독일 은행연합회에 따르면 그중에서 1,480억 유로는 부동산 등과 같은 자산을 취득하기 위한 고액 대출이 아니라 소비를 위한 가계대출로 나간 돈이다.[13]

허술하게 지은 집은 쉽게 무너지는 법이다. 2010년 민간 신용정보사인 크레디트레포름Creditreform은 2011년 중 개인 파산이 최고 6퍼센트 증가할 것으로 예측했으며, 독일의 채무과다 가계가 대략 700만 가구에 이를 것으로 계산하고 있다.[14] 채무자가 더 이상 상환 능력이 없을 때 어떤 상황이 될지는 2008년 이후 시작된 미국 금융위기에서 확인할 수 있다. 수많은 사람들이 정들었던 자기 집을 떠나야만 했다.

1 이 인용구 및 이어지는 인용구에 대해서는 Vance Packard, *Die große Verschwendung*, aus dem Amerikanischen von Walther Schwerdtfeger, Düsseldorf 1961, 91쪽 이하를 보라.

2 www.pantone.de 참조.

3 인용은 John Heskett: "The Desire for the New", in: Glen Adamson: *Industrial Strength Design: How Brooks Stevens Shaped Your World*, Cambridge / London 2003, 4쪽에 따름.

4 1954년 연설, Brooks Stevens Archive, Milwaukee Art Museum, USA.

5 "Planned Obsolescence: Is It Fair? Yes! Says Brooks Stevens; No! Says Walter Dorwin Teague", in: *Rotarian*, 1960년 12월호, 2~5쪽.

6 Karl Prentiss, "Brooks Stevens: He Has Designs on Your Dough", in: *True: The Man's Magazine*, 1958년 4월호, 인용은 John Heskett, "Desire", 같은 곳에 따름.

7 Packard, *Verschwendung*, 같은 곳, 338쪽.

8 "Gesetz zur Förderung der Stabilität und des Wachstums der Wirtschaft", §1, www.gesetze-im-internet.de/stabg/BJNR005820967.html 참조.

9 "Kauf auf Pump wird gesellschaftsfähig", in: *Der Handel*, 2012년 4월 1일자, www.derhandel.de/news/unternehmen/pages/Verbraucher-Kauf-auf-Pump-wird-gesellschaftsfaehig-8406.html 참조.

10 "Smile, Shake, Sell", in: *Time Magazine*, 1958년 4월 7일자.

11 모두 패커드의 인용임. Packard, *Verschwendung*, 같은 곳, 179쪽 이하.

12 "Wie ich lernte, Bedürfnisse zu wecken", aufgezeichnet von Johannes Gernert, in: *sonntaz*, 2012년 8월 4~5일자, 17쪽.

13 "Kauf auf Pump", 같은 곳 참조.

14 "Immer mehr Konsumenten überschuldet", *Der Handel*, 2010년 12월 22일자, www.derhandel.de/news/finanzen/pages/Konsum-Immer-mehr-Konsumenten-ueberschuldet-6955.html 참조.

6장

트렌드,
낭비를 권하다

1950년대 기업들은 구매력이 너무 부족하다는 불평을 아직 할 수 없었다. 빈한했던 여러 해가 지나가고 마침내 경제가 다시 번성했다. 복지는 성장했고 자동차 산업은 신형 모델로 눈부신 성과를 올렸다. 크지도 않으면서 기름은 엄청나게 먹어대는 그런 차였다. 포드와 제너럴모터스(이하 지엠)는 브룩스 스티븐스가 주장한 대로 갈수록 더 휘황찬란해지는 신차 모델을 매년 내놓음으로써 고객들을 끌어 모았다. 별 볼 일 없는 독일제 소형차가 나타나 길게 삐져나온 테일핀Tail Fin(자동차 뒤쪽 양옆에 세운 얇은 지느러미 모양의 것을 가리킨다)을 천천히, 그러나 확실하게 짧게 잘라버릴 때까지 말이다. 비틀Beatle(딱정벌레를 의미하는 독일어 Käfer의 영어 표현 - 옮긴이)이라 불리는 폴크스바겐 1형

Volkswagen Typ 1의 눈부신 승리의 행렬이 시작된 것이다.

이미 1950년대 중반에 비틀은 미국의 건물 진입로에서 흔히 볼수 있을 정도였다. 미국 고객들은 그 사이 최장 6개월의 대기기간을 감수하면서까지 열망하던 소형차를 수중에 넣으려 했다. 이 차는 1940년대 말 이래로 아무런 본질적인 혁신을 겪지 않았으며, 미국사람들이 붙여주었던 '벌레Bug'나 '딱정벌레Beetle'라는 별명 역시 그다지 유쾌하게 들리지는 않았다. 그럼에도 불구하고 몇몇 고객들은 미국 자동차 제조업체의 유혹을 거부하면서 쉐보레 벨 에어 임팔라Chevrolet Bel Air Impala 대신 이 실용적인 비틀을 한 대 구매했다.

비틀을 히트 상품으로 만든
DDB의 광고 전략

뜻밖의 수출 성과에 힘을 얻어 폴크스바겐은 1958년 미국에 자회사를 설립했다. 이와 동시에 자회사 사장을 맡은 카를 한Carl Hahn은 계획적인 마케팅 캠페인을 통해 판매대수를 계속 끌어올리기로 결정했다. 폴크스바겐은 당시 무명이던 광고회사 '도일, 데인 앤드 베른바흐Doyle, Dane & Bernbach(약칭 DDB)'와 계약을 맺고 광고를 맡겼다. DDB는 작동 면에서는 믿을 만하지만 그 외에는 별로 내세울 게 없는 제품 하나를 광고해야만 하는 과제에 직면했다. '딱정벌레'라는 뜻을 지닌 이 제품은 그 소유자에게 어떤 대단한 특권 같은 것을 부여하지도 않았고, 외관의 매력 면에서도 경쟁업체의 잘 빠진 모델과 비교할 바가 못 되었다. 전통적으로 지위의 상징을 나타내는 수단으로서 이 자동차는 아무짝에도 쓸모가 없었다.

DDB는 '별 매력 없음'이라는 난관을 하나의 덕성으로 만들기로 결정하고 과감하게 나섰다. 이 광고회사는 "너의 가능성 속에서 살아가라", "값이 저렴하다고 놀라지는 말라" 또는 "작은 것을 생각하라 Think Small" 같은 간결하면서도 반어적인 선전 구호를 내세움으로써 절제Understatement를 자기네 마케팅 캠페인의 기본 원칙으로 삼았다. 또 그렇게 함으로써 광고 분야의 자기 이해를 완전히 뒤집어놓았다.

그 시점까지만 해도 광고는 섬세함이라는 게 거의 없었으며, 기본적으로 그저 요란하게 제품의 장점을 떠들어대는 것에 국한되어 있었다. 고객들에게는 '광고 품목이 얼마나 놀랍고 열망할 만한가' 하는 점이 오해의 여지가 없도록 분명히 전달되었다.

이와 반대로 DDB는 '딱정벌레차'의 명백한 약점들을 부각시킴으로써 이 작고 수수한 자동차를 뭔가 특별한 제품으로 만들었다. 그것으로도 부족하여 폴크스바겐은 스스로를 자동차 산업의 약자Underdog로 그려냈으며, 1961년에 행한 유명한 광고 시리즈에서는 경쟁업체가 미친 듯이 매년 새로 내놓는 신모델을 희화화하기까지 했다. 폴크스바겐의 광고를 보면 비틀 한 대가 등장한다. 그리고 그 사진 아래에는 '51년, 52년, 53년, 54년, 55년, 56년, 57년, 58년, 59년, 60년, 61년 모델'이라고 적혀 있고, 그 면을 넘기면 양면이 텅 빈 채 나타난다. "저희 신모델에는 여러분께 더 보여드릴 게 아무것도 없습니다

(We don't have anything to show you in our new models)." 폴크스바겐은 어떤 변형만 거부한 게 아니었다. 유행을 고려하지 않고 몇 년째 똑같은 제품을 판매하는 것에 우쭐해하는 것 같기도 했으며, 그것을 잘났다는 듯 떠벌린 것이다.

딱정벌레 자동차로 폴크스바겐은 지엠이 자동차 산업을 혁신할 때 이용한 노후화 전략을 일관되게 거부했으며, 그렇게 함으로써 고객에게 다가가 호소하는 새로운 언어를 만들어냈다. 즉 딱정벌레차는 다르고 더 개인적이라는 것이다. 또 고객은 딱정벌레차를 구매함으로써 이 개인주의에 동참할 수 있었다. 딱정벌레차를 한 대 구입함으로써 다른 여러 자동차 제조업체 및 그들의 공허한 광고 약속에 마침내 한마디 의견을 피력하기라도 할 듯했다.

주지하다시피 폴크스바겐은 대성공을 거두었다. 2,100만 대 이상이 판매됨으로써(그중 상당수가 미국에서 팔렸다) 폴크스바겐의 딱정벌레 자동차는 심지어 포드의 T 모델조차도 그 빛을 바래게 만들며 전설로 등극했다.

이성의 승리라고 경축할 만한 사건이었다. 결국 수많은 운전자들이 기름을 마구 먹어대는 자신의 애마를 값도 더 저렴하고 기름 소비도 더 적으며, 수리할 일도 더 적고 수명도 더 긴 자동차로 교체했으니 말이다. 그것도 갈수록 더 빨리 바뀌는 소비경향에 맞서서 말이다. 그러나 미래의 마케팅 전략과 관련하여 훨씬 더 본질적인 것은, 한 광고회사가 대량생산 제품 광고를 절제 및 자기 조롱을 통해 연출한다는 생각에 이르렀다는 사실이었다. 그것도 '자동차는 특권'이라는 보편화된 생각에 맞서 이 같은 현상을 조롱하고 거기에 반발하는 거역의 몸짓을 보임으로써 말이다. 그 이전까지는 신차를 이용해 한 개인이 사회적으로 특정 계층에 소속되었음을 또는 부의 수준을 과시했었다면, 이제는 자동차 구입을 통해 당당하게 비타협적이고 독립적인 개인으로서의 자신, 소비사회의 공허한 약속에 현혹되지 않는 개인의 모습을 이웃과 세계에 내보일 수 있었다.

광고계 종사자의 우상으로 통하는 제리 델라 페미나^{Jerry Della Femina}는 폴크스바겐의 캠페인으로 광고 분야에서 신기원이 시작되었다고 말한다. "태초에 폴크스바겐이 있었다. (…) 그 날 광고 분야가 정식으로 이 세상에 태어났다."[1] 이런 평가를 한 사람은 그 혼자만이 아니었다. 1999년 미국의 마케팅 잡지 〈광고 시대^{Advertising Age}〉는 DDB의 'Think Small' 전략을 20세기의 가장 훌륭한 광고 캠페인으로 선정했다. 그 까닭은 "'Think Small'은 그 반대로 상당히 대단한 것을 염두에 두었기 때문이었다."[2]

이 광고 전략이 특별히 대단하다고 여기는 까닭은 번쩍거리는 광고 세계를 거부하는 소비 비판적 계층에게도 다가가는 데 있다. 스스로를 쉽게 유혹에 넘어가지 않는 사람이라고 여기는 이들을 어떤 도구로 공략해야 하는지, 이 전략은 시범적으로 보여준다. 'conspicuously inconspicuous consumption', 즉 과시적인 비과시적 소비를 선의로 바라보도록 그들을 사로잡을 수 있는 것이다.[3]

그것은 시장화 전략을 위한 하나의 중요한 조치였다. 왜냐하면 1950년대 중반에 미국 젊은이들을 특징짓는 여러 반문화反文化와 부분문화가 시작되었기 때문이다. 비트 세대Beat Generation는 지위 의식과 신분상승 의지를 특징으로 하는 부르주아적 삶의 방식에 반발했다. 그 세대의 삶의 감각은 다채로운 1950년대 광고계와는 어울리지 않았다. 그 대신 그들은 잭 케루악Jack Kerouac의 소설《다르마 부랑자들The Dharma Bums》에 나오는 인간을 꿈꾸었다. "소비사회가 요구하는 서명을 거부하는 인간들. 생산한 것은 소비해야 하고 소비하려면 일을 해야만 한다는 것. 본디는 전혀 갖고 싶지 않았던 그 모든 물건들, 냉장고, 텔레비전 수상기, 자동차, 적어도 뽐내기 위한 자동차, 특정 머릿기름과 방향제 그리고 일주일 뒤에는 늘 쓰레기상에 모습을 드러내는 그저 그런 잡동사니, 이 모두가 노동, 생산, 소비, 노동, 생산, 소비라는 시스템에 사로잡혀 있다."[4]

이 새로운 광고 전략의 도움으로 마케팅 부서들은 반소비주의적, 비타협적 태도를 특정 상품에 옮겨 넣을 수 있었다. 제품에 비트 세대의 시대정신을 얹음으로써 구매를 통해 이 시대정신을 획득할 수 있도록 한 것이다. 그런 시대정신을 품고 진정으로 살아갈 수 없거나 살아가려 하지 않았던 사람들을 위해서도 말이다.

광고 산업은 무장이 되어 있었다. 낙오자를 위한 배낭과 모든 소비압박으로부터의 자유를 의미하는 특별한 향기를 담은 애프터 셰이브 로션을 광고 산업은 별 문제 없이 마련해줄 수 있었던 것이다.

1960년대 후반의 장식이 많은 판탈롱 바지든, 1990년대 초반의 찢어진 청바지든 상관없이 오늘날까지 이들 물건으로 양호한 매출이 이루어지고 있다. 이런 물건들을 소유함으로써 자신이 소시민적 순응압박을 초월한 사람이니 그 누구에게도 뭔가를 입증할 필요가 없음을 모든 이에게 증명해 보이는 것이다.[5]

남성 패션 산업계에
불어 닥친 새바람
DDB의 새로운 마케팅 전략에 가장 많은 기대를 건 것은 그때까지 혁신이라는 것을 거의 모르고 지내온 남성 패션 부문이었다. 일반적으로 남성은 보수적이고, 실험을 별로 달가워하지 않으며, 계절별로 제안되는 색상에 무감각한 존재이기에 전통적으로 마케팅 및 광고 전략 담당자에게는 난공불락의 대상이었다.

1960년 이전에는 대다수 남성 의류가 평균 5년에서 7년 정도의 수명을 갖고 있었다. 패션 산업계로서는 이런 상황이 이미 오래전부터 눈엣가시였다. 사람들은 집중적으로 새로운 매출 시장을 모색하고 있었다. 그때까지만 해도 고객들은 옷이 다 해질 때까지 몇 년을 기다리는 게 아니라 몇 달 지난 뒤에 벌써 다른 옷으로 옷장을 바꿔 채울 준비가 되어 있지 않았다. 남성에게 스타일이 노후화되었음을 콕 집어 알려줌으로써 그들이 스스로 알아서 의류를 구매하도록 해주는 제대로 된 계기를 패션업계는 발견하지 못했던 것이다(이미 여성에게는 당연한 일이었지만).

그리고 마침내 패션 디자이너들은 비타협주의 및 반동주의를 통해 무엇보다 젊은 남성들을 더 구체화된 의상 의식을 갖도록 교육할 수 있음을 재빨리 감지했다. 그런 주의는 폴크스바겐의 전략가들을 통해 보편화되었으며, 대량생산 제품에도 적용이 가능해졌다. 자신을 기성 제도와 구분 지으려 한 이들은 아마도 외모에서도 자신이 '사회순응적인 것'을 따를 마음이 없음을 드러내 보이려 했을 것이기 때문이다.

의상의 의미에 대한 이 같은 새로운 의식은 1950년대 영화에서 이미 암시되었었다. 처음에는 뭔가를 없애는 것으로 충분했다. 예를 들면 그때까지 정장의 필수요소이던 모자를 쓰지 않는 식이었다. 그래서 말론 브란도Marlon Brando나 제임스 딘James Dean에게 정장과 모자는 시간이 갈수록 곧 딱딱하게 굳어버린, 보수적인 부르주아 소시민적 체제와 동의어였다. 그다음에는 또 다른 의상까지 걸치지 말아야 할 것이 되었다. 1960년대가 더 앞으로 나아갈수록 매우 일관된 반문화파와 확신에 찬 소비거부파는 단순하게 장발과 맨몸의 경향을 보였는데, 예컨대 여름철에 상반신을 벗고 다니는 식이었다.

이들을 상대로 어떤 사업을 도모하기란 물론 쉽지 않았다. 하지만 결정적인 것은 남성 패션에 변화가 나타났다는 것 또는 이제 '남성 패션'이라 할 만한 뭔가가 존재한다는 사실이었다. 패션 산업이 적절하게 뒷받침하고 나섬으로써 말론 브란도와 제임스 딘은 반항적 이미지를 표출하는 새로운 역할모델로 떠올랐다. 아주 특별한 상징물과 더불어 말이다. 잠재적 남성고객들에게는 단지 그것을 보는 눈만 훈련을 통해 갖춰주면 되었다. 그들이 제임스 딘이 입은 청바지 상표에 대해, 영국 배우이자 모델인 로버트 패틴슨^{Robert Pattinson}이 자기 양복의 색상으로 무슨 색을 택하는가에 요즘 젊은이들이 주목하는 만큼 신경을 썼다면, 새로이 도구로 획득된 심리적 노후화 전략이 전개되는 넓은 들판이 열렸을 것이다. 이 전략에서는 새로운 반문화 또는 부분문화 코드가 주류^{主流}를 위해 정복되고 이익을 가져다주는 의류 판매로 이행될 수 있었다.

대량 시장에 쓸모가 있도록 반항의 포즈를 개척하는 것은 1951년의 영화 〈욕망이라는 이름의 전차^{A Streetcar Named Desire}〉(독일어 제목은 〈Endstation Sehnsucht〉)에서 말론 브란도가 입었던 러닝셔츠와 1953년의 영화 〈위험한 질주^{The Wild One}〉(독일어 제목은 〈Der Wilde〉)에서 그가 입었던 가죽 재킷에서부터 '말론 브란도 가죽 재킷 올드타이머 로커빌리 로커 빈티지'로 이어지는 연결고리이기도 한데, 이 의상들은 오늘날 그 명칭으로 대량생산되어 공급되고 있다. 더 이상 이미지를 반드시 길거리에서 얻을 필요는 없다. 인터넷에서도 그런 이미지를 구입할 수 있다.

이제 누구나 자기 옷장을 열고는 그 안의 옷들이 무엇을 말하는지 체크한다. 그런 다음 좀 튀는 외투나 특별히 저 먼 곳에서 수입된 욕실 슬리퍼를 자기 개성의 상징이자 개인의 자유에 대한 믿음의 상징으로 내보이는 것이다. 브라질의 욕실 슬리퍼 스타일이 저가^{低價} 신발 체인점에 도착하면 이 작은 비닐 슬리퍼는 한동안, 아직 누구나 다 갖고 있지 않을 때 아주 일찌감치 소유하는 게 좋을 것이라는 식의 코멘트와 함께 내걸린다. 그런 다음 그 슬리퍼는 진열대에서 사라지고, 그 구호는 자기를 담아줄 새로운 모델을 찾아 나선다.

개성이란 각각 제 나름의 장비를 갖춘 상태들이 연속적으로 이어지는 것으로 이해되고 있다. 이는 적어도 1990년대 이래로는 아주 자명하다. 개성은 더 이상 시간의 흐름에 맞서서 지켜지는 독자성으로서 기능하는 것이 아니라 규칙적인 순서에 따라 각각의 잘 관리된 독자성을 독점했다가는 곧 그다음 단계로 달아나야 한다. 패션 업계는 그 연속되는 순서만 시즌별 가이드라인의 틀 속에 통합하기만 하면 되었고, 그러면 매출은 저절로 따라왔다.

의상은 오늘날까지 혁명행위, 사회에 대한 반항 또는 그냥 개인의 태도와 집단 소속성을 표출하는 수단으로 활용되며, 잡지와 뮤직비디오를 통해 기꺼이 뜨겁게 불이 붙기도 한다. 패션을 통한 새로운 여러 표현형식은 힙합문화에서와 마찬가지로 진정한 하나의 근원을 가질 수 있다. 흘러내리는 바지와 끈 없는 신발은 처음에는 옥살이하는 사람들의 복장일 뿐이었다. 감옥에서는 죄수가 들어오면 신발 끈과 허리띠부터 압수하기 때문이다.

미국의 감옥 산업은 호경기를 구가하는 중이었고, 수많은 감옥에는 언제부턴가 흑인 청소년 수감 비율이 높아졌다. 그곳에서는 이런 옷이 설명이 따로 필요 없는, 아주 자랑스럽게 지니는 집단의 특징이 되었다. 유행 정탐꾼들이 거기서 새로운 룩Look을 창조하는 데에는 그리 오랜 시간이 걸리지 않았다. 오늘날 배기 팬츠Baggy Pants(다리 폭이 자루처럼 넓고 헐렁한 바지로, 골반 아래로 내려입는 게 특징이다. - 옮긴이)는 대량 문화의 표준 레퍼토리 중 하나다. 스케이터 룩Skater Look(스케이트를 타는 여성선수들이 착용하는 스타일로, 스웨터에 짧은 치마 차림을 말한다. - 옮긴이)이나 그런지 룩Grunge Look(자유로움과 편안함을 추구하는 경향의 패션 스타일로, 너저분하고 낡아 보이는 옷을 주로 입는다. - 옮긴이)이 주류에 편입되는 과정도 비슷하게 진행되었다.

청소년들은 일반적으로 이런 패션 단계 여럿을 두루 거친다. 그런 다음에야 어느 곳엔가 정착하게 되는 것이다. 우리의 사회이상이 결국 모든 사람에 대한 청소년기의 연장을 겨냥하고 있으므로 자신을 바꿔보려는 욕구 또한 점점 더 강력하게 항구화恒久化되는 추세다. 〈뉴욕 타임스New York Times〉의 패션부장 레너드 슬로안Leonard Sloane은 이런 전개양상을 이미 1969년에 "노후화로의 트렌드인 Mod 넥타이나 네루 재킷(인도의 네루 스타일의 재킷. 엉덩이를 덮으며 차이나 칼라가 달려 있다. - 옮긴이)을 한 번 샀던 사람이라면 누구나 틀림없이 인정하는 트렌드"라고 불렀다. 소매업체들이 그 한 해 전에 달성한 177억 달러라는 기록적 매출(오늘날 가치로 대략 1,130억 달러에 달한다)은 이 '트렌드'의 성공을 보여주었다. 그러므로 여러 패션업계의 연감에도 1968년은 특별한 한 해로 기록되었다. 이것은 모두 혁명적 판매전략, 그러니까 그 전에는 폴크스바겐이 광고 분야를 새로이 고안하는 데에도 이용한 판매전략 덕분이었다.

자동차 산업에서의 여타 노후화 전략 역시 고무적인 작용을 했다. 예컨대 캐나다의 남성 패션 제조업체 퀸 메이어^{Quinn Meyer}는 "이제 1965년 모델을 구입하십시오" 같은 지엠의 올해의 모델 전략의 구호를 이용했으며, 이를 여성 패션에서 사용되는 메커니즘과 조합했다. 치마 길이가 한 번은 올라갔다가 한 번은 내려갔다가 하는 여성 패션처럼 이제 남성 패션도 주기적인 변화를 줌으로써 남성을 신규 구매에 나서도록 유도한 것이다. "시장은 이미 그럴 준비가 되어 있었다." 심지어 메이어는 자신의 공장이 "자동차 산업을 본보기로 삼아 준비를 갖추었다. 자동차 제조업체들이 다른 모델과 차별화하기 위해 펜더나 그릴을 덧붙인 것처럼, 우리도 기본 모델에 바짓단이나 주머니를 덧댈 수 있다"라고 덧붙였다. 이로 인해 기본 모델에서 거의 200만 가지의 가능한 변화가 만들어져 나왔다. 그런데 누가 그 모든 제품을 다 산단 말인가? 메이어에게 그 답은 분명했다. "캐딜락 1971년 모델을 보기만 하면 된다. 그런 차를 사는 유형의 사람은 모든 것에 대해 개방적이라고 보면 된다."

기술혁신으로
승부수를 던진 애플

노후화라는 모든 나사를 조여 이익을 가져다주도록 조율하는 고도의 기술은 오늘날 거대 기업 애플Apple Inc.에서 모범적으로 시행되고 있다. 컴퓨터 제조업체 애플이 1997년 파산에 직면했을 때 회사 대표 스티브 잡스Steve Jobs는 아이맥iMac으로 섹시한 제품을 향해 매진하기 시작했다. 대략 10년 뒤 그는 아이폰iPhone이라는 제품으로 이 목표에 상당히 근접했다. 기술적 차원에서 보면 아이폰은 이전 스마트폰의 문제를 터치스크린과 가상 키보드 도입으로 해결했다. 가능한 한 다루기 쉬운 작은 기기에 가능한 한 큰 화면을 지닌 안락한 키보드를 하나로 통합한 것이다. 이는 진정한 기술혁신으로, 비록 애플이 이것을 개발하지는 않았지만 대량생산으로 시장에 내놓은 것은 애플이 최초였다.

그러나 애플의 창업자 스티브 잡스는 기술적 측면에서 성공한 혁신가에 불과한 존재는 아니었다. 그는 처음부터 애플 기기들이 그 기능방식 외에 외관 면에서도 경쟁사 제품과 차별화되도록 신경을 썼다. 경쟁사는 거의 구분이 힘든 베이지색과 회색의 제품들을 시장에 내놓은 반면, 애플의 매킨토시 컴퓨터는 확연이 차별되는 '외모'를 갖고 있었다(오늘날까지도 부분적으로는 그렇다). 투명 플라스틱 케이스를 이용해 컴퓨터 속까지 들여다볼 수 있는 데다 다양한 조합의 색상을 가진 일체형 컴퓨터 아이맥이 1998년 처음 나온 이래 검정색 무광과 백색 유광 노트북 컴퓨터를 거쳐, 계속 유행하고 있는 알루미늄 외관에 이르기까지 애플의 세대별 모델은 하나의 조류를 형성하면서 여타 전기 및 전자제품에 영향을 미치고 있다.

전자제품의 세계가 '올해의 모델'이라는 지엠의 전략을 활용할
수 있을 정도로 성숙했다는 것을 스티브 잡스는 간파했었으며, 어느
텔레비전 인터뷰에서 아이팟에 대해 말하면서 이를 명시적으로 표명
했다. "항상 최신 제품과 최고의 제품을 소유하고 싶다면 적어도 1년
에 한 번은 새로운 아이팟을 구매해야 합니다."[6] 고객이 이를 실행하
도록 잡스는 사랑스럽게 '맥'이라 불리는 컴퓨터에서 멍청하고 땀을
뻘뻘 흘리는 듯한 느낌은 마지막 입자까지 다 털어내 버렸다.

　일단 잡스는 자기 회사 디자이너들을 티파니 앤 코[Tiffany & Co.](미국
의 대표적 디자인 명가로 인정받는 회사로, 보석 디자인으로 유명하다. - 옮긴이)
로 데리고 갔다. 그들로 하여금 그곳에서 자극을 받아 제품을 디자인
할 수 있도록 하기 위해서였다. 그가 생각하는 제품은 작업용 기계처

럼 보여서는 안 되었다. 눈에 띄는 완벽한 스타일의 장신구처럼 여겨져서 사람들이 여기저기 가지고 다니거나, 멋진 인생을 보여주는 카탈로그용 광고 사진을 찍을 때 책상 위에 소품으로 놔두고 싶어할 그런 제품이어야 했다. 어떤 물질적 과정을 보여주는 작은 나사 하나까지도 있어서는 안 되었다. 미끈하게 빠진 케이스는 흠 잡을 데 없는, 아주 성스러운 위광을 내뿜었다. 그 케이스는 미학과 라이프스타일이라는 하나의 환경에 완벽하게 통합되었을 뿐만 아니라 적잖은 사람들이 이 애플 제품을 디자인 박물관에 전시할 정도로 경모의 대상이었다.

상표의 특징인 소문자 'i'를 앞에 내세운 이 모든 조합은 그 소비자가 개인 이용자로서 창의적인 최신 커뮤니티의 일원이라는 것을 암시해준다. 그 세계로 들어가는 사람은 모든 게 다 준비된 전자마술을 통한 '나와 세계의 접속Ich-Welt-Verbindung'으로부터 극진한 돌봄을 받는다. 이 접속은 케이블과 공간적 제약으로부터 자유로운 창의적 개인으로 하여금 세계의 모든 리소스에 완전 무제한으로 접근할 수 있게 해준다. 이 소비자들은 그다음 세대의 꿈의 컴퓨터도 구매한다는, 잘 계획되어 만들어진 동경에 쉽게 넘어간다. 스스로 얼리어답터, 최초 이용자의 한 사람이 되어 그 어떤 소비자도 가본 적 없는 세계를 열기 위해서다. 심지어 무료로 자기 이름을 자신의 애플 기기에 새기게 할 수도 있다. 아이맥을 최초로 디자인한 사람들이 케이스 안쪽 면에 사인을 한 것처럼 그 종합예술작품에 공동 서명이라도 하듯 말이다. 그렇게 하면 그 기기가 중고시장에서 외면당할 거라고 생각하는 사람은 악의적인 사람이다. 낯선 사람의 이름이 새겨진 엠피쓰리 플레이어^{MP3 Player}를 누가 좋아하겠는가? 하지만 자기 서명이 들어간 수집품이라면 어차피 팔아치우려 하지 않을 것이다.

애플의 모든 신제품을 몇 백만 명이 다 구입하는가 하는 것과는 상관없이, 물건을 시장에 내놓는 사람들은 모든 고객들로 하여금 자기네 새 아이팟, 아이패드 또는 아이폰에게 마음속으로 엄숙하게 "이건 내 개성과 개인의 자유에 대한 내 믿음의 상징"이라고 속삭이게 하는 데 성공했다. 주류를 추월하자마자 자신이 계속 개인으로 인식될 수 있게 하고, 자신이 선 자리를 늘 새롭게 정하려는 자신의 소망을 그 고객들은 신뢰 속에서 이 거대 기업의 손에 맡긴 것이다.

DDB의 'Think Small' 캠페인 이래 기업 및 그들 기업의 광고 대행사들은 개성을 규정하고 연출하는 권력을 더 이상 제 손에서 내주지 않았다. 하지만 기업은 시장에서 자신을 내보이고 부각시키기 위해 더 비싼 값을 치러야 했다. 제품을 성공시키기 위해 돈이 드는 마케팅 전략에 점점 더 의존하게 된 것이다.

밴스 패커드는 이미 1950년대에 광고가 어떤 중심적 역할을 하는지 입증해보였다. 그 과정에서 그에게 우려를 안겨준 것은, 그런 관계 속에서는 비교적 작은 규모의 기업들이 거대한 재벌기업들과 경쟁할 수 없기 때문에 사라지리라는 경향이었다. "일차적으로 능숙한 판매촉진, 광고 및 디스플레이가 중시되는 시장에서는, 만일 소비자의 관심에 족쇄가 채워져야 한다면 거대 제조업체가 작은 기업에 대해 분명한 장점을 갖고 있다. 거대 기업은 상표 이미지 구축에 더 큰 자금을 쓸 수 있기 때문이며, 다수의 상표를 만들어냄으로써 자기 회사 제품을 전시할 더 큰 공간을 마련할 수단을 손에 쥐고 있기 때문이다.”[7]

이런 식으로 하면 일종의 경제적 소수 지배체제Oligarchie가 생긴다는 패커드의 우려는 사실로 드러났다. 취리히 공과대학의 체계이론가 슈테파니 비탈리Stefania Vitali, 제임스 글라트펠더James B. Glattfelder 그리고 슈테파노 바티스톤Stefano Battiston은 얼마 전 ‘데이터뱅크 오르비스Orbis 2007’을 평가했다. 이 데이터뱅크는 전 세계 3,700만 개가 넘는 기업 및 투자자들의 정보를 담고 있다. 이들 세 사람은 거기서 ‘슈퍼 집단’을 형성하여 4만 3,000개의 국제적 기업의 40퍼센트 이상을 통제하는 147개 기업을 확인할 수 있었다.[8] 제너럴일렉트릭이나 독일의 아에게AEG는 그런 기업집중 운동의 초기 결과물이다. 대량생산 및 거대 투자가 관건인 곳이라면 어디서든 기업집중의 증가가 확인되며, 규모가 비교적 작은 기업들은 언제나 그런 기업집중의 희생물로 전락하고 있다.

1 Jerry Della Femina, *From Those Wonderful Folks Who Gave You Pearl Harbor: Front-Line Dispatches from the Advertising War*, New York 1970, 28쪽.

2 Bob Garfield, "Ad Age Advertising Century: The Top 100 Campaigns", http://tinyurl.com/a4ac9th 참조.

3 같은 곳 참조.

4 Jack Kerouac, *Gammler, Zen und hohe Berge*, übersetzt von Werner Burckhardt, Hamburg 2010, 133쪽 이하.

5 Garfield, "Advertising Century", 같은 곳 참조.

6 Brian Williams, "Steve Jobs: Iconoclast and salesman", www.msnbc.msn.com/id/12974884/ns/nightly_news 참조.

7 Vance Packard, *Die große Verschwendung*, aus dem Amerikanischen von Walther Schwerdtfeger, Düsseldorf 1961, 226쪽.

8 Stefania Vitali, James B. Glattfelder, Stefano Battiston, "The network of global corporate control", http://arxiv.org/abs/1107.5728 참조.

7장

휴대폰의
수명은
왜 2년일까?

늘 새로운 유행의 리듬 속에서 경제적 호황에 날개를 달아주는 1960년대의 소비향락적 생활감각과 동시에 상품의 품질에 대한 어떤 짜증 같은 것이 다수의 소비자에게서 자라났다. 더불어 소비자의 권리도 더 강력하게 전면으로 부각되었다. 1961년부터 독일 각 주에는 소비자센터가 자리 잡았고, 1964년에는 슈티프퉁 바렌테스트 Stiftung Warentest(독일의 대표적인 소비자보호기관)가 설립되었다. 그러다 1970년대 중반에는 연방정부까지도 다수 물건의 품질저하에 대한 소비자의 불만 제기에 관심을 갖기 시작했다. 연방정부가 투입한 경제사회변천위원회는 아헨 공과대학교 경제학과의 부르크하르트 뢰퍼 교수Burkhardt Röper에게 "계획된 노후화가 존재하는가"라는 문제를

체계적으로 다뤄달라는 업무를 맡겼다.[1]

뢰퍼 교수는 이 연구에서 제조업계에 대체로 좋은 성적표를 발행했다. 항간에 돌고 있는 품질저하 의혹에 대해 그는 아무런 뚜렷한 증거자료를 발견하지 못했다. 자동차 강판, 배기관, 타이어에서의 물질 속성의 변경에 대해 그는 선결파열점을 장착해서라기보다는 오히려 신기술 개발이나 안전 및 환경규정의 변경을 가장 적절히 적용한 결과라고 말했다. 물론 개별 요소에 문제가 생겼을 때 전체 세트의 교체를 필요로 하는 세트 판매의 경향을 밝혀내기는 했지만(당시는 내장형 부엌가구와 콤팩트 스테레오 시스템의 시대였다), 결국 시장에서 작동하는 경쟁상황으로 인해 이미 그 어떤 생산자도 품질 면에서 뒤지는 상품을 뻔뻔스럽게 판매할 수는 없다고 보았다. 질적 노후화는 어차피 빠른 시간 내에 자살골이 된다는 것이다. 왜냐하면 그런 경우 고객은 경쟁사의 더 비싼 제품을 선호할 것이기 때문이다. 뢰퍼 교수는 심리적 노후화의 모든 영역을 그다지 심각하게 다루지 않았다. 그는 오히려 기업가의 태도에 동정적인 시선을 보였다.

산업계와 관련하여 아무런 기본적 잘못도 발견할 수 없었던 뢰퍼 교수는 오히려 소비자 측에서 행동에 나설 필요성이 있다고 보았다. 그는 소비자를 두 가지 유형으로 구분했다. 먼저 한쪽에는 책임의식이 있는 구매자들이 있다. 그들은 구매에 앞서 이용기간, 운영비 및 생태적 측면을 면밀하게 상호 평가한다. 다른 한쪽에는 쉽게 믿는 소비자들이 있다. 그들은 쇼핑이 주는 재미로 인해 항상 최신 상태를 유지하려 하며, 그냥 편하게 생각하고 받아들이는 자신의 마음가짐을 즐긴다.

뢰퍼 교수가 보기에 실제 구매자에게는 이 두 가지 상태가 뒤섞여 존재했다. 주로 비판적이면서 이따금 경솔한 면도 보이는 것이다. 그는 연구결과를 토대로 1976년 연방정부에 제조물 책임법을 확대하고 세금으로 운영되는 '슈티프퉁 바렌테스트' 같은 소비자 조직을 강화하라고 제시했다. 무엇보다 그는 "차량 유지보수로 시작해서 신발류 관리에 이르기까지 사용물품을 소중히 다루도록 안내하는 것을 강화함"으로써 소비자 교육에 신경 쓸 것을 권고했다.[2]

이후 소비자 교육과 소비자 권리 강화라는 두 조치의 조합은 노후화에 대한 최상의 대비 조치로 눈에 띈 진전을 보였다. 슈티프퉁 바렌테스트가 1966년부터 간행하는 잡지 〈테스트Test〉는 1970년대에 수많은 독일 가정의 읽을거리였으며, 오스트리아에서는 소비자에게 정보를 제공하는 공익법인 VKI(소비자보호연맹)가 〈소비자Konsument〉라는 잡지를 간행하고 있다. 그리고 스위스에서는 소비자보호재단이 간행물 〈시야視野, Blickpunkt〉를 통해 제품 테스트 결과를 발표하고 있다.

1983년 3월 15일, '세계 소비자의 날'이 최초로 개최되었다. 이 날은 1962년 존 F. 케네디 전 미국 대통령이 세 가지 소비자 기본권을 선언한 날에 뿌리를 두고 있다. 즉 소비자는 사기 또는 잘못된 길로 인도하는 광고 또는 표시로부터 보호받을 권리가 있고, 위험하거나 효과 없는 의약품으로부터 보호받을 권리가 있으며, 정당한 시장 가격이 붙은 다양한 제조물 중에서 고를 수 있는 권리가 있다.

소비자를 분노케 한
아이팟 배터리

그렇다면 오늘날 질적 노후화는 더 이상 이야깃거리가 되지 않는 가? 경제학을 전공한 마누엘 찰레스-라이버$^{Manuel\ Zalles-Reiber}$ 박사는 1990년대 중반에 이 문제를 자신의 뮌헨 대학교 경제학과 박사학위 논문에서 다루었다. 그는 뢰퍼 교수와 비슷한 결과에 도달했다.

찰레스-라이버는 소비자 보호, 품질보증 및 보장의 개선책, 그리고 정기적인 상품 테스트가 선결파열점 또는 내적 품질에 대한 다른 형태의 기능장애를 막는 수많은 효과적 제한 조치를 유발하므로, 기업전략으로서의 계획된 노후화는 더 이상 성공적이지 않다는 견해를 밝혔다. 소비자들의 이의가 늘어나고 제조물 책임 배상법에 따라 제조업자가 져야 할 위험성이 높아진 것은 기업들에게 더 우수한 품질의 제품을 제공하라는 자극으로 작용했다. 여기에 엄청난 이미지 손상이 더해지면 결국 경쟁업체에게 이익을 안겨주고 말리라는 두려움이 가세한다는 것이다.[3]

계획된 노후화가 작용하고 있다는 혐의로 인해 기업 이미지가 타격을 입는다는 것은 2003년 애플이 경험한 바 있다. 수많은 다른 사람들도 그랬다시피 예술가이자 영화제작자인 뉴욕 시민 케이시 니스탯^{Casey Neistat}은 아이팟 한 대를 사려고 자신의 주머니를 탈탈 털었다. 당시 아이팟 가격은 거의 500달러나 되었다. 약 12개월 뒤 아이팟 배터리가 못 쓰게 되자, 그는 애플 측에 항의를 했다. 하지만 그에게 돌아온 것은 새 기기를 하나 구입하라는 조언뿐이었다. 수리 서비스는 제공되지 않았다. 니스탯을 짜증나게 한 것은 고장 난 배터리가 아니었다. "제 노키아 휴대전화기의 배터리도 수명을 다합니다. 그러면 전 새 배터리를 하나 삽니다. 심지어 제 애플 노트북 컴퓨터의 경우에도 그게 가능합니다. 하지만 이 값비싼 아이팟의 경우에는 배터리가 고장 나면 기기 전체를 바꾸어야만 했습니다."

분노를 공개적으로 표출하자는 발상을 한 이는 니스탯의 동생 반^{Van}이었다. 그들은 "교체 불가능한 아이팟 배터리의 수명은 18개월에 불과하다"라는 멋진 문장이 새겨진 금속 형틀을 만든 다음 그것을 들고 뉴욕 시내를 돌아다녔다. 그리고 눈에 보이는 모든 아이팟 광고판에 형틀을 대고 스프레이 잉크를 뿌렸다. 둘은 이 모든 행위를 동영상으로 찍은 다음 '아이팟의 추악한 비밀^{iPod's Dirty Secret}'이라는 제목을 달아 자기네 웹사이트에 공개했다. 이 동영상 클립은 처음 몇 주 만에 500만 회 이상 클릭되었으며, 모든 매체를 통해 이 이야기가 퍼져나갔다. 사건은 니스탯 형제의 경험으로 끝나지 않았다. 디자인은 완벽했지만 수리할 수 없는 기기를 만들어낸 제조업체의 기업철학에 대한 분노는 순식간에 대세를 형성했다.

대중의 격분에 따른 이미지 상실은 제조업체가 눈독을 들이는 질적 노후화로 두려워해야 하는 유일한 것이 아니었다. 애플의 경우 거대한 대중의 주목은 신속히 법률가들의 활동을 불러들였던 것이다. 거대 기업을 상대로 승산 있는 재판을 벌인다는 것은 소송 당사자인 원고에게는 돈이 되는 일일 수 있기 때문이다. 아이팟의 경우, 샌프란시스코에서 소비자 권리 부문을 전문으로 다루는 여류 변호사 엘리자베스 프리츠커Elizabeth Pritzker가 이 비디오에 주목했으며, 애플을 상대로 소송을 제기하려고 애를 썼다.

전구 사건 이후 반세기가 지난 시점에 다시 계획된 노후화가 법정에 섰다. 심리는 아이팟이 출시되고 2년이 지난 시점에 시작되었다. 애플은 그 시점까지 미국에서 대략 300만 대의 기기를 판매했다. 또 배터리를 교환할 수 없다는 사실은 수많은 아이팟 소유자들을 경악하고 분노하게 만들었다. 그때까지만 해도 여타 MP3 제조업체에게는 배터리 교체가 기본이었기 때문이다.

프리츠커 변호사는 인터넷을 통해 집단소송에 동참할 것을 호소했고, 수천 명이 참가했다. 소송 동참에 대한 호소만으로도 이미 애플의 깔끔한 이미지에 또 다른 타격을 입혔다. 이 재판과 관련한 소식이 니스탯 형제의 동영상과 비슷하게 신속히 퍼져나갔기 때문이다. 이런 상황에서 프리츠커 변호사가 집단소송의 대표자로 선택한 이들, 즉 개인주의적이고 창의적 예술가인 니스탯 형제 그리고 기술 분야에 관심이 많은 앤드류 웨슬리Andrew Westley 같은 이들은 본디 애플 마케팅의 핵심 목표집단이었는데, 이들이 원고로 전면에 등장했다는 것은 간단한 문제가 아니었다.

니스탯 형제와 웨슬리는 그때까지만 해도 애플의 '독실한' 팬이 었다. "내 아이팟은 거의 나 자신의 일부"라고 웨슬리는 재판기록에 명시하게 했다. 하지만 장거리 비행을 위해 추가로 장만한 기기의 배터리가 샌프란시스코에서 뉴욕으로 가는 첫 비행에서 작별을 고하자 그 역시 자신의 자기이해를 새로 조정해야 할 때가 되었다고 보았다. 이후 그는 '웨슬리 대 애플'이라고 알려진 사건에서 수만 명을 대신해 용감하게 앞장서서 싸우는 전사의 역할에 자신을 내맡겼다. 웨슬리의 친구들과 가족은 이제 더 이상 그와 애플을 동일시하지 않았다. 오히려 거의 혼자서 식수 오염을 막아냈으며 피해자들을 위해 법정에서 기록적 금액의 손해배상을 얻어낸 용감한 법률사무소 직원 '에린 브로코비치Erin Brockovich 같은 사람'으로 여겼다. 웨슬리 같은 고객을 잃는다는 것은 대기업 애플로서는 꽤 쓰라린 경험임에 분명했다. 이들은 불과 얼마 전까지만 해도 언제나 애플 로고로 자신을 장식했으며, 마이크로소프트 제국의 소위 얼굴도 없고 뼈대도 없는 이용자 집단을 콧방귀 뀌며 가소롭게 여기던 바로 그런 사람들이었다.

어떤 기업이 제품을 계획적으로 고장 나게 했음을 의심의 여지없이 입증하기란 어려운 일이었다. 2003년, 캘리포니아 주의 애플 소재지에서 불과 몇 블록 떨어진 산마테오San Mateo 지방법원에 소장을 제출하기에 앞서 엘리자베스 프리츠커 변호사는 증거 제시를 위해 집중적으로 노력해야 했다. 그녀는 아이팟 배터리의 수명에 대한 자료를 애플 측에 요청했으며, 설계 및 시험 절차에 대한 다량의 기술 관련 데이터를 손에 넣었다. 거기에 더하여 그녀는 아이팟을 자기 사무실에서 몸소 분해까지 해보았다. 기기의 내부를 자세히 들여다보기 위해서였다. 그러고는 애플이 행한 광고(어떤 광고에는 신형 아이팟이 27년 동안 작동할 것이라는 주장이 나와 있었다)와 수많은 이용자들이 보고한 실제의 성능을 자세히 비교해보았다. 상세한 검토 끝에 프리츠커 변호사는 아이팟의 리튬 배터리가 오래가지 않도록 의도적으로 설계되었다는 사실에 이르렀다.

그러나 변호사가 제시한 증거가 얼마나 타당한지에 대해 법률적으로는 결정이 나지 않았다. 사건이 판결까지 가지 않았기 때문이다. 몇 달에 걸친 치열한 협상 끝에 양측은 변호사가 조사 과정에서 자동적으로 손에 넣을 수 있었던 배터리 관련 기술서류들을 대중에게 공개해서는 안 된다는 합의에 이른 것이다. 이는 애플 측에 결정적으로 유리했다. 만일 배심원들과의 법원 심리가 완전히 이루어졌다면 이 서류들은 누구나 들여다볼 수 있었을 것임이 틀림없었다. 재판이 판결까지 갔다면 계속 매체의 주목을 받았을 것임은 쉽게 상상할 수 있는 일이었다.

애플은 다른 상황으로도 불리함을 인정했다. 배터리 교체 서비스를 개시했으며 보증기간을 2년으로 늘린 것이다. 소송을 제기한 사람들은 손해배상을 받았다. 물론 에린 브로코비치 사건에서처럼 대단한 기록적 금액은 아니었다.

앤드류 웨슬리는 신형 애플 제품에 대한 50달러 할인으로 이미 만족을 표시했다. 적어도 애플 측에 일종의 책임이 있다고 해석될 수 있는 법률적 결과에도 불구하고 결국 승리한 쪽은 상표에 대한 끈끈한 심리적 관계였다. "여전히 나는 애플의 고객이었고, 값비싼 신형 노트북을 샀다. 이 과정에서 애플은 내게 보상금을 주었는데, 결국 그 일로 애플이 덕을 보았다는 느낌을 떨칠 수가 없었다"라고 웨슬리는 상황을 요약했다. 사람들은 그게 아니라 어쩌면 속은 게 아닌가 하는 찜찜한 느낌과 더불어, 웨슬리에게서 자신이 좋아하는 거대 기업의 양보를 받아낸 데 대한 어떤 안도감 같은 것도 간파한다. 고객으로서 비열한 제품 디자인에 속아 넘어간 데 대한 실망보다 자신의 삶의 감각을 대변해주는 제품과의 동일시가 더 중요했던 것이다.

선례가 될 이 소송에서 .애플에 대한 승리는 어쩌면 보잘것없는 보상금이 아니라 보증기간의 연장 및 배터리 수리 서비스의 제공에 있지 않나 싶다. 또한 저항 없이 모든 게 다 그냥 받아들여지지는 않는다는, 소비자를 향한 메시지에 있다. 그럼에도 불구하고 몇 년 뒤 고객들은 애플의 맥북 프로와 최신 버전의 아이패드를 포함한 여러 전자기기의 배터리가 때로는 원칙적으로 더 이상 교체가 불가능하며, 따라서 정기적으로 새 제품의 구입으로 이끈다는 데 대해 어느 정도는 익숙해졌다.' 애플은 역설적이게도 모든 집단소송에도 불구하고 거의 멈출 것 같지 않은 어떤 경향의 선구자가 되었다.

엘리자베스 프리츠커 변호사는 직업상의 이유로 인해 웨슬리보다 훨씬 덜 타협적이다. 그녀는 애플의 행위에 관한 한 회의적인데 구매자는 제품에 대한 포괄적 정보에 접근할 권리를 갖고 있으며, 거기에는 제품의 계획된 수명에 대한 지식도 포함된다고 본다. 그녀는 그다음 싸움을 이미 조준하고 있다. "개인적으로 가장 많이 괴로운 부분은 애플이 늘 자사를 젊고, 현대적이며, 앞을 내다보는 기업이라고 묘사한다는 점입니다. 제품을 제대로 재활용Recycling하도록 소비자를 유도할 수 있는, 그런 양호한 환경정책을 전혀 추진하지 않는 기업은 그런 이미지에 어울리지 않습니다."

소송을 걸겠다는 위협 없이도 애플은 최근, 즉 2012년 7월 미국의 환경인증 프로그램인 '전자제품 환경성 평가시스템Electronic Product Environmental Assessment Tool, EPEAT'에서 탈퇴하기로 했을 때 다시 고객의 힘을 느끼게 되었다. 미국 환경보호청Environmental Protection Agency, EPA의 정보에 따르면, 이 프로그램은 '전자제품에 대한 유력한 세계적 환경평가 시스템'이다. 전문가들이 추정하는 애플의 탈퇴 이유는 수많은 부품들을 나사로 조이지 않고 접착해버리는 조립방식이 '재활용이 가능해야 하고 수리가 간단해야 한다'는 조건에 위배되기 때문이다. 이에 대해 학교, 관공서 및 샌프란시스코 시까지도 상황에 따라서는 향후 매킨토시 컴퓨터를 더 이상 구입하지 않겠다고 선언했다. 애플 경영진은 이에 신속히 반응해 자신의 결정을 거두어들였다고 2012년 7월 13일자 〈슈피겔Der Spiegel〉(독일의 대표적인 시사주간지)이 보도했다.

"저는 우리 모두 이 주제에 매달려야 한다고 생각합니다. 다 같이 말이죠. 인터넷을 이용하고, 그 문제에 대해 블로그 활동을 해야 합니다. 함께하면 우리는 더 큰 힘을 갖게 됩니다. 그렇게 할 때에만 뭔가가 바뀔 것입니다"라는 것이 앤드류 웨슬리가 애플과의 소송 뒤에 내놓은 전망이다. 아마도 '교육적 차원'에서 적극적으로 활동하는 자신감 있는 소비자와 보다 엄격한 조건들을 조합하면 국제적으로 움직이는 거대 기업까지도 실행에 나서게 하는 힘이 생겨날 것이다.

제품 수명은
점점 더 짧아진다

자, 통제력이 성장해 계획된 노후화가 살아남기 어려울 거라는 찰레스-라이버 박사의 낙관론은 타당성이 있는가?

애플과의 소송이 있은 지 거의 10년이 지난 뒤 독일의 유력 일간지 〈타게스차이퉁Tageszeitung〉은 한 고객의 불만을 보도했다. 타이완의 제조업체 HTC가 만든 자신의 스마트폰이 보증기간(독일에서는 모든 전기전자제품의 보증기간이 2년이다. - 옮긴이) 만료 3개월 뒤에 고장나버렸다는 것이다. HTC는 이렇게 대답했다. "유감스럽게도 스마트폰은 2년을 수명으로 보고, 사실상 2년 주기로 제조되고 생산됩니다." 노르트라인베스트팔렌 주Land Nordrhein-Westfalen 소비자센터에서 과학 부문을 담당하는 필립 헬트Philip Heldt는 특히 스마트폰 같은 하이테크 제품 부문에서 그런 불만이 거의 매일 자신에게 들어온다고 확인해주었다. 그런 제품의 경우 배터리가 너무 약하게 설계되어 있으며, 기기의 덮개는 나사로 조인 게 아니라 접착되어 있거나 꽂혀 있어서 기기 손상 없이 덮개를 여는 것이 거의 불가능한데, 하물며 수리가 가능하겠는가 말이다.

어쨌든 휴대전화기 제조업체의 홍보부서는 즉각 반응했다. 즉 HTC 고객서비스 부서는 그런 사건이 발생하자마자 오해의 소지가 있는 말은 더 이상 하지 말라는 지시를 받았다고 했다.[5] 말하자면 이미지 손상에 대한 두려움으로 인해 그렇게 신속히 반응한 것이다. 품질의 경우에는 반드시 그렇게 할 필요가 없지만, 대중을 상대로 하는 PR 업무라면 사정이 달라진다.

제품의 수명을 줄이는 일이 MP3와 스마트폰 같은 소형 기기에서만 확인되는 것은 아니다. 평면 텔레비전 수상기는 그 사이 거의 모

든 곳에서 부피가 큰 브라운관 텔레비전을 대체했다. 브라운관 방식의 텔레비전 수상기는 사용기간이 대부분 10년을 훌쩍 뛰어넘었다. 이와 달리 값비싼 평면 텔레비전은 몇 해만 지나면 벌써 사용하지 못하게 되는 경우가 종종 있었다. 텔레비전 수상기를 수리하는 한 업체의 기술자는 2012년 5월, "도시바든, 소니든, 삼성이든, 필립스든 상관없이 이들 기기는 빨리 못 쓰게 되도록 제작되어 있습니다"라고 말했다. 현재 이 부문은 기기의 수명을 3년 내지는 4년까지로 본다는 것이다.[6]

이런 현상은 텔레비전에 국한되어 있지 않다. 브라운관 방식에서 평면 방식으로, 또는 필름 방식에서 디지털 이미지 처리 방식으로 갈아타는 것과 같은 거대한 기술혁신의 경우, 소비자 단체는 처음에는 품질단계의 차이가 상당히 폭넓을 것이라고 여긴다.[7]

그러나 질적 노후화, 즉 물질이 닳아 못 쓰게 되는 현상이 이 분야에서는 주된 역할을 하지 않는다. 결정적인 것은 오히려 제품 수명주기를 단축하는 일이다. 밴스 패커드의 시대 이래로 전자제품이 승승장구하면서 소비재 시장의 상황은 크게 변했다. 매년 다수의 전자제품들이 시장으로 물밀듯이 흘러나온다. 이 모든 제품에서 대체로 제품 수명주기에서의 거대한 가속화가 확인된다. 즉 시장에 나왔다가 들어가는 시점의 간격이 점점 더 짧아지는 것이다.

소비재 생산품의 수명주기 단축을 수명 단축과 혼동해서는 안 된다. 전구를 보면 그 차이를 잘 알 수 있다. 개별적으로 판매된 전구는 그리 오래가지 않는다. 말하자면 이 제품의 수명은 비교적 짧다. 동시에 이 전구는 100년이 넘도록 사실상 기술적으로 아무 변화 없이 시장에서 유지되었다. 이로써 제품의 수명주기는 매우 길었다. 전구가 법으로 시장에서 퇴출되지 않았다면 오늘날에도 우리는 그것을 구입할 수 있었을 것이다.

반면, 오락용 전자제품 부문에서는 평균적인 제품 수명주기가 전구에 비해 믿을 수 없을 만큼 짧아졌다. 어떤 제품의 유지기간을 인위적으로 짧게 해도 때로는 그것이 고객에게 전혀 영향을 미치지 않는다. 고객이 기능적으로 문제가 없는 기기를 스스로 못 쓰게 되기 전에 이미 후속모델로 대체하기 때문이다. 만일 고객들이 18개월마다 신형 휴대전화기를 장만한다면 제조업자로서는 굳이 휴대전화기를 보증기간인 24개월이 지나도 잘 작동되게 만들 필요가 없다. 그렇게 하는 것이 때로는 (돈이 덜 드니까) 더 유리할 수 있다.

기술은 개선되고
성능은 복잡해지고

선결파열점은 진짜로 위험하다. 뭔가가 때 이르게 제대로 작동하지 않는 일이 발생하고, 그것이 우연이 아니라는 의혹이 발생한다면 화가 난 고객은 경쟁사 제품으로 갈아탈 수도 있다. 그래서 산업디자이너들은 더 유의미하고 정교하게 제품 수명주기를 가공해낸다. 평면 텔레비전 수상기의 수명 단축에 대한 대안으로(또는 보완책으로) 또 다른 전략을 내놓는 것이다. 연속적으로 신기술을 시장에 내놓고, 소비자들에게 매년 새로 그다음 단계의 대규모 기술혁신 조치를 떠벌리며, 마케팅 부서에서는 거기에다 HD Ready, HD Ready 1080p, Full HD 같은 적절한 스티커를 붙이는 것이다.

그래서 노후화 연구 전문가인 마누엘 찰레스-라이버는 질적 노후화를 자신의 연구에서는 그저 주변적 현상으로 간주하는 데까지 나아가며, 여타의 노후화 현상들에 초점을 맞춘다. 이를 위해 그는 먼저 패커드의 노후화 전략을 정교하게 다듬는 것이 유의미하다고 여긴다. 일단 그는 '기술적-기능적 노후화'를 엔지니어링 기술 측면에서의 노후화와 사용 기술 측면에서의 노후화로 구분한다.

먼저 '엔지니어링 기술 측면에서의 노후화'는 제품을 개선해주는 기술혁신을 겨냥한다. 쉽게 이해할 수 있는 사례로 캠코더의 개발을 들 수 있다. 캠코더의 초창기 모델들은 서류가방만 한 크기였고, 무게도 몇 킬로그램이나 되었다. 전자부품의 소형화가 증가하면서 이 묵직한 기기도 점점 더 가벼운 비디오카메라로 대체되게 되었다. 그리고 마침내 무게가 700그램을 넘지 않는 기기가 등장하게 되었다.

1980년대 이래 점점 더 작고 우수한 컴퓨터 칩이 개발되면서 전자 부문 전반에 걸쳐 그때까지는 존재하지 않았던, 엔지니어링 기술 상의 노후화가 '호황'을 맞이하였다.[8] 성능이 더 우수한 컴퓨터 또는 화소수가 더 많은 콤팩트 카메라가 매년 새로 시장에 나오고 있는 것이다. 또 소형화 및 성능 개선의 추세는 지금까지 계속되고 있다.

컴퓨터 칩 제조업체 인텔의 창립자 고든 무어^{Gordon Moore}는 이미 1960년대에 한 개의 회로판 위에 올라가는 집적회로 부품의 수는 18개월 만에 두 배로 증가한다는, 이른바 '무어의 법칙^{Moore's Law}'이라고 알려진 법칙을 언급한 바 있다. 오늘날에는 이 기간을 오히려 12개월로 잡는다. 하지만 하드디스크 용량이든, 모니터 해상도든, 아니면 인터넷의 전송속도가 됐든 성능은 급속하고도 믿을 만하게 배가되고 있다.

또 일상적으로 컴퓨터를 사용하면서 프로세서의 처리속도 향상을 뚜렷하게 감지할 수 있는가의 여부와는 상관없이, 수치로 표시되는 더 나은 성능값을 지닌 모든 후속모델들은 결과적으로 그 이전모델의 즉각적인 엔지니어링 기술면에서의 노후화를 야기한다.' 이로 인해 소비자들은 어떤 제품을 구매하자마자 벌써 그 제품이 기술적으로 더 이상 시대의 최고점에 있지 않다는 느낌을 전달받는다. 자기가 보유한 콤팩트 카메라의 화소수가 그 사이 일반화된 1,600만 화소가 아니라 800만 화소에 불과해서든, 아니면 매년 화려한 이벤트와 더불어 신형 아이패드 세대가 출시되면서 최근 장만한 태블릿 컴퓨터가 낡아 보여서든 상관없다.

그런 '개선'을 이용하는 것이 종종 미심쩍은 행위일 뿐 아니라 심지어 제품의 단점이 될 수도 있음을 보여주는 사례로, 화소수는 점점 더 높아지면서 크기는 점점 더 작아지는 디지털 카메라를 추구하는 행위를 들 수 있다. 디지털 카메라 제조업체는 화소수가 더 많을수록 더 좋다는 이야기를 구매자들이 기꺼이 믿게끔 만든다. 하지만 이런 개선은 일단은 그럴듯해 보이지만 유감스럽게도 사실은 그렇지 않다. 더 많은 수의 화소가 더 작아지는 이미지 센서에 들어가게 되면 개별 화소의 빛에 대한 감도가 희생되며 달갑지 않은 '이미지 노이즈', 즉 화질의 악화가 발생하기 때문이다. 그래서 이 노이즈를 줄여주는 프로그램이 필요해지고, 이로 인해 다시 이미지의 선명도와 세밀함은 더 떨어진다.

제조업체 기술자들이 이런 관계를 몰랐을 가능성은 희박하다. 더 많은 화소의 추구는 더 나은 지식을 거스르며 계속 진행되고, 그렇게 함으로써 제품이 끊임없이 개선되고 있음을 암시한다. 전문가들은 소형 이미지 센서를 갖춘 콤팩트 카메라는 600만 화소가 최적이라고 간주한다.[10] 결과적으로 엔지니어링 기술 측면에서의 '개선'은 더 나쁜 결과를 초래할 수 있다. 관건은 기술자들에게 어떤 요구조건을 내거는가 하는 점이다. 즉 최적의 사진이 목표인가, 아니면 최적의 시장화 능력이 목표인가 하는 것이다.

이와 반대로, 시장이 포화된 상태에서는 다시 새로운 매출 가능성을 창출해줄 진정한 기술 혁명이 그리 빨리 실현되지 않는 경우가 종종 있다. 1996년 찰레스-라이버는 텔레비전 시장에서의 새로운 발전에 대한 전자업계의 집중적 모색을 관찰했다. 매출 정체로 고전하는 업계에 새로운 구매동력을 창출하기 위해서였다. 물론 언젠가는 많은 가정이 텔레비전을 한 대 넘게 보유하게 될 것이다. 그러면 그 사이 상당한 수로 늘어난 텔레비전 프로그램 중에서 무엇을 골라 볼지에 대해 서로 협의할 필요도 없다. 아이들은 자기 방에서 편안하게 또 아무도 방해하지 않으면서 자신이 원하는 프로그램을 시청할 수 있다. 그러나 일단은 텔레비전을 한 대 더 장만해야 한다는 근거를 제공할 틈새를 전혀 찾을 수가 없다.

컬러텔레비전의 발명 이래 이 부문에서는 근본적 혁신이 오랫동안 나타나지 않았다. 이런 상황이 바뀐 것은 평면 텔레비전이 나오면서부터다. 그리고 찰레스-라이버가 언급한, 제품의 엔지니어링 기술 측면에서의 노후화를 동경한 지 10년 뒤인 2006년, 독일에서는 처음으로 평면 텔레비전이 브라운관 텔레비전보다 더 많이 판매되었다. 모든 새로운 기술들과 마찬가지로(물론 그 기술들은 무르익기까지 시간이 걸리기도 한다) 이 신기술로 인해 엔지니어링 기술적으로 유도된 제품 수명주기 단축을 위한 진정한 낙원이 열렸다. 어떤 수정이나 개신改新은 늘 있다. 또 그런 것들 각각은 기존 기술을 곧 낙후된 기술로 만드는 잠재력을 갖고 있다. PDP, LCD, LED, OLED, SED 등이 그런 것이고, 또 당연히 잊지 말아야 할 것으로 다양한 3D 관련 기술들도 있다. 새로 나오는 이런 모든 짤막한 약자들은 신규 고객 확보를 보장해준다.

찰레스-라이버가 '사용 기술 측면에서의 노후화'라고 지칭한 것이 이와 밀접하게 결부되어 있다. 이 노후화는 기술적 변화에 근거하고 있지만, 거기서 중요한 점은 성능을 더 올리는 것이 아니라 다루는 법의 개선 또는 이용자를 위한 새로운 응용 가능성이다. 비록 전기 시동장치가 자동차를 더 빨리 달리게 하지는 않았지만 수동식 크랭크에 비하면 그 장치는 취급을 근본적으로 단순화시켰다. 열쇠만 돌리면 충분할 터인데도 계속 힘들게 크랭크를 손으로 돌리려는 사람이 어디 있겠는가 말이다.

개선을 통해 고객이 이용하는 데 유리하도록 해준다면, 그런 개선이 얼마나 기술적 가치가 있는가 하는 문제는 고객에게 그다지 중요치 않다. 인덕션 레인지는 어떻게 작동하는가? 고객은 이 내용을 알아야 할 필요가 없다. 낡은 가스레인지보다 더 사용하기가 좋다는 느낌을 고객이 갖고 있다면 그 제품을 장만하는 일에 관심을 가질 것이다. 콤팩트디스크^{CD}는 비닐 엘피^{LP}음반에 비해 당연히 어느 정도의 음질상의 장점을 갖고 있다(이것이 정말 개선인가 하는 데 대해서는 의견이 갈린다). 그러나 고객에게 훨씬 더 중요할 법한 사항은 이 콤팩트디스크가 좀 신경을 덜 써서 다뤄도 음질의 손상이 덜하다는 점, 그리고 콤팩트디스크에 담긴 여러 곡을 더 편하게 골라 들을 수 있다는 점이다. 예를 들면 리모컨으로 그렇게 할 수 있다.

동참하지 않으면
무시당한다　　　　　　　　　　패커드의 '심리적 노후화'라는 범
　　　　　　　　　　　　　　　　주 역시 찰레스-라이버는 '심미
적-문화적' 범주와 '사회적' 범주라는 하위 범주로 더 세분화한다. 그

는 유행이라는 모든 과정을 전자에 속하는 것으로 본다. 그러나 그 유행과정과 관련하여 그는 조절 메커니즘으로서의 유행이라는 것이 과연 소비자를 조작하기 위해 의도적으로 투입될 수 있는가에 대해서는 명료하게 설명되지 않은 것으로 간주한다. 한편으로 그는 "유행의 변화가 매출경제의 다른 도구와 결부되어 소비자에게 압박을 가할 수 있다는 점은 논란의 여지가 없다"고 받아들인다. 다른 한편으로 그는 그런 전략이 가진 위험성을 지적한다. 유행의 주체로서의 소비자의 태도는 대체로 그런 예측방법에서 벗어나기 때문에 그렇다는 것이다.

예컨대 포드는 1950년대 중반에 시장조사를 종합적으로 시행해 당시의 지배적인 심미적-문화적 취향에 맞는 완벽한 자동차를 생산하는 데 최대의 노력을 경주했다. 그 결과로 탄생한 자동차가 포드 에드셀Edsel이었다. 1957년 출시된 이 모델은 자동차 역사상 최대의 재정적 재앙으로 꼽힌다. 포드는 에드셀로 3억 5,000만 달러의 손실을 입었다. 오늘날 가치로 환산하면 거의 30억 달러에 달하는 액수다.[11] 그럼에도 불구하고 당연히 반례도 있다. 왜냐하면 제너럴모터스를 비롯해 기본적으로 모든 다른 거대 제조업체들이 동일한 전략으로 대단한 성공을 거두었기 때문이다. 같은 시기에 새로운 '미래지향적 모습Forward Look'으로 가다듬은 크라이슬러Chrysler의 1957년식 드소토DeSoto는 아주 잘 팔렸던 것이다.

유행은 진작부터 의류, 머리모양, 가구만의 주제가 아니었다. 이는 여전히 노후화 전략을 위한 매우 성공적인 바탕임이 입증된다. 자신이 오늘 마실 커피를 어떻게 끓이고 그것에 필요한 것들이 뭔지는 반드시 실용적인 고려에서라기보다는 심미적-문화적 고려에서 생겨난다. 캡슐이나 패드, 필터, 에스프레소 주전자, 원심분리기나 고압추출기 같은 것들 말이다. 포드 에드셀에서와 같은 유행 계획이 일차 실패할 때조차도 고객들에게서 뭔가 바꿔야 한다, 자기 취향과 스타일을 표현할 수 있는 어떤 새로운 뭔가를 사야 한다는 다소 산만한 느낌을 불러일으키는 일은 일반적으로 성공한다.

심미적-문화적 노후화라는 전략보다 더 음흉한 것은 '사회적 노후화'라는 전략이다. 이 전략은 사회 또는 집단 내 개인의 자기이해 및 수용을 직접 겨냥하기 때문이다. 즉 동참하지 않으면 다른 사람으로부터 무시당하는 것이다. 물론 특정 제품을 구입하라는 공식적인 강요는 존재하지 않는다. 하지만 잘못된 결정을 내릴 경우 역풍이 있음을 예상할 수 있다. 다른 사람들이 다 헐렁한 칼하트^{Carhartt} 바지를 입고 스케이트보드를 타는데, 나 혼자 몸에 짝 달라붙는 드레인파이프^{Drainpipe} 진을 입고 나타나면 좋지 않을 수 있다. 그러므로 심미적-문화적 노후화와는 달리 사회적 노후화는 뭔가 새것을 소유한다는 개인의 욕구에 호소한다기보다는 오히려 그 개인의 사회적 지위의식이나 특정 소비행태를 통해 규정되는 집단소속성을 따르려는 소망에 호소한다. "역할 상실을 피하고 싶은 사람은 규정된 소비모형을 받아들여 따를 것이다"라고 찰레스-라이버는 말한다.[12]

이 원칙을 아주 명확하고 무척 간결하게 표현해주는 감자칩 광고 방송이 하나 있다. 그때까지 아주 외롭게 살던 한 남자가 특정 상표의 감자칩 봉지를 뜯어 연다. 그 순간 갑자기 모든 친구들이 나타나 그를 둘러싸고 춤을 추면서 그의 귀에다 대고 유쾌하게 "별안간 네 모든 친구들이 그곳에 있네(Suddenly all your friends are there)"라고 와자지껄 떠들어댄다. 구매행위가 마법과 같은 의례가 되는 것이다. 내가 그런 행위를 하면 공동체가 나를 둘러싼다. 하지만 그렇게 하지 않으면 나는 외롭다. 레드불Red Bull을 마시면 쿨한 친구들에 둘러싸여 사는 것이고, 사과주스에 머물러 있다면 심심하고 불만스런 삶을 사는 것이다.

유의미한 공동체를 향한 우리의 욕구와 추구를 갖고 광고는 아주 의식적으로 장난을 친다. 또한 광고는 이 욕구가 광고되는 제품을 통해 달래질 수 있다고 암시하며, 심지어 그것과는 별도로 큰 흡인력을 지닌 공동체의 확립까지도 시도한다. "뭐, 플레이스테이션을 갖고 있지 않다고?!"라는 말에서 느낄 수 있듯, 이상적인 경우는 특정 신제품을 구입하지 않을 때 사회망에서 떨어져나간다는 두려움을 만들어내는 것이다.

이 세상 모든 감자칩 봉지는 돈만 주면 언제든 살 수 있는 것이지, 그것이 참된 공동체를 생성할 수는 없다. 하지만 그 감자칩 봉지는 기꺼이 잠깐 동안의 안심을 가져다주는 대체물로 연출된다. 또 전자 시대에는 특정 공동체에 소속되기 위해서는 특정 기술 장비도 하나쯤 갖고 있어야 한다. 스마트폰이 없으면 트위터 전반에도, 저녁 여가시간 프로그램에도 접속되지 않는다. 해당 기기가 없으면 인터넷 게이머와의 접속이 전혀 불가능하다.

심미적-문화적 노후화뿐 아니라 사회적 노후화에도 권태와 '심리적 포만감'은 중요한 요소다. 지난해 유행한 것보다 더 지루한 것은 없으며, 큐브 퍼즐게이머 공동체가 그 유명한 큐브의 색상 면을 눈을 감고도 다시 맞출 수 있을 때가 되면 회원들은 그 게임에 신물이 나서 새로운 도전거리를 찾는 법이다.

따라서 찰레스-라이버에 따르면 마케팅은 두 가지 과제를 해결해야만 한다. 광고 메시지는 사람들을 지치게 하는 게 아니라 이목을 끄는 박자가 있어야 한다. 또 이상적이기 위해서는 제품이 처음부터 변화될 가능성을 갖고 디자인되는 것이 좋다. 그래야 구매자는 낮익어 물리기 시작할 때 즉시 완전히 다른 제품으로 전환할 필요 없이도 상쾌함을 주는 작은 자극을 제공받는다. 이에 대한 좋은 사례가 레고 장난감이다. 성城을 포함한 기사놀이용 레고 블록에 함께 제공되는 설계도와 개별 블록은 원칙적으로 임의의 많은 다른, 스스로 고안한 구조물을 조립하는 데에도 사용될 수 있으며, 무엇보다도 확장이 가능하다. 그렇지 않았더라면 제조업체 자체는 별 재미를 보지 못했을 것이다.

늘 똑같은 것이 주는 단조로움에 훌륭한 제품 디자인으로 맞서는 방식에 대해서는 패커드라도 반론을 제기할 수 없었을 것이다. 이와 달리 그가 자기 시대의 디자이너에게서 확인하는 것은, 그들이 그렇게 하는 게 아니라 소비자들의 신속한 권태를 바로 자기네를 위한 핵심 마케팅 도구의 하나로 발견했다는 점이다. 이런 견해를 옹호한다면, 일찍 질리게 만드는 제품이 이상적이다. 새로운 것을 향한 허기를 지속적으로 달래주는 뭔가가 있어서는 안 된다. 소비자는 늘 새로운 재화에 대한 입맛을 갖고 있어야만 한다. 그렇기 때문에 광고는 자신이 홍보하는 제품을 창의적으로 다루는 고객은 전혀 끌어들이고 싶어하지 않는다. 고객은 빨리 지루함을 느끼고는 곧 그다음 제품으로 계속 나아가야 한다. 이상적 고객이란 절대로 만족을 모르는 사람, 즉 매번 새로 물건을 산 뒤에 벌써 그 후속 제품을 열망하는 사람이다. 그런 사람에게 중요한 것은 기본적으로 대상 자체가 아니라 신규 구매가 주는 만족감이다.

싸니까 더 자주
구입하는 심리

늘 소비에 목말라하는 것에는 또 다른 형태의 노후화, 이른바 '경제적 노후화'라는 것이 수반된다. 찰레스-라이버는 이 노후화에 마찬가지로 중요한 역할을 부여하며, 그것을 패커드의 기능적-기술적 노후화 및 심리적 노후화 범주와 더불어 하나의 범주로 할당한다. 경제적 노후화는 거대 전자제품 시장의 할인판매 전단을 통해 우리에게 가장 잘 알려져 있다.

경제적 노후화는 소비자가 가격대비 성능의 관계가 특별히 좋다는 점 때문에 구매에 나서게 될 때 작동한다. 예컨대 손목시계 같은 제품이다. 처음에는 이 견고하고 정밀한 작동 장치는 값비싼 호화사치재였다. 하지만 새로운 제조기술을 통해 값비싼 금속부품이 플라스틱으로 대체될 수 있었고, 자동화를 통해 값비싼 노동력을 줄여주었다. 그래서 저가 시계는 130개가 아니라 단 31개의 부품만으로 이루어져 있으며, 새로운 초음파 가공방식을 통해 시계 장치가 직접 플라스틱 케이스와 용접된다면 그 제품은 완전히 새로운 구매자 계층을 열어주는 가격으로 시장에 나올 수 있다.[13] 낮은 가격만으로도 이미 즉각 구매해야 한다거나, 그런 멋진 물건 하나쯤은 장만해야 한다는 느낌을 만들어낸다. "왜 이래, 난 멍청이가 아니라고!" 같은 생각이 들게 하는 것이다. 경제적 노후화를 얼마나 널리 몰아갈 수 있는지는 바로 이 문장이 "아끼는 게 최고!"라는 문장과 함께 광고 구호로 제기되었다는 데에서 볼 수 있다. 특히 그것을 통해서 매우 광범위한 소비계층에게 쇼핑은 그 자체로 하나의 목적이자 삶의 감각으로 고양될 수 있었다.

고객이 더 자주 신규 구매를 하게 만들려면 물건을 싼 값에 제공해야 한다. 그러나 이런 일이 일어나는 데에는 결국 일자리 축소라는 비용만 지불되는 게 아니다. 드물지 않게 언젠가는 제조업자도 그런 경제적 노후화 전략의 희생자가 될 수 있다. 거대한 가격 압박에 결국 견디지 못하고 나가떨어진다. 자기네 제품의 가격수준을 더 이상

낮출 수 없다면 그들 자신이 경제적 노후화의 그다음 희생자가 되는 것이다.[14]

모든 산업 부문이 생산제품의 가격하락으로 인해 노후화되어 있으며, 어느 정도 운이 따른다면 특화된 틈새상품으로만 그 명맥을 유지할 수 있다. 여기에서 눈에 띄는 것은 특별한 형태의 노후화다. 점점 더 단축되는 제품의 수명주기에 무릎을 꿇는 것은 생산되는 제품만이 아니다. 제조방법도 단축되거나 완전히 사라지며 다른 것으로 대체된다.

독일 남부 슈바르츠발트Schwarzwald 지방에 있는 어느 시계회사에서 개발부서 책임자를 지낸 이는 저가의 수정진동자 시계가 어떻게 고전적인 시계제작 수공업을 불필요한 것으로 만들었는지를 알려준다. 그가 시계 수리업자로부터 전자시계 다루는 법에 대한 보수교육을 해달라는 요청을 받았을 때, 그들에게 기껏해야 배터리 교체하는 법을 보여줄 수 있었다. 나머지는 전통적인 시계 수리업자로서는 더는 극복할 수 없는 일이었으며, 극복되어서도 절대 안 되는 일이었다. 무엇 때문에 그래야 한단 말인가? 대다수 시계의 가격이 저렴해 수리하는 것이 어차피 고객에게 이익이 되지 않았던 것이다.

이로써 직업 하나가 완전히 노후화되어버렸다. 슈바르츠발트의 그 기업은 저가에 시계를 대량생산하는 체제로 전환하려고 시도했다. 기업 자체의 생존을 확보하기 위해서였다. 하지만 작은 기업이 감당하기에는 세계적 경쟁이 너무 치열했다. 어쩌면 이 기업은 사라지지 않기 위해서는 예컨대 마이크로 전자 및 감지장치 제조로 사업을 특화했어야 했을 것이다. 그러나 그 기업은 그렇게 하지 않았고, 따라서 파산해서 사라지고 말았다

이와 반대로 경제적 노후화의 한 특정 형태는 일단은 아주 합리적으로 들린다. 구입비용과 더불어 사용하는 데 들어가는 비용을 함께 고려한다면 전구를 에너지 절약형 램프로 대체하는 것은 이미 수십 년 전부터 유의미했을 것이다. 에너지 절약형 냉장고나 세탁기에도 비슷한 논리가 적용된다. 여기서 잘 새겨야 할 점은 최종 소비자에 대해서만 그렇다는 것이다. 생태적 비용을 포함한 전체 생산 수지는 다시 다른 결과에 이르기도 한다. 장기적으로는 비용이 절감됨에도 불구하고, 어쨌든 많은 사람들이 기본적으로 비교적 높은 구입가격에 놀라 뒤로 물러선다. 소비자는 값싼 제품이 빨리 고장 나면 잠깐 짜증을 내다가 곧 그다음 저가품을 찾아 나설 수 있음에 기뻐한다. 단기성의 구름 속에 파묻혀 아주 안락감을 느낀다.

1 Burkhart Röper, *Gibt es geplanten Verschleiß? Untersuchungen zur Obsoleszenzthese*, Göttingen 1976 참조.

2 같은 책, 330쪽.

3 Manuel Zalles-Reiber, *Produktveralterung und Industrie-Design*, München 1996, 76쪽 이하 참조.

4 애플 내부 문서는 회사 내 고객 서비스센터 기술자에게 주어진 다음과 같은 지침으로 이를 입증한다. "맥북 프로(레티나, 2012년 중반) 상부 케이스 어셈블리는 내장 배터리, 키보드, 환기 덕트 및 마이크로폰을 포함한다. 배터리는 상부 케이스 어셈블리와 함께 교체되어야 한다. 배터리 단독은 교체 가능한 부품이 아니다[The MacBook Pro(Retina, Mid 2012) top case assembly includes an embedded battery, keyboard, fan ducts and microphone. Batteries must be replaced with the top case assembly. The battery alone is not a replaceable part]." (출처: www.iFixit.org)

5 Heike Holdinghausen, "Garantiert im Eimer, sobald Garantie abläuft", in: *die tageszeitung*, 2012년 6월 21일자.

6 Achim Sawall, "Viele Flachbildfernseher halten nur wenige Jahre", IT-Web-Portal *golem. de*, 2012년 5월 2일자, www.golem.de/news/hdtv-viele-flachbildfernseher-halten-nur-wenige-jahre-1205-91517.html 참조.

7 Stiftung Warentest, *40 Jahre, Stiftung Warentest*, Berlin 2004, 65쪽 참조.

8 Zalles-Reiber, *Produktveralterung*, 같은 곳, 91쪽 이하 참조.

9 같은 책, 92쪽 참조.

10 http://6mpixel.org/2011/06/beste-bildqualitat-mit-6-megapixeln 참조.

11 Zalles-Reiber, *Produktveralterung*, 같은 곳, 107쪽 이하 참조.

12 같은 책, 110쪽.

13 Zalles-Reiber, *Produktveralterung*, 같은 곳, 124쪽 이하 참조.

14 같은 책, 128쪽 이하 참조.

8장

늘어나는
쓰레기,
줄어드는 자원

2009년 독일에서는 1인당 평균 29킬로그램의 대형 쓰레기가 발생
했다.[1] 별로 대단찮아 보인다고? 인구 8,200만 명이 이렇게 쓰레기를
배출하면 연간 어떻게든 처리해야 하는 쓰레기가 24억 킬로그램, 즉
240만 톤이다. 소형가전 같은, 거의 날마다 발생하는 '보통' 쓰레기
는 계산에 넣지도 않은 수치다. 추가로 나오는 이 쓰레기의 양은 유
럽인 1인당 연평균 20킬로그램이다.[2]

　대형 쓰레기와 폐전자제품이 생기는 까닭은 우리가 많이 사들이
기 때문이다. 우리는 이따금 값이 크게 할인되었다고 신발을 몇 켤레
씩 사기도 하고, 가정용 드릴을 할인된 값에 사기도 한다. 조만간 그
런 기회가 또 있을 것 같지 않아서다. 잡지에서 씨앗 발아기에 대한

기사를 보고는 오랫동안 더 건강하게 음식을 먹으려고 발아기를 산다. 독일 환경부에 따르면 독일 국민 1인당 평균 1만 가지의 물건을 갖고 있다고 한다.[3] 하지만 우리는 그렇게 많은 물건들을 보관할 장소도 없고, 그 모든 것을 이용할 시간도 갖고 있지 못하다. 그래서 언젠가는 그것들을 다시 없애버리려고 한다.

아프리카에 쌓여가는 휴대전화기

갈수록 더 빨라지는 '장만하고 버리는 과정'은 휴대전화기의 사례에서 잘 추적할 수 있다. 새 모델이 시장에 나오자마자, 또는 휴대전화기 계약기간이 끝나자마자 기존의 모델들은 낡은 것이 되어버린다. 그러다 이제 2년 된 휴대전화기를 수집하는 곳에 주어버리지 않으면(수집처에 가져다주는 일은 예외적인 경우다), 그것은 그 사이 각 가정마다 일상이 되어버린 호환되지 않는 충전장치나 여타의 쓰지 않는 전자제품과 함께 한동안 서랍이나 상자 속에 들어가 있다. 유럽에서는 이런 식으로 한 해에 2,000만 톤의 폐전자제품이 발생하며, 세계적으로는 그 양이 5,000만 톤에 달한다.[4] 그 대부분은 재활용되지 않고 언젠가는 보통의 쓰레기 속에 들어간다. 유럽연합에 따르면, 이로 인해 연간 20억 유로어치의 자원이 폐기된다.[5]

이것이 노후화의 전략적 변이형으로 인해 발생하는 본질적인 문제점이다. 영원히 새로 생산하고, 구매하고, 버리고 다시 구매해야 하는 곳에서는 쓰레기더미는 커지고 자원은 언젠가는 고갈된다. 지난 50년 동안 우리가 이렇게 소비한 자원의 양은 그 이전 세대가 총소비한 양보다 더 많다.[6] 2010년 한 해 동안 전 세계에 판매된 15억 대의 휴대전화기에는 대략 14톤의 팔라듐, 36톤의 금 그리고 375톤의 은이 들어 있다.[7]

이제 이런 사실이 의식 속으로 스며들고 있다. 독일에서는 소위 '서랍 휴대전화기' 모으기에 집중하는 행동이 점점 더 많아지고 있다. 학교에서는 학생들에게 집에서 안 쓰는 휴대전화기를 가져오게 한다. 그러면 그다음 날 아이들은 휴대전화기를 봉투에 가득 담아온다. 부모와 형제자매들이 자기 방에 처박아놓고 잊어버린 것들이다. 온라인 구매 사이트에서는 텔레비전에 광고를 내기도 한다. 구형 휴대전화기, 디지털 카메라 및 컴퓨터를 (약소하지만) 돈을 주고 구매한다는 그 광고에 우리 마음이 솔깃해지기도 한다. 상자와 옷장 속에 처박혀 있는 물건들을 다른 눈으로 보는 법을 우리는 천천히 배우고 있는 것일까?

실제로는 그렇지 않다. 재활용업체에 도착하는 휴대전화기는 전체의 1퍼센트에 불과하다. 나머지는 집 안의 서랍에 들어가 있거나 언젠가는 가정용 쓰레기나 수집상에게로 들어가 결국에는 그중 상당한 비율이 불투명한 경로를 거쳐 불법적으로 아시아와 아프리카의 쓰레기장으로 들어간다.[8] 국제연합[UN]의 전문가에 따르면, 휴대전화기 41대에는 1톤의 금광에서 채취할 수 있는 양에 해당하는 금이 들어 있음에도 불구하고 현실은 이러하다. 신제품 휴대전화기 제조에 쓰이는 희귀금속 콜탄Coltan을 둘러싸고 콩고에서 벌어지는 전쟁은 말할 것도 없다.

이는 흥미로운 효과들을 갖고 있다. 한편으로 이른바 제3세계에서는 금, 은, 콜탄 및 여타의 값나가는 소재를 얻기 위해 산 전체가 다 깎여나간다. 그런 소재들을 출항하는 배에 실어 공장으로 운송하기 위해서다. 그리고 공장에서는 그것들이 전자기기에 장착되어 시장에 나온다. 또 다른 한편으로 그 대부분은 산더미 같은 문명 쓰레기가 되어 배에 실린 다음 다시 그 항구로 들어가 불법 쓰레기하치장에 부려진다. 순환경제는 이런 양상 하에서 새로운 의미를 가진다.

아프리카 가나의 수도 아크라Accra에서 성장한 환경전문 언론인이자 활동가인 마이크 아나네Mike Anane는 이런 전개양상을 자기 고향 가나의 관점에서 이렇게 기술한다. "이곳에 폐전자제품 쓰레기가 든 컨테이너 화물이 도착한다는 것을 제가 알게 된 때는 대략 10년 전이었습니다. 선진국에서는 그 누구도 더는 가지려 하지 않는 낡은 컴퓨터와 텔레비전 수상기였습니다."

유해한 쓰레기가 국경을 넘어 이동되는 것을 통제하는 바젤 협약(아프가니스탄, 아이티, 미국만 비준하지 않았다)은 폐전자제품 쓰레기를 제3세계 국가로 수출하는 것을 금지하고 있기는 하나, 이 금지를 비켜가기란 쉬운 일이다. 예를 들면 이 쓰레기를 '중고물품'이라고 세관 당국에 신고하면 되는 것이다. 그러면 합법적으로 수출이 가능하다. 중고물품임을 보여주기 위해 컨테이너 앞부분에는 아직 쓸 만한 물건들을 포장해놓는다. "사용 가능한 기기는 일반적으로 12미터짜리 컨테이너에 아마 열 대 정도 들어 있을 것입니다. 그 나머지는 전부 쓰레기입니다. 하지만 세관 직원이 컨테이너를 열어본다면 그들은 전부가 양호하며 작동하는 물건이라고 생각합니다"라고 아나네는 말한다.

또 다른 속임수는 원조기관에 작동이 되는 컴퓨터를 기증하는 것이다. 이렇게 하면 원조를 받는 이들은 컨테이너 안에서 작동되는 기기를 발견할 수 있다. 그러나 그것은 곁다리일 뿐이고 그들이 받는 전체 공급품의 대부분은 고장 난 기기들이다. 결과적으로 원조기관은 그 폐전자제품 쓰레기들을 적절하게 재활용하거나 환경보호에 합당하게 폐기 처리할 재정적 수단이나 기술적 가능성을 갖지 못한 채 그 기기들을 끌어안고 있을 뿐이다.

새로 도착하는 쓰레기는 보통 직접 부두에서 하역되어 검사를 받는다. 아직 작동이 되거나 수리가 가능한 소수의 전자기기들은 상당한 값을 인정받는다. 가나에서는 수리가 될 수 있는 물건은 무엇이든 내버리지 않는다. 현지 판매상들은 아직 사용할 만하다 싶은 물건들은 모두 다 사들여 아크라로 가지고 간다. 예를 들면 영수증 발행기 같은 기기가 그렇다. 진작부터 가나의 주유소나 소매상점, 식당은 더 이상 손으로 써서 영수증을 발행하지 않는다. 대신 다른 나라에서 내다버린, 그러나 자기 역할은 아직 멀쩡히 해내는 기기로 영수증을 작성한다.

앤드류 오우수$^{Andrew\ Owusu}$ 같은 손재주 있는 상인들은 유럽에서 사들인 중고 컴퓨터를 자기네 고객들이 사용할 수 있도록 수리한다. 그래서 오우수의 가게에는 유럽에서는 팔리지 않는 중고 컴퓨터들이 즐비하다. "이 컴퓨터는 스페인에서 왔는데, 고장 난 하드디스크를 제가 다른 것으로 교체했지요. 이제 이 컴퓨터는 다시 작동합니다"라며 오우수는 해상 운송용 컨테이너의 절반 크기도 되지 않는 자신만의 제국을 안내한다. 그곳에는 컴퓨터 말고도 유럽에서는 오래전부터 낡은 것으로 취급되는 Hi-8 포맷과 미니 DV 포맷의 비디오카메라 같은 보물들이 있다. 입구에는 판매 준비가 끝난 다양한 기기들이 늘어서 있는데, 그중에는 잉크젯 프린터도 있다. 물론 오우수의 손을 거쳐 다시 작동이 가능해진 물건이다.

앤드류 오우수는 이런 컴퓨터를 대학생과 중고생 및 소규모 기업에 판매한다. 선진국의 쓰고 버리는 정신 상태를 그는 전혀 이해하지 못한다. "컴퓨터는 이곳 아프리카에서는 쉽게 구하지 못하는 물건입니다. 그래서 우리는 그것을 그냥 버리지 않습니다. 수리하는 거죠. 어디가 고장인지를 찾아내면 수리하는 데에는 10분에서 30분 정도 걸립니다. 저 컴퓨터는 그래픽 카드가 문제인데, 다른 카드를 꽂아 넣으면 다시 잘 작동합니다."

흥미로운 인식 하나는, 유럽의 서비스센터에서는 잠깐 들여다본 뒤 "수리비가 너무 많이 들어요"라는 말과 함께 쓰레기로 버리라고

하는 물건들을 조립이 취미인 한 젊은이는 대단찮은 공구를 가지고 몇 분 만에 다시 작동하도록 만들 수 있다는 사실이다. 똑같은 문제로 수리를 맡겼을 때, 과연 유럽의 서비스센터라면 고객이 지불할 수 있는 돈으로 수리를 해줄 수 있을까?

국가에서 국가로 이동하는
유해 폐기물

일반적으로 가나에 도착하는 전자제품 쓰레기의 80퍼센트 이상은 선의와 임시변통의 능력으로도 더 이상 쓸모 있는 뭔가로 만들어질 수 없는 것들이다. 가나 사람들 스스로가 그런 쓰고 내다버리는 사회에서 살지 않는다면, 그런 쓰레기들은 가나 사람들에게 별 도움이 되지 않는다. 그럼에도 불구하고 컨테이너에 가득 찬 쓰레기는 불법 쓰레기더미에까지 다다른다. 이런 쓰레기더미 중의 하나가 수도 아크라의 빈민촌의 하나인 아그보그블로시Agbogbloshie 폐기장이다.

"전에는 여기에 멋진 강물이 흘렀습니다. 오다우 강이었죠"라고 마이크 아나네는 회상한다. 오늘날은 강변을 따라 달리는 내내 플라스틱 부품이나 키보드에 발이 걸리지 않도록 주의해야 한다. 컴퓨터 모니터는 강물 위를 둥둥 떠다닌다. 마치 누군가가 많은 종이배를 떼로 띄워놓은 듯하다. "전에는 이곳에 물고기가 바글바글했습니다. 우리는 이곳에서 축구를 하거나 강변을 돌아다니곤 했죠. 이미 다 지나간 이야기입니다."

오늘날 이곳에서는 아무도 놀지 않는다. 그 대신 가난한 가정의 아이들이 쇠붙이를 찾으며 돌아다닌다. 아이들은 비닐에 싸인 전선을 태워 쇠붙이를 얻는다. "우리는 컴퓨터, 텔레비전 그리고 기계에서 그 전선을 꺼냅니다. 이따금 우리는 병에 걸리기도 합니다. 기침을 하죠"라고 코조[Kojo]는 말한다. 그는 본디 학교에 다녀야 하는 나이지만, 그가 가외로 하는 돈벌이를 포기한다면 가족의 생계를 감당할 수 없다. "우리는 자주 유리에 베이기도 하고, 기침 때문에 밤잠을 이루지 못할 때도 있습니다"라고 그의 친구 압둘 라힘[Abdul Rahim]이 맞장구친다. 베인 상처는 높은 중독 위험성을 안고 있다. 하이테크 쓰레기에서 나오는 유리조각은 종종 유독한 납과 카드뮴을 함유하고 있기 때문이다. 게다가 아이들과 청소년들은 유독한 증기에 노출되어 있다. 하루 종일 뜨거운 태양 아래에서 익어가는 플라스틱이 내뿜는 증기다. 아주 어린 아이들조차도 그 같은 환경에 노출되어 있다. 그들은 나이를 좀 더 먹은 아이들이 혹 놓친 아주 조그만 쇠붙이 조각을 찾아 쓰레기더미를 뒤지고 다닌다.

아이들이 주워 모아온 쇠붙이는 상인들을 통해 새로운 성장경제가 생겨나는 곳으로 다시 팔려나간다. 그런 쇠붙이를 사들이는 대표적인 나라는 현재 아랍에미리트의 두바이와 중국이다. 재활용에 나서는 아동 노동자들은 혹 언제나 가장 저렴한 가격에 원자재를 손에 넣기 위한 계산의 일부는 아닌가? 몇몇 쓰레기 공급자가 내세우는 논거, 즉 자신들은 유럽과 미국을 일방으로 하는 쪽과 아프리카를 다

른 일방으로 하는 쪽 간의 디지털 간격을 줄이려 한다는 논거를 마이크 아나네는 어쨌든 냉소적으로 본다. 그의 조사에 따르면, 고물 기기를 제대로 재활용하는 게 아니라 그냥 아프리카에 부려놓기만 하는 자들은 주로 민간 재활용업체들이다. 그 업체들이 그 일을 하는 이유는 단 하나다. 그게 더 싸게 먹히기 때문이다. "그들은 자신에게 폐기 업무를 맡기는 사람들에게는 쓰레기를 재활용하기 위해 운반해 간다고 주장합니다. 하지만 실제로는 그 쓰레기를 배에 실어 가나로 보내버립니다."

이런 상황에 뭔가 변화를 주기 위해서 이 환경운동가는 자세한 정보를 수집하고 있다. 환경기자 연합체인 가나의 환경기자 연맹 League for Environmental Journalists 사무실도 겸한 그의 사무실 출입구 근처에는 쓰레기가 지붕 아래에까지 쌓여 있다. 아나네는 회색 플라스틱 케이스 하나를 끄집어낸다. 그가 아그보그블로시에서 발견한 것이다. "여기에는 자산표시 스티커가 아직 붙어 있습니다. 예를 들어 여기 스티커에는 '웨스트 스옐란 AMU센터AMU Centre in West Sjaeland'라고 적혀 있네요. 이 물건은 덴마크에서, 저 물건은 독일에서 온 것입니다." 아나네는 더 많은 출신국 입증을 해보일 태세로 웨스트민스터 대학, 리즈Leeds 시 또는 이탈리아에서 온 애플 컴퓨터 등을 가리킨다.

시원한 바람을 불어주는 낡은 천장 선풍기의 날개가 돌아가는 곳 아래에 있는 책상에서 아나네는 새로 발견한 그 물건들을 목록에 기입한다. "저는 이곳 가나에 도착한 전자제품 쓰레기의 원소유주 기업의 주소와 전화번호가 수록된 데이터뱅크를 갖고 있습니다." 마이크 아나네는 자기가 가진 정보를 재판을 위한 증거물로 사용하려고 한다. "우리는 다른 나라의 환경 관련 규정에만 희망을 걸 수 있는 게 아닙니다. 우리는 스스로 행동해야 하며, 그들이 여기에 쓰레기를 부려놓는 행위를 그만두도록 형사 조치를 취해야 합니다."

쓰레기 유발 국가들에서도 이런 종류의 '폐기'에 반대하여 투쟁하는 움직임이 다수 있다. 미국의 대기오염방지법Clean Air Act과 수질보호법Clean Water Act, 독일의 대기 및 수질정화법Gesetze zur Luft- bzw. Wasserreinhaltung 같은 환경보호 규정은 쉽게 전자제품 및 그 생산에 적용될 수 있을 것이다. 이런 방식으로 제조업자에게 생산한 제품의 환경친화적 폐기를 보장하는 의무를 부과할 수 있을 것이다. 여기서

'환경친화적'이라는 개념은 국제적 환경과 관련되어야 할 것이다.

유럽연합에서는 기기의 회수 및 전문적 재활용이 2005년부터 법률에 의해 제품 가격에 포함되어 있다. 물론 그것이 명시적으로 물품 영수증에 표시되어 있지는 않지만 말이다. 소비자들은 자신들이 더이상 쓰지 않는 전기 및 전자기기를 비용을 물지 않고 수거장소에 갖다 주거나 제조업체나 판매자 측의 회수체계에 갖다 주어야 한다. 그다음부터 그 고물 기기들이 어떻게 되어야 하는지는 정확히 규정되어 있지 않다.[9] 어쨌든 공식적으로는 그 어떤 유럽연합 회원국도 자국 쓰레기를 그냥 개발도상국으로 실어내서는 안 된다. 그러면 그 쓰레기를 어디로 보내야 한단 말인가? 유럽에서는 전자제품 폐기물의 양이 지역 내 가정 쓰레기 전체보다 세 배나 더 빨리 증가하고 있다.[10] 그래서 그 대부분은 온갖 금지 규정에도 불구하고 가나 같은 나라로 넘어가는 것이다.

노후한 기기만이 엄청난 쓰레기 문제를 일으키는 것은 아니다. 불법 쓰레기가 실린 컨테이너를 아프리카와 아시아로 나르는 화물선 역시 아주 독자적인 어려움을 제공하고 있다. 예를 들면 독일 통신사 〈데페아dpa〉는 2012년 9월 13일 북해 연안 빌헬름스하펜 항구에 정박한 컨테이너선 노던 바이탤리티Northern Vitality 호의 출항금지 사실을 보도했다. 니더작센 주 환경부 대변인 잉카 부로Inka Burow는 출항을 금지한 이유를 이렇게 설명했다. "불법 쓰레기 폐기의 혐의가 있습니다." 또 문제는 선박의 화물이 아니었다. 주 환경부는 브뤼셀 소재 인권, 노동권 및 환경보호 기구의 연합체인 '선박해체 플랫폼Shipbreaking Platform'이라는 민간 기구가, 그 선박을 구매한 업체가 선박해체를 전문으로 하는 업체라는 조언을 받았다고 경종을 울린 이후 활동에 나서게 되었던 것이다.

선박은 그 내부에 있는 수많은 위험물질, 예컨대 석면, 냉각물질, 잔존 유류 및 슬러지 그리고 중금속으로 인해 특수 폐기물로 취급된다. 이 특수 폐기물은 1992년 바젤 협약이 발효됨에 따라, 세계적 선박 고철화 산업의 중심지인 인도의 연안도시 알랑Alang에서 그냥 폐기되어서는 안 되는데, 아무리 봐도 노던 바이탤리티 호가 그렇게 하기로 계획된 것 같았다. 인도의 그 '선박 해체장'에서는 환경표준이 아무런 역할을 하지 못한다. 선박은 그냥 전속력으로 달려 갯벌에 처박힌다. 중유는 조금씩 새어나와 취약한 연안수 속으로 스며들고, 수많은 유해물질은 조류潮流와 함께 바다로 쓸려 들어간다.

'유독물질 감시단Toxic Watch'이라는 환경단체의 고팔 크리슈나 Gopal Krishna는 독일의 유력 일간지 〈타게스차이퉁〉과의 인터뷰에서 "1982년부터 대략 6,000대의 선박이 이곳으로 옮겨져 연안의 취약한 생태계를 고려하지 않은 채 그대로 해체되었습니다"라고 말했다. "선박 소유주 및 해체전문 기업은 위조된 문서를 이용해서 법망을 피해갑니다."[11] 선박 소유주는 거액의 폐기 비용을 지불해야 하지만 그렇게 하지 않고, 불법 처리업자로부터 오히려 수백만 유로의 돈을 고철 값으로 받는다. 철은 수요가 많은 원자재다. 1989년 알래스카

앞바다에서 사고를 낸 유조선 엑손 발데스^{Exxon Valdez} 같은 배가 이런
식으로 인도의 알랑에서 불법적으로 해체되었는데, 이렇게 함으로써
그 배는 그다음 생태 재앙에도 동참한 셈이었다. 이 배는 소유주에게
약 1,200만 유로의 이익을 안겨다주었다. 안전 조치도 전혀 하지 않
고 배의 해체 작업에 나서는 노동자들의 인건비는 매우 싸다.[12]

선박의 경우에서도 우리는 노후화 현상을 만나게 된다. 2012년
가을에 고철화 작업에 들어갔었을 노던 바이탤리티 호는 선박으로서
는 그리 노후하지 않은 편이었다. 그 배는 1997년에 건조되어 아직
몇 년은 더 세계의 대양을 누빌 수 있었을 것이다. "호경기는 지나갔
다. 2012년에는 수많은 컨테이너 운반선들이 전례 없이 많이 고철로
처리되었다"고 아이켄 브룬^{Eiken Bruhn}은 〈타게스차이퉁〉에 쓰고 있다.
그의 조사에 따르면, 불법 폐기처분을 막는 것이 오히려 예외적 현상
이다. "누가 담당자인지가 밝혀질 때쯤이면 일반적으로 그 배는 이미
오래전에 사라지고 없다"고 비정부기구^{NGO} '선박해체 플랫폼'의 델
피네 로이터^{Delphine Reuter}는 말한다.[13]

컨테이너 운송용 선박의 수명보다 소비자에게 더 친숙한 것은 자
기 컴퓨터의 수명이다. 왜냐하면 그 컴퓨터의 수명이 놀랍도록 짧은
경우가 종종 있기 때문이다. 전동 공구와 살림살이는 대개 그것들이
더 이상 작동하지 않을 때에야 비로소 버려지는 반면, 전자기기는 저
장용량, 해상도, 프로세서의 속도 등에서의 기술이 진보할수록 훨씬
더 빨리 낡거나 낡아 보이게 된다.

일반적인 데스크톱 컴퓨터는 대략 7킬로그램의 플라스틱으로 구성되는데, 이들은 일반적으로 재활용되지 않는다. 전선을 감싸고 있는 피복과 여타 전자부품들은 소각될 경우 암을 유발하는 다이옥신과 퓨란을 방출한다. 회로에 사용되는, 할로겐이 함유된 난연성 소재는 신경계 독성물질로 작용하며 갑상선을 공격한다. 전자기기는 50여 종의 유독 중금속을 함유하고 있다. 미국 환경당국의 한 보고서는 2004년 미국 폐기물 집하장에 모이는 중금속의 70퍼센트와 납의 40퍼센트가 폐전자제품에서 나오는 것으로 추정했다.[14]

전기전자 폐기물의 80퍼센트는 중국, 파키스탄, 인도 또는 서아프리카 지역으로 간다. 국제연합환경계획United Nations Environment Programme, UNEP은 이 수치가 앞으로 눈에 띄게 증가할 것으로 보고 있다. 즉 2020년까지 전기전자 폐기물은 2007년 대비 중국과 남아프리카에서는 네 배로, 또 인도에서는 다섯 배로 증가하리라는 것이다. 또 세네갈이나 우간다 같은 아프리카 국가에서는 여덟 배에 달할 수도 있다고 한다.[15]

소비할 때 한 번쯤
생각해봐야 하는 것들　　　우리는 기기 하나가 상점 판매대에 오를 때까지 얼마나 많은 에너지가 그 뒤에 숨어들어가 있는지를 보지 못한다. "휴대전화기는 정보시대의 일부로 가벼움이라는 위광을 갖고 있다"고 디자인 전문가 존

타카라^{John Thackara}는 말한다. "하지만 이 전화기는 보이지 않는 배낭을 하나 갖고 있다. 그 속에는 원자재 채굴 작업, 자재 수송, 송신기지 및 수많은 것들이 숨어 있다. 이런 사실을 이해하게 되면, 전화기의 무게는 200그램이 아니라 오히려 5톤은 된다. 보기에는 자그마하고 별로 무해해 보이지만 그것이 지구에 미치는 영향은 심대하다."

독일에서 휴대전화기는 2007년에 이미 독일의 모든 항공교통보다 더 많은 이산화탄소를 배출했다. 휴대전화기에 들어가는 0.034그램의 금을 얻기 위해서는 100킬로그램의 흙이 수송되어야 하며, 수은이나 청산염 같은 유독물질로 처리하는 가혹한 과정을 거쳐야 한다. 금을 원광석에서 추출해내기 위해서다. 그렇게 함으로써 토양과 물은 유독물질로 오염되며, 많은 어린이까지 포함된 노동자들은 비인간적인 처우를 받는다.[16] 독일연방 교육과학부는 이러한 사실을 모두 취합하게 했다. 기술화에 따르는 결과가 어떤지 잘 알려주기 위해서다. 이를 위해 만든 팸플릿은 멋져 보이나, 이것으로 과연 정치적 조치까지 취할 수 있을까?

"전자제품과 환경에 대해 내가 참석한 모든 회의와 공공집회, 그리고 하이테크 제품 제조업자들과 나눈 대다수의 대화에서는 '기회의 균등'이라는 말이 이르든, 늦든 꼭 언급됩니다. 그게 없으면 아무것도 안 된다는 거죠"라고 그로스만은 진지하게 단언한다. 재활용 규정 및 제조업자의 책임과 관련하여 규제를 하자는 제안에 이르면, 이 말은 언제나 무슨 주문이라도 되듯 읊조려질 것이다. "그렇게 '기회의 균등'이란 '부당한 경쟁 우위는 절대 불가하다'는 일종의 암호였다. 어떤 기업인도 스스로가 적절한 공동책임이라고 여기는 것 이상의 의무를 지려하지 않았다. 이런 기본적 태도는 조금도 바뀔 수 없었다."[17]

이런 자발적 공동책임이 어느 정도까지 나아가는지는 자기네 국내 전자제품 판매장을 살펴보면 누구나 스스로 생각해볼 수 있다. 왜냐하면 그로스만이 언급하다시피, "하이테크 산업은 전 지구 차원의 가치창조 사슬의 현실을 컴퓨터와 인터넷에 대한 접속을 통해 모든 가정에까지 가져다주었기 때문이다."[18] 폐기물이 더 빈곤한 나라로 반출된다는 이야기는 들어왔지만, 더 자세히 파고든다 한들 그게 뭘 가져다주겠는가? 가정용 쓰레기는 쓰레기통이나 재활용힘에 담기는 순간 곧장 우리의 시야를 벗어난 곳으로 옮겨진다. 그 이후 문제에 대해서는 더 이상 신경 쓸 필요가 없다. 우리는 그런 일에 익숙해져 있다. 눈에서 멀어지면 마음도 떠나는 법이다. 또 핵심인 신규 쓰레기 소각설비 또는 쓰레기 소각장은 자기가 사는 곳 바로 인근에는 지어지지 않는다.

그럼에도 불구하고 예외적으로 한번 곰곰이 생각해보자. 블루레이 플레이어가 가정에 있다면 디브이디 플레이어는 어떤 운명을 맞이할 것이며, 또 차세대 영상 재생기술이 개발된다면 블루레이 플레이어의 운명은 어떻게 될 것인가를 말이다. 그러면 우리는 낯익은 기기들 속에서도 뭔가 다른 것, 말하자면 갈수록 더 짧은 주기로 신제품을 생산해내는 상황에 대해서 깊이 고민할 수 있을 것이다.

예컨대 애플 납품업체 폭스콘Foxconn의 중국 공장이 있는 도시에서 2012년 9월 이 회사 노동자 2,000명이 집단 난투극을 벌였는데, 어쩌면 그 사건이 바로 직전에 출시된 아이폰 5와 다소 관계가 있지 않았을까 하고 궁금해 할 수 있는 것이다.[19] 당시 그 도시에는 7만 9,000명이 비좁은 숙소에 몰려 살면서 낮은 임금을 받고 일하고 있었는데, 그 임금의 상당 부분이 '불편하다'는 다소 괜찮은 말로 표현되는 자기 숙소의 숙박비로 지출되었다. 그들은 하루 12시간씩, 주 6일 동안 일했다.

이 같은 보도를 접하고 중국에서 '1일 8시간 노동제'가 도입된다면 휴대전화기 한 대당 50유로는 더 지불하게 될 것이라는 생각을 하는가? 도대체 어째서 아이폰 3이 시장에서 사라졌는지를 생각하는가? 얼마 전 시장에서 사라진 브라운관 모니터와 더불어 그 전화기가 이제 가나의 아그보그블로시 폐기물 집하장에서나 중국의 어느 주차장에서 제품을 조립할 때보다 훨씬 더 비참한 조건 하에 아이들에 의해 분해되고 있는 것은 아닐까? 아니면 최초의 신형 아이폰이 금요일에 공급되는데도(그 날까지 대기자 수는 2,500명으로까지 늘어났다) 확실히 하기 위해 화요일에 이미 함부르크의 애플 매장 앞에 늘어선 장사진의 맨 앞자리를 차지한 것은 아닐까?[20]

1 Statistisches Bundesamt, "Leichter Anstieg an Haushaltsabfällen je Einwohner 2011", 2013년 1월 18일자 보도자료, www.destatis.de/DE/PresseService/Presse/Pressemitteilungen/2013/01/PD13_025_321.html 참조.

2 Verena Kemna, "Wertvoller Elektroschrott. Umsetzung der neuen EU-Richtlinie ist in Deutschland unklar", *Deutschlandfunk*, 2012년 8월 13일자, www.dradio.de/dlf/sendungen/umwelt/1838230/ 참조.

3 "Des Guten zu viel. Überfordert uns der Überfluss?", *Deutschlandfunk*, 2012년 6월 8일자, www.dradio.de/dlf/sendungen/lebenszeit/1774482/ 참조.

4 Portal Bildung für nachhaltige Entwicklung, "Elektroschrott ist Gold wert", www.bne-portal.de(완전한 링크 주소는 http://tinyurl.com/abvf8tj) 참조.

5 Kemna, "Wertvoller Elektroschrott", 같은 곳 참조.

6 "Des Guten zu viel", 같은 곳 참조.

7 Die Rohstoff-Expedition, "Rohstoffe und der Lebenszyklus eines Handys", www.die-rohstoff-expedition.de/die-rohstoff-expedition/lebenszyklus-eines-handys.html 참조.

8 예컨대 Steven Geyer, "Goldsucher im Hightech-Schrott", in: *Frankfurter Rundschau*, 2011년 6월 11일자, www.fr-online.de/wirtschaft/recycling-goldsucher-im-hightechschrott,1472780,8545608.html 참조.

9 Umweltbundesamt, Elektro- und Elektronikgerätegesetz – ElektroG, www.umweltbundesamt.de/abfallwirtschaft/elektrog/index.htm 참조.

10 Bette K. Fishbein, *Waste in the Wireless World*, New York 2002 참조.

11 Stefan Mentschel, "Endstation für maritimen Schrott", in: *die tageszeitung*, 2012년 9월 19일자, 4쪽 참조.

12 미카엘 글라보거Michael Glawogger의 기록영화 〈노동자의 죽음Working Man's Death〉은 이런 '재활용Recycling'이 얼마나 경악스런 노동조건 하에서 진행되고 있는지에 대한 인상의 한 단면을 제공한다.

13 Eiken Bruhn, "Das Wrack aus Wilhelmshaven", in: *die tageszeitung*, 2012년 9월 19일자, 4쪽.

14 United States Environmental Protection Agency, "Multiple Actions Taken to Address Electronic Waste, But EPA Needs to Provide Clear National Direction", Report

No. 2004-P-00028, Washington, D.C., 2004년 9월 1일자, www.epa.gov/oig/reports/2004/20040901-2004-P-00028.pdf 참조.

15 Axel Bojanowski, "Uno-Berechnungen zu Elektroschrott: Gold-Berge auf Müllhalden", in: *Spiegel Online*, 2010년 2월 22일자, www.spiegel.de/wissenschaft/technik/uno-berechnung-zu-elektroschrott-gold-berge-auf-muellhalden-a-679381.html 참조.

16 Die Rohstoffexpedition, "Entdecke, was in (d)einem Handy steckt!", Broschüre des Bundesministeriums für Bildung und Forschung, 15쪽 참조.

17 Elizabeth Grossman, *High Tech Trash: Digital Devices, Hidden Toxics, and Human Health*, Washington 2006, 263쪽.

18 같은 책, 264쪽.

19 에이피AP 통신사는 이에 대해 다음과 같이 보도했다. "다수 목격자에 따르면 사건의 유발 요인은 노동자 한 사람과 경비요원 한 사람 간의 싸움이었다. 한 사무직원은 '노동자들은 이미 오래전부터 관리자와 경비요원들이 자신들을 대하는 태도에 대해 분노해 있었다'고 말했다"(www.welt.de/newsticker/news3/article109442079/Foxconn-nimmt-Produktion-nach-Massenschlaegerei-wieder-auf.html 참조), Jordan Pouille, "Im Profithimmel von Sichuan. Schuften bei Foxconn, einem der größten Unternehmen in China", in: *Le Monde diplomatique*, 2012년 6월 8일자, 12쪽 이하 참조.

20 "Schlangen vor Apple Stores: Weltweites Warten auf das iPhone 5", *Spiegel Online*, 2012년 9월 21일자, www.spiegel.de/netzwelt/gadgets/iphone-5-warteschlangenvor-apple-stores-a-857125.html 참조.

9장

친환경 재활용에 답이 있다

《디지털 쓰레기[High Tech Trash]》의 저자 엘리자베스 그로스만[Elizabeth Grossman]은 폭스콘과 아그보그블로시에서 일어난 악몽 같은 장면들에 대해 존 레논의 노래 〈이매진[Imagine]〉을 소박하게 구체화해 연결시킨 것처럼 들리는 꿈 하나를 표현한다.

"상상해봐. 소프트웨어를 업그레이드하려고 컴퓨터 전부를 새로 사는 것이 아니라, 그저 프로세서만 새것으로 꽂아 넣어도 된다면 어떨지를 말이야. 아니면 프린터와 다른 주변기기가 보편적 호환성을 갖고 있다면 어떨지를. 신형 노트북이나 새 휴대전화기 가격이 옛 기기를 제대로 회수하는 시스템을 위한 비용까지 감당한다고 상상해봐. 상상해봐, 이 가격이 생산, 분해 및 재료 회수에 종사하는 모든 이에게 수용할 만한 적절한 임금과 안전한 노동조건을 보장해준다고 말이야. 상상해봐, 쓰레기 같은 그딴 것은 존재하지 않는다고 말이야." 멋진 꿈이긴 하나, 유감스럽게도 대단찮은 꿈 그 이상은 아니다.

그러나 이런 방향으로 나아가려는 노력들은 있다. 컴퓨터 제조에 에너지 및 원자재 소비 그리고 온실가스 배출 문제가 따르자 독일 연방환경청은 이를 위해 보증기간을 더 늘리고 제조를 모듈화할 것을 요구하고 있다. 프로세서, 메모리 칩, 그래픽 카드를 간단히 교체할 수 있도록 하면 정기적으로 컴퓨터를 업그레이드할 수 있으며, 이렇게 함으로써 컴퓨터를 더 오랫동안 사용할 수 있을 것이다.

컴퓨터 전문지 〈c't〉의 크리스토프 윈데크 Christof Windeck는 독일의 라디오 방송인 '도이칠란트풍크 Deutschlandfunk'와의 인터뷰에서 이렇게 설명한다. 예컨대 '에너지 스타 Energy Star' 같은 인증마크가 개인용 컴퓨터를 사용하는 동안의 전력 소비에 대해서는 뭔가 정보를 주지만, 컴퓨터 한 대의 제조과정에 얼마만큼의 에너지가 들어갔는지에 대해서는 아무 정보도 제공해주지 못한다. "몇 배나 더 많습니다. (…) 그 에너지로 여러분은 컴퓨터 한 대를 6, 7년은 쓸 수 있습니다. 버리지 않고 말입니다."[1]

친환경 제품으로
갈아타는 소비자들　　　낡은 기기를 고수하는 것은 생태적 시각에서 볼 때 설령 새 기기가 에너지를 덜 소비한다 해도 더 나은 대안인 경우가 드물지 않다. 생태적 동기를 빌미로 내세우며 기기를 버리는 것 이면에는 심리적 노후화가 웅크리고 있는 경우가 드물지 않다. 이를 입증해주는 연구도 있다. 독일 연방환경청이 발주한 연구용역이 그것인데, 그 배경은 독일 연방정부가 연방정부 내에서의 정보통신 기술로 인한 에너지 소비를 40퍼센트 감축한다는 목표를 정한 데 있다. 조사 내용은 노트북 컴퓨터를 사례로 하여, 에너지 효율이 떨어지는 낡은 기기를 언제부터 교체하는 것이 생태적 관점에서 이익이 되는가 하는 점이다.

연구 결과는 명료했다. 신제품의 에너지 효율이 70퍼센트나 증가하는 경우에서조차도 신규 구매에 투입되는 자금은 12년 내지 13년 후에나 비로소 회수된다는 것이다. 보다 더 현실적인 에너지 효율성 증가율인 20퍼센트를 취한다면 이 기간은 심지어 40년 내지 44년까지 늘어난다. 이 연구가 결론부에서 권고한 내용은, 성급히 신규 제품을 구매할 게 아니라 "초점을 (…) 성능을 향상하고 보완할 수 있는 가능성, 모듈적 구성, 재활용에 적합한 조립구조, 대체 부품의 조달 가능성, 부품 표준화 및 최소 보증기간 같은 양상으로 확대하라"는 것이었다.[2]

이는 당국에만, 그리고 노트북과 관련해서만 해당되는 사항이 아니다. 연방환경청 '그린 아이티Green IT' 상담소의 의견 발표문에서 담당관은 새 기기를 구입하기에 앞서 정말 자신이 새 기기를 필요로 하는가, 아니면 어떤 유행을 따라가는 것이 아닌가를 늘 스스로에게 물어보라고 모든 소비자에게 권고한다.[3] 왜냐하면 제조업자는 신규 구매의 필요성을 고객들에게 설득시키기 위해 온갖 짓을 다 하기 때문이다. 연방환경청의 이 연구는, 우리가 고객으로서 에너지 절약형 신모델을 구입하기 위해 옛 기기를 폐기처분하는 것이 외견상 생태적으로 유의미하다는 논거를 내세울 때에도 의심의 눈길을 거두어서는 안 된다는 것을 보여준다.

이미 장만한 기기는 기본적으로 그것이 사용 가능할 때까지 오래도록 이용한다는 규칙은 거의 항상 적용된다. 모든 신규 기기는, 설령 그것이 생태적으로 옳을 수 있다 하더라도 에너지와 재료가 추가로 소비되어야 함을 의미한다. 그런 다음 신규 구매가 더 이상 불가피해진다면 '바흐 소사이어티Waag Society'라는 네덜란드의 공익법인이 제안한 아이디어 비슷한 것을 찾아 주변을 둘러보는 것이 유의미하다. 이 단체는 2013년 '공정 전화기Fair Phone'를 시장에 내놓고 싶어 했다. 이는 신제품 가격이 250~300유로 정도인 중상위 수준의 스마트폰으로, 윤리적으로 아무런 흠결 없이 생산된 제품이었다. 여기에는 '공정'한 원산지에서 가져온 원자재와 물질순환의 완결성이 포함된다. 이는 일반적으로 사회적 및 생태적으로 매우 의심스런 조건 하에서 획득되는 30종의 다양한 광물질과 금속을 필요로 하는 어떤 제품에 대해서는 매우 높은 수준의 목표로, 소규모 공급자는 이 규정에 걸려 쉽사리 실패할 수도 있다. 그럼에도 불구하고 어쩌면 절반만이라도 공정한 전화기가 존재하기만 해도 삼성, 노키아, 애플에게 비슷한 생각을 하게 하는 자극이 될지 모른다. 적어도, 충분하다고 할 정도의 다수 소비자가 이런 종류의 제품에 대해 관심을 보이기 시작한다면 말이다.

환경에 대해 결정적인 것은 언제나 개선되는 부품의 수가 가급적 적어야 한다는 것과 그렇게 함으로써 물질을 더 적게 소비를 하는 일이다. 이미 발생한 쓰레기와 연관되는 모든 규정이 일반적으로 극도로 다양한 여러 이익집단의 로비활동으로 인해 결과적으로는 타협안으로 약화되어버리며, 가나로의 불법 쓰레기 반출 또는 알랑에서의 불법 선박해체의 경우에서 볼 수 있듯 기존 규정을 회피하는 일이 간단한 만큼 이는 더더욱 중요하다.

노후화 연구가 마누엘 찰레스-라이버는 1990년대에만 해도 아직 낙관적으로, 자신이 확인한 생태적 노후화라는 원칙에는 쓰레기더미를 위한 구매에 대한 대안 하나를 제공하는 잠재력이 있다고 말했다. 이를 통해 문이 열린 더 나은 미래에의 전망, 예컨대 전자 폐기물 처리규정, 순환경제법, 생태균형, 회수보증 및 생태냉장고의 여명 등이 1996년경에는 손에 잡힐 것 같았다.

"미래에는 제품들이 환경에 적합하게 만들어졌을 때에만 시장에서 먹혀들 것이다. 그런 까닭에 오늘날 많은 기업들이 그 주도권을 쥐고서 해체 및 재활용 친화적인 새로운 조립기술로 통합적 순환경제에 대비하고 있다. 제조업자들은 제조하는 동안 에너지 소비 및 환경에 유해한 물질의 배출만 낮추는 게 아니다. 그들은 제품 사용 시에너지를 더 적게 쓰고, 유해물질을 덜 확산시키며, 사용기간이 지난 후에는 재활용이 가능한 제품을 개발하기도 한다."이를 구체적으로 옮기면 특히 다음을 말할 것이다.

"제조에 쓰이는 재료를 혼합되지 않은 소수의 순수한 소재로 국한하는 것과 더불어 특히 해체를 위해 새로운 조립 원칙이 도입된다. 조립 세트 시스템 및 더 나은 결합 및 접속 방식은 제품이 이용기간이 만료된 뒤에 경제적으로 해체되는 것을 보증해주어야 한다. (⋯) 기술적-기능적 시각에서 이런 방향에 부합하지 않으며 재사용이나 계속 사용으로 되돌아갈 수 없는 제품들은 생태적 노후화에 무릎을 꿇을 것이다."그런 기대를 마주하고 있다면, 찰레스-라이버의 말대로 소비자의 행동도 당연히 '환경보호 및 쓰레기 발생을 피하는 쪽으로 꾸준히' 움직이리라는 사실은 그리 놀랍지 않다.'

그중에서 무엇이 진실이 되었는가? 2008년 유럽연합은 매년 약 20억 톤에 달하는 쓰레기의 처리에 대한 지침을 수정했다. 여기에서는 쓰레기를 발생시키지 않는 것이 여전히 최선의 해법이며, 하치장 적치나 소각도 만족스런 해법이 되지 못한다는 태도를 고수하고 있다. 그러나 이 지침은 보완책으로 쓰레기에 포함된 가치 있는 자원을 재활용하는 형태의 쓰레기 활용과 그것을 생산제품의 순환에 다시 집어넣는 것에 중요한 역할을 부여하고 있다. 말하자면 '이를 위해 경제적으로 이익이 되고 생태적으로 받아들일 수 있는 절차가 존재하는 한'이라고 씌어 있는 것이다. 이 맥락에서 무엇이 '이익이 되는 것' 내지는 '받아들일 수 있는 것'으로 평가되어야 하는가 하는 물음에 대해서는 절대적인 답이 있을 수 없다. 필경 그 물음에 대한 판단은 향후 수년 내지 수십 년 뒤로 미루어질 것이다. 자원의 착취적 이용과 쓰레기라는 짐이 결국에 가서 유발하는 손해를 우리가 감지할 뿐 아니라 비용으로 환산할 수 있다면 말이다.

컴퓨터, 휴대전화기 같은 하이테크 쓰레기의 재활용

기준치를 너무 높게 잡지 않는다면, 경제적으로 수지가 맞음은 물론 생태적으로도 받아들여질 수 있는 조치들, 그것도 현재 가장 강력하게 성장하고 있으며 종류별로 분류하여 재활용하기가 가장 어려운 하이테크 쓰레기더미를 위한 조치들은 이미 존재한다.

전 세계를 통틀어 몇몇 소수의 기업들은 산더미처럼 쌓인 컴퓨터, 휴대전화기 및 부품 형태의 쓰레기들을 다시 쓸 수 있도록 아주 효율적으로 가공할 수 있다. 예컨대 함부르크에 있는 세계 최대의 구리 재활용업체 아우루비스Aurubis는 이 금속을 재활용함으로써 세계 3위의 구리 생산업체로 도약했다. 이런 형태로 금속을 다시 획득하는 방법은 심지어 '도시 광산Urban Mining'이라고 불릴 정도로 생산성이 높다. 또 실제로 금속을 얻기 위해 가공하는 폐기물의 양도 전통적 광산에서 캐내는 원광석의 양에 비해 더 적다. 전자 폐기물은 글자 그대로 노다지 광맥인 셈이다.

그러나 원자재 일부를 재활용할 뿐 아니라 책임의식을 갖고서 모든 기기를 다 보살피려 한다면, 재활용을 위한 가장 진보적인 혁신 아이디어들의 실현은 거대한 재활용업체 중 한 곳 또는 국가의 지원을 받는 개발 연구소에서가 아니라 퓌어트Fürth(독일의 공업도시)의 1인 고물상에서 발견할 수 있다.

30년 전 토마스 아다메크Thomas Adamec는 당시 자기 아버지가 운영하던 사업에 뛰어들었다. 하지만 이 향토 기업의 재활용 방식은 그의 장인 정신을 결국 만족시키지 못했다. 그래서 그는 약 15년 전 어떻게 하면 재활용을 최적화할 수 있을지에 대해 파고들었다. 생태적 고려 차원은 아니었고, 그저 뭔가를 만들더라도 가급적 훌륭히 만들려는 생각에서 그렇게 한 것이다. 모든 가능한 분류 기술을 이용한 몇 번의 실험 끝에, 또 엑스선 및 인덕션 기술, 분쇄기, 카메라를 이용하고 나중에는 약 1,000만 유로에 달하는 자본을 투입한 끝에 마침내 200여 개의 개별 기계로 구성된 설비가 완성되었다. 아다메크는 이것을 '합성소재 및 전자 폐기물 재활용 설비'라 부른다. 이 설비를 이용한 전기튀김기, 게임기, 음료자판기, 에어컨 따위의 재활용률은 95퍼센트에 달한다.[5]

"아다메크의 발명을 그렇게 특별하게 만들어주는 것이 무엇인지를 이해하기 위해서는 전자제품 쓰레기가 전통적으로 어떻게 취급되는지를 알아야만 합니다"라고 '미래 2 재단Stiftung Futurzwei'의 루이제 트레멜Luise Tremel은 말한다. '전통적'이라는 말은 소비자가 쓰지 않고 버린 전자제품이 지방 정부나 전자제품 제조업체에 의해 재활용 기업에 팔리는 것을 의미한다. 재활용업체는 버려진 기기들을 큰 덩어리로 분해한 다음 이들을 종종 수백 킬로미터 떨어진 곳에 있는 개별 부품 재활용업자에게 넘긴다. "고철 재활용업체는 철을, 구리 재활용업체는 구리를 분리해냅니다. 아직 분리되지 않은 다른 금속 및 플라스틱 종류는 그들에게는 쓰레기지요."[6] 이 말은 결국 재활용 대상 물질 중 높은 비율이 재활용업체가 아닌 쓰레기장으로 간다는 의미다.

이런 사실을 염두에 둔다면, 트레멜이 왜 아다메크가 직접 만든 설비로 달성한 95퍼센트의 재활용률을 "전설과도 같다"고 일컫는지 이해할 수 있다. 아다메크 자신은 오히려 겸손하게 아직 100퍼센트에 미달한 부분에 눈길을 주고는 수년 내에 재활용 비율을 99퍼센트로 끌어올리고 싶어한다. 이 같은 재주꾼이 있는데도 왜 독일은 완벽한 쓰레기 소각설비로 유명할까?

요람에서
요람까지

화학 및 화공학을 전공한 미하엘 브라운가르트 Michael Braungart 는 쓰레기 소각에 대한 원칙을 다른 방향으로 계속 끌고 가며 숙고했다. 그는 쓰레기를 줄이려는 목적으로 소비에 더 소극적 태도를 취한다면 어차피 문제는 해결되지 않을 것이라고 생각한다. 여러 특정 조건 하에서는 성장지향적 사고나 이미 좋아하고 익숙해진 주기적 유행변화를 포기할 필요가 없다고 그는 말한다. 브라운가르트의 주장에 따르면 '생태적 노후화', 환경 측면에서의 개선이 이루어진 신제품의 정기적인 신규 구매 및 이에 결부된 낭비는 쓰레기를 아주 피하자고 애쓰는 과정에서 심지어 동맹군이 될 수 있다는 것이다. 불합리하게 들리는가? 그린피스Green Peace의 화학 부서 책임자를 지낸 그에게는 이 말이 그렇게 들리지 않는다. "환경보호에 대해 입만 뗐다 하면 우리는 언제나 절약, 없이 살기, 만들어내지 않기, 줄이기, 쓰레기 제로, 덜 유해한 것 등을 입에 올립니다. 그 순간 우리는 오히려 봄철의 자연을 바라보아야만 할 것입니다. 예를 들면 벚나무 같은 것을 말이죠. 거기에는 절약도, 없이 살기도, 줄이기도 없습니다."

자연은 산업과 마찬가지로 넘치도록 생산한다. 하지만 결정적인 차이가 있다. 시드는 꽃, 잎 등 모든 유기물은 전혀 쓰레기가 아니라는 점이다. 그것들은 다른 유기물을 먹여 살린다. 그러면서 끊임없이 순환한다. 브라운가르트는 이 점을 자기 견해의 출발점으로 삼아 전개하는 것이다. "자연은 쓰레기라는 말 자체를 모릅니다. 자연은 오로지 자양분일 뿐입니다. 벚나무에다 대고 이제 꽃이 충분하다고 말하는 사람은 아무도 없습니다."

언젠가 브라운가르트는 유해물질과 환경에 주는 부담에 대해서만 반대하여 저항하던 일을 멈추고 적극적으로 그 해법을 개발하기로 결심했고, 그때부터 그의 발상은 구체적 면모를 갖추게 되었다. 이를 위해 그는 1987년 환경보호 장려기구Environmental Protection

Encouragement Agency, EPEA, 즉 오늘날 민간기업인 'EPEA 국제 환경연구소 EPEA Internationale Umweltforschung GmbH'를 설립했다. 그 중심에 있었던 것은 처음부터 소비재를 자연의 모범에 따라 완전히 순환 가능하도록 만들어낸다는 시도였다. 제조업은 자연의 재활용 사이클을 모방할 수 있어야 한다는 것이었다. 멋진 생각이다. 하지만 그 생각이 현실적으로 가능할 수 있겠는가? 그 점을 확인하기 위해 브라운가르트는 구체적인 과제 하나를 모색했다. 한 스위스 직물업체의 생산과정을 혁신하는 것이었다.

그때까지만 해도 그 공장은 당연하다는 듯 수백 종의 유해색소와 화학물질을 사용했다. 브라운가르트는 "그런 천으로 소파나 의자를 덮어씌운다면 잘려나간 자투리 천조각들은 너무 유독하므로 특수 폐기물로 처리되어야만 합니다"라고 설명하며, 동시에 자신의 해법을 위해 절대로 가서는 안 될 길이 무엇인지에 대해 이렇게 말한다. "유럽에서는 이런 특수 폐기물을 스위스에서 스페인 빌바오의 특수 폐기물 소각장으로 보내버리면 그것이 환경보호라고 생각합니다. 하지만 원자재를 가능한 한 효과적으로 파괴함으로써 환경보호가 이루어진다고 여긴다면 그건 미친 짓입니다."

브라운가르트가 볼 때 전 세계에 쓰레기 폐기 기술을 확산하고, 그렇게 함으로써 점점 더 많은 물질을 되돌릴 수 없도록 파괴하는 것은 아무런 의미가 없다. 다른 한편으로 오늘날의 쓰레기 소각설비는 종종 처리용량을 초과하고 있다. 경제적 이유로 인해 그 설비들을 과잉 가동하려 하는 것이다. 그러므로 관심이 쓰레기를 재활용하는 데 있는 것이 아니라 그것을 소각하는 데 있는 것이다. "쓰레기는 종이와 플라스틱이 그 속에 들어 있을 때에만 탑니다"라고 브라운가르트는 말한다.

다시 한 번 그가 하는 말을 옮겨 적자면, 쓰레기 소각설비 운영자들은 종이와 플라스틱이 더 이상 순환체계로 들어가지 않도록 하는데 지대한 관심을 갖고 있다는 것이다. 그렇지 않으면 난방유를 소각설비에 계속 되풀이하여 공급해주어야만 하기 때문이다. "그러면 예컨대 독일은 상하이에 1억 7,400만 유로를 받고 전혀 타지 않는 쓰레기를 태우는 쓰레기 소각설비를 하나 주는 것입니다. 말하자면, 이 소각설비가 쓰레기를 태우기 위해 이제 매일 최대 90톤에 날하는 난방유를 먹어치워야 한다는 것이죠"라고 브라운가르트는 계산해낸다.

그런 불합리한 점을 보고난 뒤 그가 스위스의 직물업체 측에 '열에 의한 재처리'라고도 불리는 의사^{疑似} 생태적 소각 방법과는 다른 길을 제안한 것은 당연한 일이었다. 신소재를 생산하기 위해 그와 그의 팀은 사용 물질을 모두 생물학적으로 분해가 가능한 36가지로 줄였다. 이 화학자는 자신의 구상이 섬유 산업에서만이 아니라 모든 제조업에 적용될 수 있다고 확신한다.

"우리는 생물학적으로 또는 기술적으로 쓸모가 있도록 모든 것을 다시 한 번 새로 발명할 수 있습니다. 쓰레기 사회가 하나 있다면 수명이 짧은 모든 제품들은 당연히 쓰레기 문제가 됩니다. 그러나 자양

물질을 생산해내는 사회가 있다면 수명이 짧은 모든 제품들은 다시 뭔가 새로운 것을 만들어내는 가능성이 됩니다."

브라운가르트는 윌리엄 맥도너William McDonough와 함께 개발한 자신의 구상을 '요람에서 요람까지Cradle to Cradle'라고 부른다. '요람에서 무덤까지'라는 말에 빗대어 '생산에서 쓰레기장까지'라고 말할 수 있을 널리 알려진 원칙과는 반대가 되는 것이다.[7] '요람에서 요람까지'라는 디자인 콘셉트에서 생산품은 그 구성성분을 퇴비화하거나 먹을 수 있기 때문에 바이오 분야에 유용하거나, 따로 걸러내지 않고도 별 어려움 없이 소각될 수 있다. 아니면 기술 분야에서 유용하다. 그러면 그 재료들은 원칙적으로 무한 재활용될 수 있는 성질을 지녀야 한다. 그런 재료들이 절대로 되어서는 안 되는 것이 단 하나 있으니, 바로 진짜 쓰레기다. 유독할 뿐 그 어디에도 쓸 수 없는 쓰레기 말이다.

예를 하나 들어보자. 세탁기를 만드는 데에는 보통 250종에 달하는 다양한 종류의 플라스틱이 사용된다. 이런 상황에서는 쓰레기 문제가 발생하는 것은 정해진 수순이다. "우리가 새로 만든 세탁기는 다섯 가지 플라스틱만 사용합니다. 그리고 이 플라스틱 종류들은 횟수에 상관없이 다시 순환과정에 투입될 수 있는 성질을 갖고 있습니다"라고 브라운가르트는 다른 답을 내놓는다. 추가적으로 발생하는 쓰레기가 전혀 없다는 것이다! 소비재 생산과 관련하여 쓰레기를 떠올리는 것이 전혀 정상적이지 않아서 '쓰레기 방지'라는 생각을 더 이상 할 필요조차 없는 상태라면 브라운가르트의 목표는 달성된 것이나 마찬가지다.

바로 텔레비전 수상기 같은 하이테크 기기들은 제품 생산과정을 새로 꾸릴 수 있는 잠재력을 그에게 제공한다. 종래의 텔레비전에서 브라운가르트는 4,360종의 화학물질을 확인했다. 그는 왜 "텔레비전을 갖고 싶은 데 특수 폐기물 소유자가 되어야 하는가" 하고 묻는다. '요람에서 요람까지'라는 이상적인 세계에서는 텔레비전이 아이들도 쉽게 또 유독성 증기를 흡입하지 않고도 분해할 수 있도록 만들어질 것이며, 텔레비전을 이루는 다양한 재료들은 아무 문제없이 다시 각각의 순환체계 속으로 투입될 수 있을 것이다. 헤어드라이어 역시 처분하려면 그냥 벽에다 대고 내동댕이칠 수 있어야만 한다. 그러면 내장된 선결파열점이 레고로 조립한 물건처럼 떨어져 나가 분해되고, 이어서 그 조각들은 쉽게 분리되어 재활용될 수 있는 것이다.

이것이 불가능한 제품과 재료들은 '에어버스 A 380용 시트커버' 같은 성질을 지녀야만 한다. 거기에 투입된 커버의 재질은 최초의 요람에서 요람까지 제품으로, 클리마텍스 라이프사이클^{Climatex Lifecycle}이라 불리는 섬유를 바탕으로 하여 브라운가르트가 개발한 것이다. 이 소재는 퇴비화가 가능하며, 심지어 실내공기도 개선해준다고 한다. 또한 브라운가르트는 얼린 상태에서는 비닐이지만 실온에서는 액체로 변하는 아이스크림 포장재도 구상했다. "저는 이 포장지를 마드리드 한복판에서 내버릴 수 있습니다. 그러면 포장지는 2시간도 채 못되어 분해되어버립니다. 또 이 재질에는 희소 식물의 씨앗이 담겨 있어서, 저는 이것을 버림으로써 종 다양성에 기여할 수도 있습니다. 말하자면, 버찌를 따먹기만 하는 게 아니라 포장지를 버림으로써 동시에 씨앗을 퍼뜨리는 새처럼 유용한 일을 제가 하는 것이죠."

정말 동화 같은 이야기다. 그리고 무엇보다도 현재 우리가 환경에 대해 행하고 있는 비창의적인 처리방식처럼 그렇게 기운 빠지게 하지 않는다. "우리의 제품 제작방식은 너무도 원시적이어서 끊임없이 쓰레기를 생산해냅니다. 이런 방식으로는 전 지구가 조만간 거대한 쓰레기장이 됩니다. 이로써 우리는 모든 원자재를 잃어버리며, 우리가 지구의 골칫거리가 됩니다. 그러면 우리가 존재하지 않는 편이 더 좋지요."

환경에 대한 우리의 관계를 보여주는 이런 모습이 어떻게 뒤집힐지를 브라운가르트는 개미의 사례를 통해 명쾌하게 설명한다. 모든 인간 전체와 비교할 때 지구의 모든 개미 전체는 그 유기물 총량 및 그들의 칼로리 소비 면에서 대략 인간 300억 명에 해당한다. 그럼에도 불구하고 아무도 개미의 심각한 개체과잉 문제를 말하지 않는다. 이런 시각에서 본다면 양이 반드시 문제인 것은 아닌 듯하다. 우리의 삶과 나란히 가는 '쓰레기 생산품'에서 자연과 다른 생명체에 이익을 줄 수 있는 긍정적 배출물을 만드는 데 혹 성공하기라도 한다면, 우리는 스스로를 제한할 필요가 전혀 없을 것이라고 미하엘 브라운가르트는 말한다.

올바른 방식으로
생산된 제품

'적극적인 쓰고 내다버리기'라는 아이디어로 인해 불이 붙은 브라운가르트는 쓰레기를 만드는 구매를 반대하는 사람이다. 하지만 노후화를 철두철미 옹호하는 사람이다. 그는 성장과 혁신은 불가피하며, 다만 제조업자가 올바른 방식으로 만들어야 한다고 여긴다. 낭비와 교체가 쓰레기 생산과 나란히 가지만 않는다면, 그 낭비와 교체를 변화의 힘이라고 반겨서 안 될 이유가 어디 있단 말인가? 재료가 제대로 된 제품이라면 우리는 원하는 만큼 버려도 될 것이다. 그렇게 함으로써 다시 그 소재가 완전히 재활용되어 순환체계 내로 되돌아갈 것이기 때문이라고 브라운가르트는 말한다. 그러면 우리의 낭비를 통해 생겨나는 것은 생물학적 또는 기술적 순환체계를 위한 더 많은 '자양분'일 뿐이다.

그가 말하는 참된 재활용의 중요한 전제조건은 아마도 우리의 생활 스타일이 만들어내는 물리적 부산물이 토양을 오염시키거나 다른 이에게 손상을 가하는 곳에 다다르는 게 아니라, 실제로 그리고 가능한 한 완전히 그런 것이 의미 있게 공급될 수 있는 바로 그곳에 다다르는 일일 것이다. 이를 위해서는 브라운가르트가 말한 대로 제조업자와 고객 간의 관계에서 시작해야만 할 것이다. 즉 제조업자는 자신을 더 이상 물건을 판매하는 이가 아니라 서비스 또는 이용기간을 마련해주는 사람으로 이해하는 것이다. 예를 들면 운동화라는 물건이 아니라 운동화를 이용할 수 있는 기간을 2년 동안 제공하는 것이다. 아니면 세탁기라는 기기를 판매하는 것이 아니라 세탁기를 3,000번 이용할 수 있는 서비스를 제공하는 것이다. "그러면 고객은 자신이 받는 것이 무엇인지를 정확히 알 것입니다. 세탁 한 번 할 때마다 돈을 내는 것이죠." 그리고 계약기간 동안 모든 것이 잘 작동한다거나 추가 부담 없이 수리가 가능하다는 생각을 할 수 있을 것이다.

이와 비슷한 모델을 브라운가르트는 네덜란드의 한 카펫 거래상과 함께 실현했다. 이런 의미에서 그는 카펫을 판매하는 게 아니라 사전에 3년, 5년 또는 7년 등의 이용기간이 정해진 일종의 바닥포장 보험을 판매하는 것이며, 그 이용기간이 경과하면 두 성분으로 이루어진 그 제품은 다시 그다음 제품의 생산에 공급된다. 카펫 윗면은 퇴비장으로 들어가고, 아랫면은 새 카펫의 밑바탕이 되는 것이다.

결과적으로 고객이 돈을 내고 반대급부로 받는 것은, 그가 대상 자체가 아니라 '이용권'만을 취득할 때와 전혀 다르지 않을 것이다. 왜냐하면 앞 장에서도 기술했다시피, 오늘날 수많은 제품들은 어차피 결과적으로는 일정한 사용기간이 지나면 본연의 서비스를 하지 못하도록 디자인되어 있기 때문이다. 다만, 소비자가 그 기쁨의 지속기간이 제한되어 있음을 애당초부터 알고 있다면 그는 더 만족스러울 따름이다. 소비자로서는 뒤통수를 한 대 맞는 느낌이 들지 않을 것이다. 2년 뒤면 고장 나는 물건을 '평생을 위한' 장만으로 생각하는 일 따위는 없을 테니 말이다.

그러나 본질적 차이는, 생산품이 더 이상 작동하지 않을 경우 그 것을 가장 가까운 쓰레기 하치장이 아니라 제조업자에게 되돌려 보 낼 수 있다는 데 있을 것이다. 그리고 고객은 제조업자에게서 그 물 건에 대한 일종의 보증금을 되돌려 받을 것이다.

이런 이유로 제조업자는 더 나은 재료를 사용하게 된다. 결국 이 재료가 자기 회사로 되돌아와서 다시 기술 순환체계 내로 투입될 것 이니 말이다. 값은 더 저렴할지 모르지만 유독한 물질은 전혀 사용하 지 않는 것이 오히려 이익이 되는 셈이다. 재료를 고를 때에는 제품 의 다음 '삶'을 함께 고려하여 결정한다. 이렇게 하여 브라운가르트 의 팀은 거대한 화학업체 한 곳과 함께 화학물질을 하나 개발했다. 플라스틱의 분자사슬 길이를 조절할 수 있는 물질이다. 이 물질을 사 용하면 플라스틱을 녹여 재활용할 때 품질이 그대로 유지되도록 할 수 있다.

브라운가르트의 '요람에서 요람까지'라는 비전은 흥미롭게 받아 들여진다. 하지만 그의 비전이 진정한 탈출구를 제공하는지는 아직 회의적으로 보인다.

또 우리가 계속 부지런히 소비하려 한다면, 요람에서 요람까지라 는 원칙으로 일관되게 전환한다 하더라도 아직 해결되어야 할 사소 한 일 하나가 있지 않나 싶다. 즉 에너지원을 바꾸어야 할 것이며, 화 석 연료를 버리고 실질적으로 고갈되지 않는 에너지원인 태양으로 일관되게 갈아타야 할 것이다. 왜냐하면 유기물과는 반대로 플라스틱은 일반적으로 저절로 분해되지 않거나 수백 년이라는 시간적 과정 속에서 분해되기 때문이다.

일반적으로 플라스틱이 그렇게 분해되려면 대개는 열의 형태를 취하는 외부의 작용을 필요로 한다. 기후에 영향을 주지 않는 에너지를 생산하는 일은 자원을 기후 중립적으로 '낭비'하기 위한 전제조건이다. 예를 들면 태양전지를 생산하려면 어마어마한 양의 게르마늄과 갈륨이 필요하며, 풍력발전기 회전부 내의 영구자석을 만들기 위해서는 상당한 양의 희토류, 즉 네오디뮴 같은 물질이 있어야 한다. 사실 이 희토류는 전혀 희소하지 않다. 다만, 소수의 대량 매장지에서 출토되는 희토류를 얻는 데에는 많은 비용이 드는 분리과정이 필요하다. 이 희토류가 어떻게 하면 환경 중립적으로 또는 심지어 '자양분을 제공하면서' 채굴될 수 있을지에 대한 제안은 아직까지 없다. 따라서 브라운가르트의 비전은 아름답게 들리기는 하지만, 태양에너지와 기계동력 간의 짝짓기가 식물계의 광합성처럼 아무런 잔여문제 없이 성공하지 않는 한, 하나의 화려한 미래의 꿈으로 남을 것이다.

브라운가르트의 구상이 현실에서 실현되는 것을 들여다보면 이 가능성이 아직은 얼마나 제한적인지가 드러난다. 그는 기업을 하나 설립했다. 생산된 제품을 C2C Cradle to Cradle 원칙에 의거하여 인증해주는 회사로, 그 이름은 '크래들 투 크래들 프로덕트 이노베이션 인스티튜드 Cradle to Cradle Products Innovation Institute'다.

C2C 레이블로 인증되는 필립스 텔레비전은, 제조업체의 말에 따

르면 할로겐이 전혀 들어 있지 않다. 말하자면 방염 가공을 위해 할로겐이 첨가된 전선 피복은 분해될 때 유독성 증기를 방출하는데 필립스 텔레비전 제품의 전선 피복에는 할로겐이 전혀 함유되어 있지 않다는 것이다. 또 텔레비전에는 재활용된 알루미늄이 60퍼센트까지 들어 있다고 한다. 많은 에너지를 소비하면서 생산되는 이 금속의 40퍼센트는 아직도 전통적 방식으로 생산되며, 해체할 때 문제가 없도록 조립되어야 한다는 요구사항은 부분적으로만 지켜지고 있다. 어쨌든 리모컨은 태양에너지로 구동된다.[8] 이 모든 것은 확실히 올바른 방향으로 가는 단계라고 볼 수 있다. 하지만 우리의 쓰레기가 손가락 한 번 까닥하는 것으로, 이른바 새로운 멋진 물건들을 위한 대지의 흙으로 변환되는 세상을 전망하는 것은 아직 한참 멀었다.

친환경적이라는 말에
숨겨진 기업의 전략

일반적으로 '에코 인증마크' 부착이라는 주제의 경우에 조심하는 것은 잘못된 일이 아니다. 소비자들이 환경에 대해 더 많이 의식할수록 생태적 양상을 강조하는 이면에는 순전히 이익 지향적 노후화 전략이 숨어 있다. 재활용에 낙관적 태도를 보이는 찰레스-라이버조차도 이런 점에 대해 이미 1990년대에 경고를 보냈다. "생산제품의 생태적 품질은 그 물건에 대한 추가적 유용성, 감정적 풍요로만 간주되어서는 안 된다. (…) 매체의 이목을 끄는 활동, 많은 돈을 들이는 광고, 또는 '짐 네이처^{Jim Nature}(필립 스탁^{Philippe Starck}이 프랑스 톰슨그룹의 전자업체 SABA를 위해 1994년 디자인한 텔레비전으로, 목재 칩을 압착해 케이스를 제작했다. - 옮긴이)' 텔레비전이나 '에코 뱀파이어^{Öko-Vampyr}(흡혈귀처럼 먼지를 빨아들인다는 느낌을 주는 AEG의 진공청소기 이름 - 옮긴이)' 진공청소기처럼 판매에 영향을 미치는 제품이름의 창조는 제품의 심리적 노후화에만 이용될 뿐이다. 이는 생태적으로 낡은 제품을 소유하고 있으며, 이것을 '친환경적인 제품'으로 바꾸어야 한다는 감정을 소비자들에게서 유발시킬 뿐이다."[9]

기본 문제는, 생태적 해법을 모색할 때에도 성장의 필요성은 꿋꿋하게 고수된다는 점이다. 거대 자동차 제조업체와 지속가능성에 대해 이야기를 나누다보면 '노후화 만들지 않기'라는 당초의 질문은 거의 불가피하게 다른 토론 주제로 미뤄지고 만다. 예컨대 "어떻게 그 수많은 컨베이어벨트가 힘에 부치도록 가동되고, 그 수많은 일자리들이 유지된단 말인가?" 같은 주제로 말이다. 또 배기가스 수치, 구동 체계의 지속적인 발전 및 신규 구매수요의 창출에 대해 실랑이가 벌어지는 것이다.

그렇게 하여 사람들은 다시 신속하게 어떤 한 가지 현상, 그러니까 오스트리아의 경제학자 요제프 슘페터^{Joseph Schumpeter}가 한때 '창조적 파괴'라는 정말 완곡어법적인 개념으로 표현한, 다음과 같은 모형에 따른 반응으로 이동해간다. 즉 만일 기존의 골프^{Golf}(폴크스바겐의 대표적 소형차) 세대가 시장에서 축출되고(시쳇말로 고철덩어리가 되고), 신차는 12개월 뒤 더 개선된 바이오 디젤 모델로 대체된다면 나는 기꺼이 3리터 골프(연료 3리터로 100킬로를 달릴 수 있는 차량)를 도입하겠다는 식의 모형이다. 거대 구조들은 모든 문제에 동일한 전략으로 맞대응하는 경향을 보인다. 즉 변화는 가능한 한 최소화하고, 최소의 변화로 최대의 생산증대를 이루는 것이다. 기술혁신 제품은 기껏해야 이동성 문제나 환경 문제 해법에 곁다리로만 쓰인다. 본질적으로 중요한 것은 매출 문제를 해결하는 일이다.

그린피스의 농업 전문가 마르틴 호프슈테터Martin Hofstetter는 이른바 바이오연료가 그 좋은 사례라고 본다. 바이오연료 건은 정치적 무능력을 보여주는 이야기다. "정치는 자동차 산업 및 농업이 요구한 바를 해결해주었다." 즉 농부들에게는 새로운 시장을 열어주었으며, 자동차 산업계에는 연료를 더 적게 쓰는 자동차를 공급하지 않고도 자기네 차량들이 배출하는 온실가스를 더 줄일 수 있는 기회를 준 것이다.[10] 친환경적이라며 바이오연료라고 팔리는 것은 포장만 그럴 듯한 물건이다. 이 바이오연료의 생산은 독일에서는 옥수수 단일경작의 점진적 증가로, 또 다른 대륙에서는 원시림 개간의 지속적 확대로 이어짐으로써 전체적으로 식료품 가격의 상승을 야기한다. 연료용 식물의 재배가 식용작물 재배보다 더 많은 이익을 가져다주기 때문이다. 따라서 이 사실은 이런 형태의 생태적 개조가 이른바 '그린워싱 Greenwashing(겉으로는 녹색경영, 즉 친환경적인 이미지를 내세우며 홍보하지만 실제로는 친환경경영과 거리가 있는 것을 말한다)'이라 불리는 속성을 갖고 있음을 탁월하게 보여준다.

생태 인증마크는 그린워싱이 효과를 낼 수 있는 이상적인 환경을 제공한다. '녹색' 인증을 받은 제조업체 목록에 눈길을 한 번만 주면 된다. 환경 문제에 아주 적극적으로 대응하는 점에서는 그다지 잘 알려지지 않은 알루미늄 제련업체 알코아^{Alcoa}로서는 C2C 인증을 받은 제품의 재료목록에 두어 번 이름을 올리는 것이 정말 멋진 일이다.

또 '재활용'이라는 키워드도 제조업계는 그저 장식용 꽃인 양 종종 스스로 제 옷깃에 꽂기도 한다. 그들이 그렇게 하는 이유가 항상 지속가능한 경제로의 전환에 대한 진지한 추구에 있는 것은 아니다. 그것은 오히려 정신없을 만큼 재미난 쇼핑을 환경적 양심으로 인해 망쳐버리는 고객 집단 중에서도 더 비판적인 일부를 희망이 없다고

포기할 필요는 없다는 인식이다. 제조업체는 그들에게 거래를 제안하는 것으로 충분하다. 구애를 하는 기업은 석고대죄하며 참회하고는 비판적 고객에게 문제의식 및 흠결 없는 재활용 계획을 그럴싸하게 읊어대는 것이다(구애할 때는 좀 은근하게 하는 것이 가장 좋다. 그래야 무비판적인 주고객층을 불필요하게 놀래는 일이 없다). 그러면 마음이 누그러진 비판적 고객들은 대형 마트에 가서 물건을 사는 편리성을 계속 이용할 수 있다.

그런 일이 어떻게 일어나는지는 독일의 4대 이동통신업체의 인터넷 사이트 화면을 보면 잘 파악할 수 있다. 티-모바일T-Mobile, 보다폰Vodafone, 텔레포니카Telefonica=O2 및 에-플루스E-Plus의 웹사이트에서 휴대전화기를 당장 사라고 유혹하는 광고들을 슬쩍 훑어본 다음 조금만 뒤져보면 네 개 업체 모두 자사가 독일연방 교육과학부 주관의 '원자재 탐사대'라 불리는 캠페인의 파트너라고 내걸고 있음을 발견하게 될 것이다. 이 캠페인은 '2012 과학의 해Wissenschaftsjahr 2012'라는 프로그램의 일환으로, '미래의 프로젝트 지구Zukunftsprojekt Erde'라는 표어를 내걸고는 '지속가능한 발전의 목표, 도전 및 행동영역에 대한 사회적 논의'에 박차를 가하려 한다. 거기서는 세부적으로 환경자원의 약탈과 아동 노동이라는 주제들이 다뤄지는데, 고객이 휴대전화기를 구입함으로써 이를 지원한다는 것이다.

이 캠페인의 웹사이트는 그것을 위한 세 가지 해결 단서를 소개한다. 첫 번째는 '효율성 전략'이다. 이는 원자재 소비를 줄이기 위해 작업공정을 기술적으로 최적화하는 것을 목표로 한다. 두 번째는 '일관성 전략'이다. 이는 소재 및 에너지의 흐름을 생태계의 재생능력에 맞추려는 것으로, 바로 '요람에서 요람까지'를 슬로건으로 하고 있다. 마지막으로 세 번째는 '충분성 전략'이다. 이는 소비 거부, 그리고 소유가 아닌 이용에 목표를 두고 있다. 이 세 가지 전략 모두가 하나로 조합될 때에만 하이테크 제품에 뒤따르는 생태 배낭이 더 가벼워질 수 있음이 분명해진다. '원자재 탐사대'는 분명하며 이해하기 쉽고 초중등학교용으로 적절한 수업교재를 제공한다. 이들이 자극을 주는 방향은 간명하다. 신형 전자장난감을 하나 더 장만할 때는 정말 그래야 하는지 세 번 숙고하라는 것이다.[11]

이제 파트너로 참여하고 있는 이동통신업체들은 이 공동 캠페인에서 어떤 결과를 도출하는가? 그들의 숙고가 어떤 방향으로 가는지를 잘 보여주는 사례는 티-모바일이 자사 고객들에게 낡은 기기 처리를 위해 행하는 세일 행사다. "고객 여러분이 갖고 있는 구형 휴대전화기에 대해 최대 200유로에 해당하는 텔레콤 매장 상품권(예를 들면 소니 에릭슨 X10 엑스페리아)을 드립니다."[12] 이 메시지는 명쾌하다. 구형 휴대전화기가 더 빨리 재활용되고 더 잘 작동되는 새것일수록, 그럼에도 불구하고 기어이 폐기처분한다면 더 많은 보상을 받는다는 것이다. 점점 더 빠르게 이어지는 노후화의 고리에 제동을 걸자고 아주 분명하게 요구하는 '원자재 탐사대'의 결과에 대한 흥미로운 해석이다.

그럼에도 불구하고 많은 사람들은 생태적 이성의 승리에 대한 믿음을 깨뜨리지 않는다. 노후화를 엄히 비판하고 있는 자일스 슬레이드까지도 이에 찬성한다는 고백을 할 준비가 되어 있다. "저는 앞으로 몇 년 뒤면 온갖 종류의 쓰레기와 관련된 감당할 수 없을 정도의 문제로 인해 미국 제조업체들이 자신의 쓰고 내다버리는 방식의 정신 상태에 기초한 제조 관행을 바꾸지 않을 수 없으리라고 봅니다. 노후화의 황금시대는 (…) 무소의 길을 갈 것입니다. 그 시대가 지나간 자리에 들어서는 것이 무엇이든, 그것은 정보에 접한 고객들 및 책임감 있는 기업들의 공동의 노력에 기초할 것입니다. 그 기업들은 자기네 고객들의 이익을 위해 진짜 녹색 디자인을 제공하는 것이 어떤 이익이 있는지를 파악할 것입니다."[13]

　　신념과 희망은 멋지다. 하지만 그런 희망이 머지않아 실현되기에 앞서, 함부르크의 애플 매장 앞에서 2,500명의 소비자가 신형 아이폰을 사려고 장사진을 치는 게 아니라 폭스콘에서의 더 나은 노동 및 환경조건을 위해, 또 자신의 구형 기기의 깨끗한 재활용을 위해 시위하려고 모여드는 날이 필경 선행되어야만 할 것이다.

1   Michael Voregger, "Warten auf den umweltfreundlichen Computer. Hersteller verschieben Umstieg auf grüne Informationstechnologie", *Deutschlandfunk*, 2013년 1월 2일자, www. dradio.de/dlf/sendungen/umwelt/1965196 참조.

2   Siddharth Prakash, Ran Liu, Karsten Schischke, Lutz Stobbe, "Zeitlich optimierter Ersatz eines Notebooks unter ökologischen Gesichtspunkten", *Umweltforschungsplan des Bundesministeriums für Umwelt, Naturschutz und Reaktorsicherheit*, 44/2012, www. umweltdaten.de/publikationen/fpdf-l/4316.pdf 참조.

3   Svenja Bergt, "Neue Notebooks. Schick, sparsam, aber nicht öko", in: *die tageszeitung*, 2012년 10월 22일자, www.taz.de/Neue-Notebooks/!103985 참조.

4   Zalles-Reiber, *Produktveralterung und Industriedesign*, München 1996, 133쪽 이하.

5   www.adamec.de/service/elektronikschrottrecyclinganlage.html/?showall=1 참조.

6   www.futurzwei.org/#113-adamec-recycling 참조.

7   Michael Braungart, William McDonough, *Einfach intelligent produzieren. Cradle to cradle: Die Natur zeigt, wie wir die Dinge besser machen können*, Berlin 2005 참조.

8   http://epea-hamburg.org/index.php?id=268 참조.

9   Zalles-Reiber, *Produktveralterung*, 같은 곳, 140쪽 이하.

10 인용은 Heike Holdinghausen, "Ernte Tank", in: *die tageszeitung*, 2012년 8월 21일자에 따름.

11 "Rohstoffe und der Lebenszyklus eines Handys", www.die-rohstoff-expedition.de/die-rohstoff-expedition/lebenszyklus-eines-handys.html 참조.

12 www.t-mobile.de/handys-und-datengeraete/0,23914,24796-_00.html 참조.

13 Giles Slade, *Made to Break. Technology and Obsolescence in America*, Cambridge Mass. 2006, 281쪽.

10장

경제성장과
환경,
두 마리 토끼를
잡는다

성장은 필요하다. 우리에게는 성장이 절실하다.

우리는 자동차, 평면 텔레비전, 스마트폰, 아름다운 옷을 갖고 싶어하고, 여행에서 기쁨을 누리고 싶어한다. 그리고 그 대가로 돈을 지출한다. 그러려면 일단 돈을 벌어야만 한다. 중국, 인도, 베트남의 공장에서 우리가 입을 청바지와 하이테크 기기를 제조하는 사람들 역시 자동차를 원하고, 해외 여행을 하고 싶어하고, 스마트폰을 가지려 한다. 그러려면 그들이 만드는 물건을 우리가 구매해야 한다. 점점 더 많은 사람이 원하는 것을 다 가지려 한다면 우리는 성장해야 한다. 그리고 버려야 한다.

그러나 우리가 새 텔레비전을 구매하지 않는다면 텔레비전은 점점 더 팔리지 않게 되고, 경제 시스템은 무너진다. 그건 우리가 감당할 수 없다. 2002년 조지 W. 부시 미국 대통령은 어느 연설에서 지구 온난화에 대한 입장을 다음과 같이 밝혔다. "성장은 문제가 아니라 해법입니다. 왜냐하면 성장이 환경보호의 진보로 나아가는 열쇠며 청정기술의 투자를 위한 필요 자원을 마련해주기 때문입니다."[1]

부시 대통령의 연설은 기본적으로 모든 선진국의 태도를 대변했다. 우리는 많은 것을 생각할 수 있지만 그것을 구체적으로 실현하는 과정에서는 생각했던 것과 달라질 수 있다. 그러나 성장은 기본 전제로 그대로 남는다. 현재 지배하는 견해에 따르면 그 어떤 방법도 성장을 비켜나가지는 못한다. 어쩌면 점점 더 많은 자원을 사용하지 않고도 성장이 생겨날지 모른다. 혹은 경제학에서 말하는 가치창출, 즉 경제성장은 자연의 사용과 오염 배출이라는 짐으로부터 분리될 수도 있을 것이다. 이 말은 우리가 더 많은 물건을 생산하면서도 원자재와 에너지는 더 적게 쓰고 쓰레기도 더 적게 만들어낸다는 것을 의미한다. 멋지게 들린다. 문제는 다만, 그게 가능할까 하는 것이다.

녹색경제
시대의 개막

세계 최대 규모의 회계 및 컨설팅 기업 중 하나인 KPMG가 2011년 발행한 연구에 따르면 주로 유럽, 북미, 아시아 지역의 378개 대기업 및 중견기업의 경영진들 중 5퍼센트만이 지속가능성 전략에 대해 아직 아무런 생각을 하고 있지 않았다고 한다.[2] 독일의 경제 주간지 〈비르츠샤프트보케Wirtschaftswoche〉는 이런 결과를 '녹색경제 시대의 개막', 즉 점차 모든 제조업자들이 동참하게 될 하나의 새로운 '대중운동'이 시작되는 것이라며 환영하고 있다.

이미 수많은 사람들이 그 일을 시작했다. 예컨대 기술 선도업체인 지멘스Siemens는 철강 용융 과정에서 발생하는 배출가스를 발전에 이용하고 있으며, 그렇게 함으로써 이산화탄소 배출량을 연간 3만 톤 감축하고 있다. 일본의 열펌프 제조업체 다이킨Daikin은 자사의 벨기에 공장에서 조립기술을 바꿈으로써 에너지 소비를 90퍼센트나 줄이고 있다. 베엠베BMW가 연간 생산하는 160만 대가 넘는 자동차는 곧 '녹색 전기'로 생산된다고 한다.[3]

녹색성장, 환경 공존적 성장, 지속가능한 성장 등 오늘날 성장이라는 말을 입에 올리는 사람이라면 성장 앞에 상응하는 수식어 하나 덧붙이는 것을 잊지 않는다. 로마 클럽이 위탁한 연구가 '성장의 한계'라는 제목으로 인구 증가, 환경오염, 자원 착취가 동일하게 유지된다고 할 때 지구상에서 성장의 절대적인 한계는 21세기 중에 도달될 것이라는 결과를 내놓은 지 36년이 지난 뒤, 국제연합환경계획 UNEP은 공식적으로 '생태적이고 자원 보존적인 성장 전략'을 선전하고 있다.[4] 녹색당의 싱크탱크 하인리히 뵐 재단Heinrich-Boell-Stiftung은 '경제성장을 생태적 길로 유도'하기 위해 '녹색 뉴딜Green New Deal'을 광고하고 있다. 또 유럽연합은 '지속가능한 성장'을 위한 목표를 설정하

고 있다.[5]

개인 차원에서의 움직임에서도 변화가 일어나고 있다. 사람들은 패시브 하우스 Passive House(기존 주택에 비해 단열 등을 통해 에너지 사용을 크게 줄인 주택 - 옮긴이)나 에너지 플러스 하우스(패시브 하우스가 에너지 사용을 줄인 집이라면 에너지 플러스 하우스는 에너지 사용을 줄이는 걸 넘어서 에너지를 만들어내는 집. 독일어 원문에는 '플러스 에너지 하우스 Plusenergiehaus'로 되어 있다. - 옮긴이)에 입주하고, 생태 직물로 만든 옷을 걸치고, 소켓을 통해 자연이 만든 에너지를 충전하는 전기 자동차를 타고 출근하며, 열대우림의 재삼림화를 위해 세금을 조금 더 냄으로써 잦은 비행기 여행에서 오는 양심의 거리낌을 달래는 것이다.

바르너 필립스 Warner Philips는 '생태적 개조'를 신봉하는 사람들 가운데 한 명이며, 스스로 그 일에 동참하려고 애를 쓴다. 전통적인 성장 개념과 고전적인 노후화 형태를 그는 아주 가까운 곳에서부터 알고 있다. 오늘날의 코닌클레크 필립스 일렉트로닉스 Koninklijke Philips Electronics N.V.의 공동 설립자 중 한 명인 그의 증조부가 전구 카르텔의 작당모의에 결정적으로 참여했던 것이다.

바르너는 제한 없는 성장의 매력을 잘 회상할 수 있다. "저는 필립스의 에인트호벤 Eindhoven 소재의 한 공장에서 전구 대량생산에 대해 안내해주시던 할아버지의 모습을 아직도 기억하고 있습니다. 저는 그게 멋지다고 생각했습니다. 지속가능성은 거의 이야깃거리가 되지 못했지요. 사람들은 지구를 자원이 한정된 하나의 별로 여기지 않았습니다. 그들에게는 모든 것이 넘치도록 존재했습니다."

그는 당시의 기업들이 선결파열점을 장착하는 것에 큰 의미를 부여한 이유를 충분히 이해할 수 있다. 그 어떤 환경의 제재 없이 경제성장을 누린다면 계획된 노후화를 통해 매출을 늘린다는 것은 큰 매력이다. 한 가구당 광원光源을 평균 40개라고 보고 오늘날의 조명 시장 규모를 계산해보면(미국의 가구수를 1억 가구라고 가정할 경우 전구는 40억 개가 된다) 전구가 2년에 한 번 교체되어야 하는가, 아니면 10년 또는 25년에 한 번 교체되어야 하는가에 따라 한 가구당 전구 수치에 큰 차이가 생긴다.

"사업적인 시각에서 보면 이는 여전히 강력한 잠재력을 갖고 있습니다"라고 바르너 필립스는 인정한다. 그럼에도 불구하고 그는 스스로 다른 길을 가기로 결심했다. "21세기에는 그 전제조건이 다르다고 생각합니다. 우리는 오로지 단기간에 돈을 더 벌기 위해 제품의 수명을 의도적으로 줄이지는 않습니다. 그렇게 함으로써 장기적으로 우리 지구와 소비자들에게 부담을 준다면 말입니다. 어떤 소비자도 그런 것을 절대 받아들이지 않을 것입니다. 그렇게 해서는 더 이상 살아남지 못합니다. 이미 자리 잡은 대형 선수들도 더 이상 안전하다고 느끼지 못합니다. 또 저는 그것이 좋은 일이라고 봅니다."

그의 말은 립 서비스에 불과한 게 아니다. 전구 카르텔이 생긴 지 거의 100년이 지난 뒤 바르너 필립스는 '낡으면 못 쓰게 되는 것'이라는 원칙과 결별했다. 현재 그는 수명이 25년이나 되는 LED 전구를 생산하고 있다. 그는 이 결정을 전통과의 단절이라고 보지 않는다. 조상들도 이 신기술을 환영했을 것이라고 생각한다. "그것이 가장 효율적인 방식으로 인간에게 빛을 제공한다는 생각을 전진시켜주기 때문입니다."

바르너에게는 오래가는 제품과 사업적 사고의 모순관계는 없다. "여기는 녹색 세상이고 저기는 사업하는 세상이라는 건 없습니다. 사업과 지속가능성이 나란히 손잡고 나아간다면 그게 사업의 가장 좋은 바탕입니다." 단순한 전구 하나조차에서도 이산화탄소 배출, 원자재, 환경 부담, 폐기물 처리, 재활용 같은 모든 숨은 원가를 함께 계산에 넣었다면 전구 가격은 훨씬 더 비쌌을 것이다. "이 모든 것이 생산 원가에 들어간다면 전 세계 기업가에게는 가급적 오래가는 제품을 제조하는 엄청난 동기가 생겨날 것입니다. 그렇기 때문에 우리는 생산 과정에서의 에너지 소비 및 운송 시의 간접적 에너지 소비에도 주의를 기울입니다."

녹색성장이 제대로 작동하려면 녹색성장을 실천할수록 더 부유해져야 한다고 필립스는 확신하고 있다. 그 이유를 다음과 같이 설명한다. "제가 만드는 지속가능한 상품으로부터 더 많은 이익을 얻을수록 저는 더 많은 지속가능성을 만들어냅니다. 이 말은 즉 지구와 사람들에게 봉사하는 훌륭한 기업을 세운 이는 엄청난 부자가 되어야 한다는 것입니다." 당연히 대다수 기업가들은 이 말이 옳다고 본다. 그러므로 진정으로 생산 부문의 종합적인 혁신을 원한다면 지속가능한 상품을 만들어내는 기업에게 특별한 보상을 해줘야 할 것이다. 기업이 내구성이 강한 제품을 개발하고 만들어내 더 많은 돈도 벌 수 있도록 체제 전환을 해야만 할 것이다.

그러나 지속가능성과 생태주의를 내세우며 저가 제품 공급자들과의 경쟁 속에서 더 많은 돈을 버는 일이 쉽지만은 않다. 바르너 필립스는 이를 직접 체험했다. 몇 년 전만 해도 50달러짜리 전구가 60센트짜리 저가 전구에 비해 내구성이 좋아 오래가고 에너지 절감을 하여 결과적으로 보면 이득이라는 것을 고객들에게 확신시키기가 쉽지 않았던 것이다. 한마디로 소비자들의 계산 방식은 달랐다. 자기 집에 있는 전구 40개를 한꺼번에 에너지 절약형 전구로 교체하려면 보통 백열전구 40개 값인 24달러가 아니라 2,000달러나 되는 거금을 매장 계산대에 내놔야 한다고 생각하는 것이다. 그럼에도 불구하고 결국에는 그렇게 하는 것이 돈을 아끼는 길이라고 고객들에게 전달하기는 무척 어렵다.

생태주의로의 전환이 경제적 가치로 환산되려면, 지속가능성이 없는 제품을 만들어낸 경쟁자들이 적은 생산비로 얻은 장점이 상쇄되어야만 할 것이다. 이미 실제로 오늘날 그러하다. 왜냐하면 제품 간에 가격 차가 크다면 거기에는 나름의 이유가 있기 때문이다. 조명 시장에 관한 한 미래에는 바르너 필립스의 기업이 유리해 보인다. 점점 더 2차 원가가 크게 고려되고 있기 때문이다. 이산화탄소 배출권이 거래되고 있고, 2005년 이래 유럽연합 법률에 따라 회수 및 재활용 비용이 가격에 포함되어 있는 것이다. 그 외에도 유럽연합은 백열 전구 사용을 금지함으로써 시장에서 축출했다. 그리고 2013년 국제 연합기구는 2020년까지는 에너지 절약형 조명등을 제조할 때 수은 사용을 금지해야 한다는 조치를 공표했다. 수은이 들어 있는 형광등을 만든 바르너 필립스의 또 다른 경쟁자들이 사라지는 것이다. 늦어도 그때부터는 LED 전구로, 그리고 계획된 노후화 없이도 부자가 되는 것이 가능할 듯하다.

등 떠밀린 성장에는
부작용이 있다

독일 연방정부도 성장 촉진을 위한 조치와 더불어 지속가능성에 대해 정부 차원에서 더 많은 기여를 하려고 애쓰고 있다. 2009년 연방정부는 전 세계적인 경제 위기의 결과로 난관에 봉착한 독일 자동차 제조업계 및 부품 제조업계를 지원한다면서 2,500유로에 달하는 '환경보조금'을 지급했다. 이 보조금은 낡은 자동차를 폐차시킨 후 폐차 증명서를 제출하고 '더 친환경적인' 신차를 구입한 사람들에게 지급되었다. 자동차 분야의 매출은 이런 방법 덕에 극적인 정체 상태를 끝냈다. 170만 대의 자동차가 폐차된 다음 분진, 산화질소, 일산화탄소, 이산화탄소 배출이 더 적은 신차로 교체된 것이다.

그렇게 등 떠밀린 성장은 몇몇 문제점을 갖고 있었다. 중고차이기는 하지만 주행에 아무 문제가 없었던 170만 대에 이르는 자동차가 폐차장 프레스기 속으로 들어가고 만 것이다. 그 어떤 배기가스도 만들어내지 않는 부품들과 함께 말이다. 이렇게 함으로써 그 부품들은 폐차를 앞둔 자동차들이 일반적으로 거쳐가는 가장 단순한 형태의 재활용도 하지 못하고 말았다. 그 자동차들은 중고차 시장에서 빠져나갔으며, 그로 인해 다시 더 높은 신차 수요가 생성되었다.

하지만 3리터 모델로 갈아탄다고 하더라도 기름 소비가 더 적은 자동차를 통해 보상받을 법한 것보다 신차의 생산은 더 많은 자원과 에너지를 소비한다. 신차 구입 보조금은 에너지 절약형 소형차를 구입하든, 연료 소모가 굉장한 대형차를 구입하든 간에 별 차이 없이 지급되었기 때문이다. 결국 더 '현대적인' 자동차의 배기가스가 뿜어내는 유해물질이 대기에 부담을 주는 정도가 더 적다는 근거를 내건 것조차 속이 훤히 들여다보이는 일이었다. 오펠의 소형차 코르사Corsa가 거액의 보조금까지 얹어 휘발유를 두 배로 소비하는 SUV로 대체된 경우에 발생하는 결과는, 심지어 기대했던 결과의 정반대가 될 수도 있었다. 한마디로 낡은 자동차를 원자재와 에너지 밀집도가 더 낮도록 적절하게 개조하는 것이 환경에 훨씬 도움이 되었을 것이라는 말이다.

이로써 녹색성장의 원칙적 문제 하나를 언급했다. 즉 모든 '생태적 개조'는 필연적으로 거대한 생태적 노후화의 물결을 유발한다는 사실이다. 낡은 자동차가 되었든, 냉장고나 세탁기를 생태절약형 신모델로 교환하든 상관없이 생산은 증가한다. 또 그래야만 한다.

　녹색성장의 옹호자들도 새로운 생산 설비로 얻는 이득의 필요성을 알고 있다. 또 여기에는 성장경제를 위한 (아주 당연시되는) 전제조건이 필요하다. 즉 수요 증가로 인한 더 많은 투자가 이루어질수록 새로운 공급망이 구축되어야 한다. 아직 시장에서 자리 잡지 못한 제품은 많은 광고비가 필요하다. 이에 상응하여 매출이 증가할 경우 최소 생산량도 점점 더 많아질 필요가 있다. 그러므로 생산량에만 국한해서 본다면 생태적 개조의 효과는 전통적 성장의 경우와 동일하다. 모든 것이 점점 더 많아지는 것이다.

　게다가 개조가 더 급진적일수록 남는 것이 더 커진다. 전구 같은 생산품이 금지된다면 그로 인해 제조 인프라, 즉 기계·공장·공급망도 시장에서 사라진다. 형광등에 대해서도 비슷한 현상이 나타날 것으로 보인다. 그러므로 적어도 단기적으로는 잔여물도 산더미 같이 늘어나는 것이다.

　이런 부정적 효과에도 불구하고 녹색성장 옹호자들은 경제성장을 자연의 소비, 배출 증가로부터 분리시키는 것이 가능하다고 고집스레 주장한다. 하지만 이것 역시 극도로 복잡한 문제다.

　포츠담기후영향연구소Potsdam-Instituts für Klimafolgenforschung의 수석 연구원이자 세계은행의 경제성장 및 기후보호 문제 컨설턴트인 오트마르 에덴호퍼Ottmar Edenhofer는 녹색경제성장이 세 가지 논거 위에 놓여 있다고 본다. 첫째, 화석에너지가 곧 고갈된다는 것, 둘째, 신재생에너지는 학습 효과를 바탕으로 곧 화석에너지보다 더 유리해지리라는 것, 그리고 셋째, 에너지 효율의 급격한 개선은 얼마 안 되는 경제적 비용으로 도달될 수 있다는 것이다.

에덴호퍼는 이 세 가지 논거들이 위태롭다는 것을 화석 연료인 석유의 사례를 통해 뚜렷이 보여주고 있다. 석유가 점점 더 부족해져서 유가가 상승한다고 해서 즉시 신재생에너지를 지향하지는 않는다. 오히려 전에는 아무도 진지하게 고려하지 않았던 오일샌드 채굴이나 석탄액화 같이 고도로 에너지 집약적이며 환경에 유해한 대안들이 수지맞는 사업으로 변신한다. 이것이 현재 전 세계적인 석탄 르네상스로 이어지고 있다. "자료를 보면 뚜렷하게 드러나듯이 오늘날에는 추가 가공 없이 사용할 수 있는 1차 에너지가 5년 전과 비교하면 더 많은 이산화탄소를 배출하는 가운데 생산되고 있습니다"라며 에덴호퍼는 자신의 회의懷疑를 구체적으로 표현한다.[6]

녹색과 성장,
어느 쪽을 선택할 것인가

어떻게 하면 이 모든 것을 환경에 해를 주지 않을 수 있는지에 대해서는 아직 답이 나오지 않고 있다. 경제학을 전공한 성장비판론자 니코 패히Niko Paech는 그게 가능하다는 것을 한마디로 믿지 못한다. 그는 '녹색'인 기술혁신을 통해서도 경제성장을 생태적 손상으로부터 분리하려는 모든 노력은 실패할 수밖에 없고, 심지어 환경에 대한 부담

의 증가로 이어지는 경우도 종종 있다고 주장했다.[7]

패히 교수는 지속적인 경제성장을 포기하지 않고도 생태계의 부담을 덜어줄 것이라는 '그린 이코노미Green Economy'도 말이 안 된다고 여긴다. 성장을 포기하지 않은 개조란 우리가 방마다 컴퓨터 한 대씩, 앞으로도 가족 개개인 모두 스마트폰에 디지털 카메라 한 대씩, 더 나아가 자동차 한 대씩 소유하리라는 것을 의미할 것이다. 우리는 앞으로도 계속 전자동 커피기계, 믹서 같은 주방용 전기기기와 전자레인지 등으로 부엌을 꾸밀 수 있을 것이다. 계속해서 해외여행을 가고, 휴가를 떠나며, 인터넷으로 주문한 다음 날 택배로 주문한 물건을 받을 수 있을 것이다. 이런 생활방식이 자원과 무관하게 유지될 수 있을 뿐 아니라 심지어 60억 인구 모두 가능해져야 한다고 상상하는 것은 환상 없이는 불가능하다.

패히 교수가 보기에 우리는 세 가지 측면에서 주어진 몫을 초과하여 살고 있다. 자동차, 전동 칫솔, 빵 써는 기계 등과 같이 '에너지에 종속된 노예들'의 도움을 받아 몇 배로 늘어난 신체 능력, 한도를 넘어선 자원 이용, 미래에 빚을 진 채 그 미래의 것까지 써버림으로써 맞게 되는 현재가 바로 그것이다.

아이패드 표면을 살짝 문지르는 것으로 최신 디지털 카메라가 대륙을 건너 우리 손으로 들어온다. 이런 행동들이 설사 '녹색' 위에서 행해진다 할지라도, 이런 행위들에 대해 보상하려면 많은 열대우림이 다시 삼림화되어야만 할 것이다.

그렇다면 이미 시작된 생태적 개조는 과연 아무것도 달성하지 못했을까? 녹색성장을 위한 지금까지의 단서들에 대해 에덴호퍼는 정신이 버쩍 들 만한 결론을 내놓는다.

에너지 효율성은 지난 20년 동안 세계적으로 개선되기는 했다. 말하자면 1990년부터 2010년 사이에 연평균 1.6퍼센트 정도는 개선되었고, 마찬가지로 수많은 투자, 예컨대 건물의 단열이나 각 지역 내의 공공 교통수단 장려가 합리적이었다는 것이다. "그러나 과거의 이런 에너지 효율성 증가는 경제성장으로 인해 과잉 보상되고 말았다."[8]

그러니까 그 멋진 아이디어로도(예를 들면 환경 손상을 해당 인증서 거래를 통해 가격화하는 식의 조치로도, 또 쓰레기장으로 가는 것을 피하기 위해 요람에서 그다음 요람으로 가는 제품을 생산하는 것으로도) 경제성장과 환경보호를 화해시킬 마법의 공식은 발견되지 않고 있는 것이다. 한 제품 생산당 발생하는 환경오염은 줄였으나, 이는 오히려 제품 생산량 증가로 인해 무위로 돌아가고 있다. 이를 우리는 '부정적 피드백'이라 부른다.

2012년 9월의 항공교통 관련 기사가 이를 잘 보여준다. 당시 에어부스Airbus는 향후 20년 이내에 1만 350대의 비행기가 에너지 소비가 더 적은 모델로 대체되리라고 발표했다. 더불어 더 기쁜 소식이 같은 기사에서 발표되었다. 같은 기간 내에 여객기는 1만 5,500대에서 3만 2,500대로, 화물기는 1,600대에서 3,000대로 늘어날 것이라

는 기사였다.[9]

그렇게 되면 전체 비행기 수는 두 배로 증가할 것이다. 도태되는 비행기로 인해 발생하는 폐기물은 말할 것도 없다. 생태를 이런 식으로 성장과 결부시켜주는 것은 항공기 부문만이 아니다.

이런 수치를 볼 때, 녹색성장이라는 꿈 중에서 유지될 수 있는 것이 무엇일지 궁금하지 않을 수 없다. 정녕 생태적 개조는 무언가를 포기하지 않고는 실현될 수 없을까?

2050년까지 지구온난화에 따른 평균기온 상승을 2도로 제한한다는 기후 목표를 달성하기 위해서는 그때까지 750기가톤 내지 1,100기가톤을 초과하는 이산화탄소가 배출되어서는 안 된다. 그 정도의 양이면 대기 내 적치 가능한 최대 용량일 것이다.

에덴호퍼의 우려는 계속된다. "2010년 중 지구의 이산화탄소 배출량이 33기가톤이고, 성장률이 유지될 경우 적치장은 수십 년 내에 꽉 차버릴 것이다. 그러나 추가로만 1만 5,000기가톤의 이산화탄소가 석탄, 가스 및 석유의 형태로 지하에 저장되어 있다. 그러므로 저장 공간이 제한될 경우 화석 연료 자원은 제한된 범위 내에서만 이용될 수 있다. 이렇게 되면 석탄, 석유 및 가스 소유자의 재산가치가 떨어진다. 그들의 연금 소득이 사라지는 것이다."[10]

그러므로 모든 게 다 성장할 수는 없다. 누군가는 포기해야 하는 것이다. 석탄, 석유, 가스 소유자가 '녹색'과 '성장' 사이에서 하나를 결정해야 한다면 그들은 무엇을 선택할까? 세계 어느 곳에 지하자원이 존재한다고 가정했을 때, 생태와 관련되어 그것을 포기해야 한다면 과연 사람들이 그렇게 할까? 찾아낸 지하자원을 그냥 내버려두는 사람이 있을까? 성장사회에서는 그것이 불가능하다. 성장과 생태 간의 갈등 상황에서 어느 쪽이 우선권을 차지하는가? 이미 바르너 필립스는 성장사회 쪽에 있다고 적절히 표현한 바 있다. 결국 핵심은 인간이 자기가 하는 행위로 부자가 될 수 있다는 사실이라는 것이다. 성장 논리 내부에서는 이것이 옳은 일이기도 하다. 그렇지 않다면 더 나은 세상을 위해 투자할 돈은 어디에서 나온단 말인가?

"꾸준히 경제성장을 한다는 조건 하에서는 생태계의 부담을 절대적으로 줄인다는 것이 불가능하며, 생태계의 부담을 절대적으로 줄인다는 조건 하에서는 꾸준한 경제성장이 불가능하다."[11]

녹색성장도 성장이다. 또 무한한 경제성장은 가능하지도 않고 유의미하지도 않을 것임을 분명히 하는 데에는 간단한 계산기만 하나 있으면 된다.

이는 하이델베르크의 경제학자 한스 디펜바허[Hans Diefenbacher] 교수가 잘 보여주고 있다. "경제성장률이 연간 1퍼센트일 경우 72년만 지나면 처음 금액의 두 배가 됩니다. 이 성장률이 3퍼센트라면 처음 금액은 23.5년 만에 두 배로 늘어납니다. 4퍼센트 성장하면 대략 일곱 세대 뒤에는 처음 금액의 천 배에 달할 것입니다."[12]

그렇다면 녹색성장 전략과도 작별해야 하는가? 우리 삶을 더 근본적으로 바꾸어야 하는가? 그것을 요구하는 목소리가 점점 더 늘어나고 있다.

비대해지는 경제성장은
이제 그만

우리는 계속 성장사회를 살리기 위해 석유, 콜탄, 물, 여타 자원들을 둘러싼 전쟁을 벌인다. 게다가 자원 소비는 계속 증가하고 있다. 우리 사회는 엄청난 자원을 소비하지만, 과연 이 자원들은 유한할까?

프랑스의 성장비판론자 세르주 라투슈[Serge Latouche]는 미국의 경제학자 케네스 볼딩[Kenneth Ewart Boulding]의 말을 인용한다. 이미 1960년대에 비성장지향적 경제의 토대를 구상하려고 했던 볼딩은 이런 말을 남겼다. "자원이 유한하고 무한 성장이 가능하다고 믿는 자는 정신

나간 사람과 경제학자뿐입니다. 유감스럽게도 우리는 그 사이 모두 경제학자가 되어버렸습니다."

경제학자로 오랫동안 파리에서 경제학을 가르친 라투슈 교수 역시 최근 여러 대학에서 고무적인 경향을 확인하고 있다. "미래의 과학이 모든 문제를 다 해결해줄 것이며 온갖 자연물을 대신하는 인공 생산된 대체물이 개발되리라는 데 희망을 걸고 있는 사람은 오로지 철통같은 신자유주의자들뿐입니다."[13]

무언가가 경제학자들을 변하게 했음이 분명하다. "그것은 하나의 혁명입니다!"라고 라투슈 교수는 확신한다. "하나의 문화적 혁명입니다. 왜냐하면 그것은 패러다임의 전환, 정신자세의 변화이기 때문이지요."

이 혁명에는 이름이 있다. '데크루아상스Décroissance' 혹은 '탈성장'이다. 세르주 라튀슈 교수는 이 학회, 저 학회를 돌아다니며 성장사회에서 벗어나는 길을 설파한다. 그러면서 그는 데크루아상스라는 인위적 조어(독일어로는 대략 '축소 성장'을 의미한다)를 도발적 구호로 간주한다.

그의 대항 프로그램은 한마디로 요약될 수 있다. '축소'다. 환경오염, 낭비, 과잉생산, 과도한 소비의 축소다.

라튀슈는 다음과 같은 말을 남겼다. "행복이 소비의 수준에 따라 달라진다면 우리는 행복을 한껏 즐겨야만 합니다. 왜냐하면 우리는 카를 마르크스 시대보다 스물여섯 배나 더 많이 소비하니까요. 그러나 설문조사에 따르면 사람들은 스물여섯 배나 더 행복하지는 못합니다. 어쩌면 특정 지점부터는 그 관계가 소비의 성장과 행복감의 성장 사이에서 역전되는 것 같기도 합니다. 행복은 뭔가 주관적인 것이니 말입니다."

탈성장 지지자들은 우리의 가치, 행복, 충족감을 최신 제품이 늘어선 곳의 건너편에서 찾아보라며 약 올리려 한다.

그러나 왜 그렇게 행복에 대한 정의가 편협하며 물건 위주로 규정되는 걸까? 종일 근무함에도 불구하고 쇼핑할 만한 돈을 갖지 못하는 사람들이 늘어나고 있다. 이것은 슬픈 현실이다.

우리는 소비를 포기하고 살아갈 수 있을까? 탈성장 개념의 반대파들은 탈성장의 실천이 우리에게 더 적은 일자리와 더 많은 자유를 안겨주는 게 아니라 근대적 경제를 파괴해 우리 사회를 석기 시대로 되돌릴지 모른다고 우려한다.

라투슈 교수는 이런 우려를 선동적 과장에 지나지 않는다고 일축한다. 환경에 영향을 주어 이 지구가 파멸되지 않도록 하는 사회로 되돌아가는 것은 프랑스 같은 나라에게는 1960년대 소비 수준으로 회귀함을 의미할 것이기 때문이다. 그 모델로 그는 마하트마 간디의 말을 인용한다. "세계는 모든 이의 욕구를 충족시킬 만큼 충분히 크지만, 개인의 탐욕을 위해서는 너무도 작다."

니코 패히 교수도 상황을 비슷한 시각으로 보고 있다. 그의 눈에는 우리가 누리는 복지란 '생태계를 전면적으로 약탈한 결과'이다.

이를 달리 미화하려는 모든 시도는 자기기만이라는 것이다.

그에게 축소란 "21세기의 사회와 삶의 스타일을 형성하는 단 하나의 책임 있는 원칙"이다.[14] 여기에서 생겨나는 대안적 계획을 실천하기 위해서는 우리 사회를 '포스트 성장경제Postwachstumsökonomie'로 뒤바꿀 필요가 있다. 이 포스트 성장경제를 특징짓는 요소를 든다면 무엇보다도 지방이나 지역으로까지 생산 사슬을 축소하는 것, 투명성과 사용 통제를 통해 여신與信의 역동성을 줄이는 것, 마이너스 금리가 붙는 가치상실 화폐(이는 금융자산의 집중이 갖는 매력을 박탈해버리며 성장을 부채질하는 여신 역동성에 역작용을 한다)를 지역적으로 사용하는 것 등이 될 것이다.

그런 포스트 성장경제는 공동 재화를 더 늘리고, 모든 종류의 생산품을 더 오랫동안 이용하며, 자체 생산 및 자경自耕을 더 늘리고, 소비자를 자신이 구입한 물품을 수리할 능력도 갖춘 '프로슈머Prosumer'로 발전시킴으로써 더 뚜렷이 부각될 수 있을 것이다.[15]

영국의 경제학자이자《성장 없는 번영Prosperity without Growth》의 저자 팀 잭슨Tim Jackson도 탈성장에 기초한 경제 시스템을 제안했지만, 그것의 현실적 실천에 관해서는 회의적이다. 영국 정부가 에너지 부문에 각종 제약을 가할 것을 고려한다면, 정부가 공급 또는 수요의 축소에 대해 숙고하자마자 벌써 에너지 기업들의 경제적 이익 문제가 튀어나온다.

전 영국 총리 고든 브라운Gordon Brown의 고문을 잠깐 지낸 바 있는 그는 소비자와 관련해서도 비관적이다. "소비자 결정이 올바른 방향으로 갈 수도 있지만, 대다수 구매 결정은 사회적 압박을 바탕으로 이루어진다. 그렇기 때문에 나는 그들이 지속가능한 세계를 선택하기로 자유로운 결정을 내린다는 것을 하나의 환상이라고 보는 것이다."[16]

철학자 베른하르트 타우레크Bernhard H. F. Taureck는 성장의 은유가 지닌 매력에 대해 말한다. "우리 모두는 주변의 뭔가가 성장하는 것을 아주 좋아한다. 꽃, 우리 아이들, 얼마 안 되는 재산, 국민총생산, 연금, 그리고 당연히 경제 전체가 말이다."

꽃 한 송이는 몇 주 지나면 성장이 끝나고, 어린아이는 20년이 지나면 다 자란다.

아이가 계속 성장한다면 15살에 몸무게가 1톤은 나갈 것이다. 자연적 성장은 언젠가 저절로 끝이 난다. 그러나 경제의 성장률에 제동을 걸 수 있을 만한 것은 무엇인가? 경제의 내적 본성은 절대 제동을 걸 수 없으며, 기껏해야 자연의 종말이 그렇게 할 수 있을 것이다.

경제성장을 무조건 자연의 과정과 비교하려 한다면 이렇게 생각하면 된다. 다 자란 생명체가 계속 성장하려고 하면 어떤 일이 발생할까? 그들이 뚱뚱해지는 것이다. 그러므로 우리 경제는 성장하는 것이 아니다. 다만, 재화의 생산이 늘어나는 것이다. 다이어트 계획이 없다면 그 생산은 점점 더 뚱뚱해진다. 끝이 없다.

현재 과체중 상태에 있는 우리 경제를 두고 책임 있는 어른의 삶은 무엇일까에 대해 서서히 고민해야만 할 것이다.

스위스의 경제학자 한스 크리스토프 빈스방거Hans Christoph Binswanger 는 자신의 저서 《성장의 나사Die Wachstumsspirale》에서 경제성장을 위한 다이어트 계획 하나를 제시한다. 이에 따르면 지구가 배터지게 먹고 마심으로 인해 멸망하는 일이 일어나지 않기 위해서는 전 세계의 성 장률을 대략 1.8퍼센트로 제한해야만 할 것이다. '전 세계'라는 표현 뒤에 빈스방거는 감탄부호를 하나 찍는다. 부분적으로 존재에 필수 적이기도 한 엄청난 후발 복지 수요를 가진 나라들의 성장률이 더 높 아야 한다면 선진국에서는 그에 따라 성장률이 더 낮게 떨어져야 하 기 때문이다.

빈스방거도 경제성장이라는 불가침의 신조와의 작별을 옹호한 다. "국민생산의 '영원한' 성장은 더 이상 목표일 수 없다. 오히려 오 늘날 및 미래에 점점 더 관건으로 떠오르는 것은 바로 이 세계의 물 질적 한계를 인정한 가운데 정신과 판타지의 창조적 능력에 더 많은 여지를 제공하는 일이 될 것이다."[17]

1 George W. Bush, Rede vor der National Oceanic and Atmospheric Administration, Silver Spring, Maryland 2002년 2월 14일, http://georgewbush-whitehouse.archives.gov/news/releases/2002/02/20020214-5.html 참조.

2 KPMG Global, Economist Intelligence Unit, "Corporate Sustainability: A Progress Report", www.kpmg.de/docs/Sustainability-Report-Global-20110418.pdf 참조.

3 Dieter Dürand, "Wie sich das Klima retten lässt. Option 3: Grünes Wachstum", in: *Wirtschaftswoche*, 2012년 11월 26일자, www.wiwo.de/technologie/umwelt/un-klimakonferenz-option-3-gruenes-wachstum/7432094-5.html 참조.

4 Deutsche Gesellschaft für die Vereinten Nationen e.V., "Grüne Wirtschaft, nachhaltige Entwicklung und Armutsbekämpfung", 2008년, www.dgvn.de/1187.html 참조.

5 Ralf Fücks, "Die ökologische Transformation des Kapitalismus", www.boell.de/oekologie/marktwirtschaft/oekologische-marktwirtschaft-7260.html 참조.

6 Ottmar Edenhofer, Michael Jakob, "Die Illusion des grünen Wachstums", in: *Frankfurter Allgemeine Zeitung*, 2012년 3월 1일자, www.faz.net/aktuell/wirtschaft/klimapolitik-die-illusion-des-gruenen-wachstums-11668692.html 참조.

7 Niko Paech, *Befreiung vom Überfluss. Auf dem Weg in die Postwachstumsökonomie*, München 2012년, 11, 76, 86쪽 참조.

8 Edenhofer, Jakob, "Die Illusion", 같은 곳.

9 *Handelsblatt*, 2012년 9월 4일자 기사 참조.

10 Edenhofer, Jakob, "Die illusion", 같은 곳.

11 Paech, *Postwachstumsökonomie*, 같은 곳, 97쪽.

12 Hans Diefenbacher, Roland Zieschank, *Woran sich Wohlstand wirklich messen lässt. Alternativen zum Bruttoinlandsprodukt*, München 2011년, 15쪽.

13 이것과 그다음에 이어지는 모든 인용은 Serge Latouche, "Circulus virtuosus. Für eine Gesellschaft der Wachstumsrücknahme", in: *Le Monde diplomatique*, 2003년 11월 14일자, 3쪽, www.monde-diplomatique.de/pm/2003/11/14/a0021.text 참조.

14 Paech, *Postwachstumsökonomie*, 같은 곳, 10쪽 이하, 119쪽.

15 같은 책, 120쪽 이하.

16 David Böcking, "Wachstumskritiker: 'Wir haben geprasst, und am Ende gab es Tränen'",

in: *Spiegel Online*, 2011년 4월 17일자, http://tinyurl.com/apatdoc 참조.

17 Hans Christoph Binswanger, "Der Wachstumszwang", in: *Über die Metapher des Wachstums*, 85~88쪽.

11장

쓰레기
더미에서
건져 올린 희망

베를린 프렌츨라우어 베르크 구역의 페어벨리너가[街] 92번지, 이곳에서 혁신의 싹 하나가 자라고 있다. 타카라는 자신의 블로그 '지각의 문Doors of Perception'을 통해 전 세계에 알리고 공유할 수 있는 이런 혁신의 새싹을 찾고 있다.

베를린 최초의 공유형 대여점 '라일라Leila'에서는 창고에 쌓이는 드릴 문제에 대한 해결책을 제공한다. 사실상 사람들은 단 몇 분을 사용하기 위해 드릴을 구입하나, 대부분은 먼지가 쌓이도록 지하실에 처박아둔다. 이곳에서는 드릴이 필요할 때마다 빌려서 쓸 수 있다. 게다가 드릴만 빌릴 수 있는 게 아니다.

조건은 간단하다. 일단 대여점의 회원으로 가입한 다음 자신의 물건을 대여점에 공유용으로 가져다놓는다. 그런 뒤 다른 물건을 빌려 쓴 다음 반납하면 된다. 추가로 아홉 가지의 대여 규칙만 따른다면 그것으로 끝이다. 해머 드릴을 보증금 10유로만 내면 무료로 쓸수 있는 셈이다. 공구상점이나 전문 업체에서 하루 10유로에서 20유로에 기기를 빌려 쓸 수 있지만 그곳보다 더 저렴하다.

대여점을 뜻하는 독일어 'Leihladen'은 대여라는 의미의 'Leih-'와 상점이라는 의미의 'Laden'이 합쳐진 단어다. 라일라Leila는 바로이 두 단어의 첫 음절을 따서 만들어졌다. 대단찮아 보이는 이 대여점 같은 곳에서 종종 거액의 지원금을 받는 연구실보다 더 혁신적이고, 더 자원을 의식한 미래설계에 대한 주목할 만한 아이디어들이 나오기도 한다. 뭔가를 바꾸는 데 꼭 그렇게 많은 비용이 필요하지는않기 때문이다. 복잡한 것을 새로 발명할 필요가 전혀 없을 때도 있다. 그냥 그다음 단계의 논리적 아이디어를 실행하기만 하면 된다.

라일라는 이에 대한 좋은 사례다. 쓰레기더미를 유발하는 구매행위를 멈추고 싶다면 그냥 스스로 구매를 하지 않으면 된다. 베를린의대여점 라일라가 내걸고 있는 구호에 그러한 내용이 잘 표현되어 있다. "버리지 말고 다시 사용하기. 소유하여 간직할 게 아니라 이용하기. 사회 분열이 아닌 공유하기"가 그것이다.'

물물교환 시장이
남기고 간 물건들
물물교환 시장(벼룩시장과 비슷하지

만 교환 수단인 돈이 개입되지 않는다)은 버리려는 사람과 새로 장만하려는 사람이 서로 만나는 곳이다. 예를 들면 바르셀로나의 경우 사람들이 석 달에 한 번 산트 안토니$^{Sant Antoni}$에서 만나 물건을 찾고 뒤지고 거래한다. 물건을 올려놓을 매대 하나는 무료로 설치할 수 있다. 대개 여러 사람이 공동으로 하나의 매대를 설치한 다음 적절한 교환 대상을 찾아 장터를 이리저리 돌아다닌다. 물건을 서로 교환할 사람들 간에 매우 '실용적'인 대화를 나눈 다음 원하는 물건을 바꾸게 된다.

물물교환 시장은 한번 체험해볼 만한 가치가 있다. 매대를 설치하고 물건을 늘어놓을 때에는 기쁨이 가득하다. 사람들은 자신에게 필요 없어진 물건들을 새것이나 값나가는 것, 적어도 쓸 만한 것으로 바꿀 수 있기를 고대한다.

그저 물건을 없애버리려고만 하는 사람에게는 이곳이 적절치 않다. 반대로 교환과 거래의 오락적 측면을 높이 사는 사람은 만족을 얻는다. 여러 차례 영리하게 교환한 끝에(모두 새 물건이 이전의 물건보다 좀 더 값나가는 것이 됨으로써) 볼펜 한 자루를 자동차 한 대로 변신시킨 사람이 있다는 소문이 돈다. 이를 사업에서 쓰는 말로 표현하자면 '부자 되기'의 성공 사례로 불릴 수도 있지 않을까 싶다.

나에게는 필요 없거나, 없어도 괜찮아서 내놓은 물건이 다른 사람에게는 열망할 가치가 있는 것이어야만 한다. 어떠한 물건의 '진정한' 가치란 극도로 주관적이며 우연적으로 결정된다. 또 물물교환 거래에서 중요한 것은 나의 낡은 만화책에 얼마짜리 가격표가 붙어 있는가가 아니라 오로지 그 만화책이 거래 순간 나와 물물교환하려는 상대방이 가진 물건보다 더 가치 있는가 하는 점이다.

나는 여기서 그다음 질문에 직면한다. 나는 이 물건을 얼마나 절실하게 필요로 하는가? 나는 이것을 위해 다른 하나를 포기할 준비가 되어 있는가?

내가 제공할 수 있는 물건에 대해 제대로 관심을 보이는 사람이 현장에 없다면 나는 그 물건들을 다시 싸서 집으로 가지고 온 다음 인터넷 물물교환 장터에 내놓을 수도 있다. 관심을 보이는 대중의 수는 더 많지만 미래의 주인과의 직접적인 '만남'은 없다. 별도로 포장하고 배송하는 일만 귀찮게 뒤따를 뿐이다. 아니면 미처 교환하지 못한 물건들을 그곳에 그냥 내버려두기도 한다. 어쩌면 그것은 해방감을 주는 떨이처분으로까지 느껴질지도 모른다.

물물교환 장터가 파할 무렵 쓰레기 치우는 차가 들어온다. 몇몇 사람들이 새 주인을 찾지 못한 물건들(어쩌면 지난번에도 그대로 남았던 물건)은 다시 가지고 가는 수고를 할 가치가 없다고 보기 때문이다. 이 물건들은 이렇게 쓰레기로 분류된다. 누군가가 필요해서 샀던 것이지만 이제는 공짜로 줘도 아무도 가져가지 않을 물건이다.

가끔 쓰레기차가 싣고 가기 전, 길을 가는 사람들이 쓰레기더미에서 뭔가를 종종 건져가기도 한다. 그래서 어떤 사람은 더 이상 쓸모가 없어진 정원용 벤치를 필요한 사람이 사용할 수 있도록 도로 가장자리의 아동보호구역에다 내놓는다. 그는 그 벤치를 필요로 하는 이웃과 공동체에게 선물하는 것이다.

이럴 때 보면 물건이 넘쳐나니 인심이 더 후해진다는 말이 논리적이라고 할 만한다. 이런 관대함은 때로 전염되기도 한다. 앞서 말한 정원용 벤치는 사람들이 왕성하게 이용하기 시작한다. 그러다 얼마 뒤, 입지 않는 아이들 옷이 벤치 등받이에 걸린다. 마음에 들면 그 옷을 가져가도 된다. 처음에는 옷가지가 오고 가더니 이제는 장난감과 책이 든 통이 나타난다. 그 벤치에 앉고, 선물하고, 수다를 떤다. 이렇게 아동보호구역에 매력 요소 하나가 더 늘어나고, 쓰레기더미는 사람들이 가져가는 몇몇 물건만큼 줄어든다.

그 사이 이런 '선물하기'를 기발한 아이디어를 가진 행동파가 하나의 구상으로 확대했다. 바로 '기브박스Givebox'라 불리는 것이다. 공중전화 부스와 버스 정류장 중간 정도 크기의 박스를 만들어 멋지게 꾸며놓은 것으로, 익명으로 선물하려는 사람은 이곳에 물건을 가져다두면 된다. 게다가 지역 내 중간기지 설치를 주도하는 모임이 각 지역마다 생겨났다. 여기에는 그 어떤 상위 조직도 없기에 원칙도 복잡하지 않다. 이 말은 곧 기브박스의 상태와 내용물에 대한 책임은 오로지 그것을 이용하는 사람에게 있음을 의미한다. 물건들은 새 주인을 찾을 때까지 2주 동안의 시간을 얻는다. 그 시간이 지나도 박스 안에 남아 있다면 그 물건은 다시 원주인이 가져가야 한다. 분명 기브박스의 안내지에는 "이웃과의 관계를 강화하고, 타인에게 도움을 주며, 소용없는 물건들로부터 벗어나는 것"이라고 나와 있다.

이 운동은 2011년 베를린에서 시작되어 독일 전역으로 퍼져나갔으며, 2013년 초에는 크고 작은 도시에서 40개가 넘는 기브박스 단체가 활동하고 있다. 다른 나라에서도 이 아이디어는 대중의 관심을 끌고 있다.

혁신적 아이디어는 오히려 세계의 다른 지역, 예를 들면 콜롬비아의 수도 보고타Bogotá 같은 곳에서 발견된다. 그곳에서는 쓰지 않는 휴대전화기를 위한 아주 새로운 시장이 열렸다. 중심지와 시내의 교차로를 지나가는 사람은 비교적 오래된 휴대전화기 모델에 긴 줄을 매달아 허리띠에 묶고 다니는 젊은 남성들을 볼 수 있다. 이들은 즉석 공중전화 부스의 역할을 한다. 전화를 걸려는 사람은 전화 받는 사람이 가입한 통신사를 말해주고, '공중전화 부스'를 운영하는 사람은 자신이 가입한 해당 통신사 휴대전화기를 골라낸다. 그러면 전화 거는 이는 휴대전화기에 달려 있는 줄을 몇 미터 끌고 간 다음 전화 통화를 하는 것이다. 이용 가격은 분 단위로 계산된다.

보고타에서는 이런 '미누토스minutos'('소액' 또는 시간 단위 '분'을 뜻하는 스페인 단어 minuto의 복수형 - 옮긴이)를 제공하는 광고판을 볼 수 있다. 콜롬비아 고객들은 자기가 몇 분 이용하는 휴대전화기가 어떤 모습인지, 또 그것이 최신 기술이나 외관을 갖추고 있는지에 대해 별로 신경을 쓰지 않는다. 중요한 것은 통화 그 자체다.

수리의 부활을
꿈꾼다

인도에는 얼마나 복잡하든 상관없이 모든 것을 수리할 수 있다는 전통을 가리키는 힌디어 말이 있다. 바로 '주가드[jugaad]'라는 말이다. "인도에서는 당신의 기기를 수리해주는 사람을 언제든지 만날 수 있습니다. 프린터, 카메라, 전화기 등 모든 물건을 말입니다. 저는 뭄바이 거리에서 구부러진 못을 두드려 편 다음 목수나 조적공에게 되파는 사람들을 보았습니다"라고 타카라는 말한다.

이국적인 나라의 곤궁한 상황을 설명하려는 게 아니다. 만일 선택할 수 있다면 인도의 목수들도 구부러진 못 대신 새 못을 살 게 뻔하다. 요점이 다르다. 우리는 선택권을 갖고 있지만, 대부분 어떤 대안들이 선택지로 있는지 잊어버린다. 세계의 다른 지역을 보는 눈길이 없다면 소비에 푹 빠져 있는 우리의 머리로는 대안이라는 것을 만들어내기가 어렵다. 대안이 우리의 눈에 보이지 않는 것이다. 그러므로 타카라가 "우리는 남쪽에서 많은 것을 배울 수 있습니다"라고 말한다면 이는 건방진 태도나 미래의 곤경으로 협박하는 게 아니라 솔직한 격려다.

불과 얼마 전까지만 해도 수리는 세월과 함께 장만했던 물건을 다룰 때 고를 수 있는 아주 일상적인 선택지의 하나였다. 그러나 대량생산은 이것을 바꾸는 일에 매달림으로써 큰 성과를 거두었다. 기술 여부와 상관없이 이제 우리는 구입한 물건을 직접 수리하거나 쉽게 손댈 수 없다. 특히 전자기기들은 일종의 금기지대가 되어버렸다. 특별히 '뭔가'를 알고 있는 사람만이 드라이버를 들 수 있게 된 것이다.

그럼에도 불구하고 자신의 물건(예를 들면 노트북)에 무단으로 접근하는 사람은 때로 아주 현실적인 제약을 받게 된다. 모든 보증에 대한 요구 권리가 사라지는 것이다. 설사 그것이 메모리 확장 같은 아주 간단한 일에 불과하더라도 말이다.

이런 상황에서 수리라는 문화 기술을 기억해내려면 외부에서 충격을 가해줄 필요가 있다. 이런 충격을 얼마 전부터 제공하고 있는 것이 이른바 '수리 카페Repaircafé'다. 혼자 또는 여럿이서 전문가 한 사람과 함께 물건을 고칠 수 있는 무료 만남의 장은 우리가 많은 것을 스스로 할 수 있다는 인식을 다시 일깨워준다. 기존의 지식은 다시 활성화되고, 현재의 기술 수준에 맞춰지며, 가능한 한 많은 사람에게 전달될 수 있다. 공구와 재료는 대체로 무료로 제공되며 전기기사, 재단사, 목수 또는 자전거 기술자 같은 전문가들이 함께 있으면서 조언해준다.

여기서는 복잡한 기술을 필요로 하는 기기의 수리만 다루는 것이 아니다. 구멍 난 부분을 메우고 조각천을 덧대거나 단추를 달기도 한다. 바느질이 풀려버린 스웨터를 버리지 않고 다시 바느질하여 입을 수 있다는 것. 몇몇 사람에게는 이런 일이 경이롭다. 사람들이 자발적으로 양말의 구멍을 꿰매려면 지금보다 양말 값이 더 비싸지고 꿰

매는 재료도 좀 더 유행에 어울리는 것으로 나온 뒤가 될 것이 틀림
없다. 그러나 수리 카페가 그 일에 매달려 애를 쓰고 있다. 이 카페는
인간에게 스스로 뭔가를 할 수 있다는 우쭐함을, 또 해야 하기 때문
이 아니라 자신이 그 일을 할 수 있기 때문에 한다는 우쭐함을 되돌
려준다.

　이와 같은 수리의 부활을 위한 훌륭한 장소로 다수의 '열린 공방
offene Werkstätte'이 만들어졌다. 열린 공방은 기본적으로 스스로 수리하
기에 필요한 모든 것, 즉 지식·재료·공구·기계·공간 등을 공유할
수 있도록 디자인되었다. "열린 공방은 다수를 위한 기회의 공간이지
소수를 위한 사업 공간이 아닙니다"라고 열린 공방 연합대표자 모임
의 일원인 톰 한징Tom Hansing은 요약한다. 또 그는 열린 공방, 수리 카

페, 그리고 취미로 무언가를 만드는 두잇유어셀프 동호회의 차이를 "DIY(Do it yourself)만이 아니라 DIWO(Do it with others), 즉 다른 사람과 함께하기"라고 설명한다.[2] DIT(Do it together), 즉 함께해보기라는 명칭을 선호하는 사람도 있다. 메시지는 같다. 날마다 밀어닥치는 노후화의 쓰나미에 혼자 머리를 들이밀며 맞설 게 아니라 다른 사람과 함께해보고, 동반자를 찾아보라는 것이다.

2012년 여름, 독일 텔레비전 방송국 WDR^{Westdeutsche Rundfunk}은 수리 카페 한 곳을 방문하여 5년 된 하드디스크 수리에 대해 보도한 바 있다. 수리업체는 고객에게 200유로의 수리비가 예상되니 아예 새 제품을 사라고 권했다. 하지만 수리 카페 사람들은 손바닥 뒤집듯 쉽게 문제점을 찾아냈다. 고장 난 전해질 콘덴서만 교체하면 되었던 것이다. 비용은 단 몇 센트. 대중들의 반응이 어땠을까? 제조업체의 뻔뻔함에 대한 분노? 물론이다. 당연히 그랬다. 하지만 이 방송에 대해 웹사이트에 올라온 글 중에는 다음과 같은 반응도 드물지 않았다. "경제가 점점 취약해지는 시대에 덜 소비할 게 아니라 더 많이 소비해야 할 것이다. 생태 측면에서 착한 사람들의 생각을 통해서는 아무런 일자리도 창출되지 않으며, 그것이 우리의 배를 채워주지도 못한다. 제조업자는 기기들이 신제품의 평균 가격보다 더 싸게 수리될 수 없도록 신경 써야만 할 것이다."[3]

이런 반응을 보면 이해가 되긴 하지만, 이런 혁신의 싹들은 눈을 조금만 뜨고 살펴보면 거의 모든 도시에서 찾아볼 수 있다. 게다가 이런 곳은 수리도 해주지만 계몽센터 같은 곳이라는 인상도 준다. 소비자들은 온갖 부수현상이 뒤따르는 소비 테러뿐 아니라 스스로 떠맡은 미성숙으로부터 건져내어 사물에 대한 관계를 달리 맺도록 부추기려 한다.

인간은 대상의 가치를 평가하는 법을 새로 배워야 하며, 그렇게 함으로써 정신상태의 변화를 이뤄내야 한다.

인터넷 플랫폼 '아이픽스잇iFixit'은 선결파열점 문제와 계획적으로 수리를 못하게 하는 문제를 더 체계적으로 다루고 있다. 설립자인 카일 빈스Kyle Wiens와 루크 소울스Luke Soules는 자신들이 기대하는 바를 이렇게 표현한다. "우리는 모든 것이 수리될 수 있음을 세상에 보여주려 합니다. 혼자서 모든 것을 다 수리할 수 있는 사람은 없습니다. 그러나 그건 문제가 안 됩니다. 대다수 사람들은 어떤 것을 어떻게 수리하는지를 알고 있으니까요." 이런 의미에서 아이픽스잇은 수리할 수 있는 사람들이 함께 모이자는 운동이다. iFixit의 소문자 i는 그냥 나온 게 아니다. 자신의 최신 i 시리즈 제품(애플의 각종 제품, 즉 아이팟, 아이패드, 아이폰 따위에 있는 i – 옮긴이)에 문제가 있는 사람은 그 i에서 확실히 뭔가를 찾아낼 것이다. 아이픽스잇은 애플이 사방으로 높이 쌓아올린 수리 불가능성의 벽을 돌파하면서 그 공적을 인정받았다.

애플 같은 거대 기업을 깨뜨리려는 사람들은 비교적 큰 야심을 품고 있다. 아이픽스잇은 스패너를 꼭 쥔 주먹을 치켜든 로고를 내세우며 이를 '자가 수리 선언Self-Repair-Manifesto'으로 표현한다. "수리는 재활용보다 더 낫다"거나 "수리는 여러분의 돈을 아껴준다"와 같은 기본 원칙과 더불어 이렇게 말한다. "여러분이 고칠 수 없는 물건은 여러분의 것이 아니다. 수리는 인간과 기기를 결부시켜 준다. (…) 수리는 독립적으로 만들어준다. (…) 우리는 물건을 분해해 수리할 권리를 갖고 있다."

타카라와 마찬가지로 아이픽스잇을 만든 사람들도 케냐 나이로비 인근 키베라Kibera의 슬럼가, 인도 델리의 전자제품 폐기장 또는 카이로의 쓰레기 도시(인구 2,000만 명의 카이로는 도시의 쓰레기를 시의 일부 지역에 버리고, 그곳 사람들은 그 쓰레기 중에서 재활용될 만한 것들을 손으로 골라내서 팔음으로 생계를 유지한다. 나머지 쓰레기는 그곳에 그대로 남는다. - 옮긴이)에서 나오는 쓰레기를 둘러보았으며, 그곳에서 자기만의 '슈퍼영웅'을 찾아냈다. "그들은 딱한 상황 속에서 살고 있으며 아주 보잘것없는 도구로 진짜 기적을 만들어낸다." 아이픽스잇의 재주꾼들이 보기에 이런 사람들은 물건을 수리하는 것 그 이상을 행하고 있다. "그들은 기기에 새 영혼을 불어넣는다. (…) 그들은 환경 문제의 해법이다."[4]

재료의 수명을 늘려
경제적 손해를 막을 것

대여점, 물물교환 시장, 기브박스, 수리 카페. 이 모든 혁신의 싹들이 작고, 비영리적이며, 오히려 지역적으로 활동하고 있다는 것은 결코 우연이 아니다. 소수가 아닌 다수의 이익을 위한다는 공통적인 생각이 이런 조직들을 활성화시킨다.

새로운 해법의 단서를 얻기 위해서는 관점의 교체가 필요하다. 비교적 작은 구조에서는 수정과 변화가 쉽지만, 거대한 구조에서는 변화를 주기가 쉽지 않다. 거대한 구조는 문제의 답을 자기 내부의 논리에 의거해서 찾으려고 한다.

따라서 거대 석유업체가 스스로 해법을 생각해내지 못한다면 이 업체는 원자재 고갈로 인해 나타날 수 있는 재앙에 대해 다른 해법이 아니라 바로 새로운 원자재를 발굴하자는 해법을 제공하는 경향을 갖는다. 원자재 약탈에 근거하지 않은 대안들을 특별히 강력하게 촉진한다는 것은 그들 쪽에서는 오히려 기대할 수 없는 일이다. 그 대신 계속 발전하려는 의지가 어떤 방향을 지향하는지는 석유생산 정점Peak Oil(원유생산이 최고에 이른 지점. 이 지점에 이른 직후부터 생산이 급감한다. - 옮긴이)에 대한 활발한 논의 이래 석유 매장량이 (지금까지 상당한 이유로 인해 고려되지 않았던 수압파쇄Fracking 같은 방법을 포함함으로써) 갑자기 거의 두 배로 늘어났다는 사실에서 잘 알 수 있다. 메시지는 간단하다. 우리는 지금까지와 같은 방식으로 계속 나아갈 수 있다..

혁신 컨설턴트이자 재료 전문가인 자샤 페터스Sascha Peters 박사는 자신의 웹사이트에서 모든 혁신의 70퍼센트가 새로운 재료에 기초하고 있음을 발표함과 동시에 석유화학 시대의 종말이 사실임을 주장한다. 그가 보기에는 기술과 경제의 진보를 위한 본질적인 추진력이 되는 것은 제품 재료의 발전이다.

"재료 자원의 유한성 때문에 사람들은 온갖 힘을 다해 새로운 제품 재료에 매달려 애를 쓰고 있다. 재료를 환경에 부담되지 않는 식으로 다루려는 의식, 물질순환에 대한 고려와 새로운 에너지 형태, 이것에 개발자들은 중점을 두고 있다."[5]

그렇게 도출되는 것들은 놀라울 정도다. 해조류의 섬유질로 만든 화병, 나무껍질로 만든 휴대전화기 케이스, 아몬드 껍질로 만든 관棺, 대나무로 만든 자전거 차체를 페터스 박사는 자신의 책《재료 혁명 Materialrevolution》에서 더 많은 지속가능성으로의 전환에 대한 가장 유망한 지표라고 열거한다. 또 피마자유로 만든 스펀지, 감자전분으로 만든 일회용 접시, 당근의 섬유질이 포함된 플라스틱을 보고 그는 미래를 낙관한다. "재료를 환경에 부담되지 않는 식으로 다루려는 의식과 물질순환에 대한 고려가 소비자에게 다다름으로써 지속가능한 생산의 투자가 그 사이 수지맞는 사업이 되고 있다."

그의 판단에 따르면 "한 제품의 수명이 다한 뒤 그것을 쓰레기장에 버릴 필요 없이 새로운 제품에 쓰일 수 있는 물질을 요구하는 것"은 이제 벌써 사회적 합의사항이다. 다만, 이런 소재를 구하는 것이 아직은 원활치 않아 보이기에 페터스는 현 상태에 대한 현실적인 평가도 전달해야만 한다. "기후와 환경에 아무런 부정적 영향도 주지 않는 물질이 우리 눈앞에 나타날 때까지 무엇보다 지금 있는 자원을 가능한 한 가장 잘 사용할 필요가 있다."[6]

창의성이 풍부한 소기업들은 수년 전부터 기존 자원의 효용가치를 추가로 더 늘릴 수 있는지 실험하여 성공을 거두고 있다. 예컨대 레기체Regitze와 파트리크 케르티Patrick Kerti 부부는 베를린의 옛 마룻바닥과 자동차 튜브로 가구를 제작하고 있다. 그 재료로 둘은 멋진 소파를 제작하는 것이다.[7] 뮌스터 출신의 이 두 재활용 전문가들은 낡은 지도로 편지봉투를, 광고지로 지갑을, 또 옛 신문지로 연필심을 감은 종이연필을 만들어낸다. 그것도 전통적인 공업적 폐지 재활용 방법에서 일반적으로 하는 방식, 즉 사전에 종이를 분쇄하고 탈색하는 과정 없이 말이다.[8]

보통 같으면 사용 후 대번에 쓰레기장으로 갔을 물건들을 이 둘은 이처럼 직접 이차적으로 재활용한다. 사람들은 이를 '업사이클링Upcycling'이라 부른다. 그러나 물질은 모든 재활용 과정에서 품질이 저하된다. 이런 방식을 이른바 '다운사이클링Downcycling'이라고 하는데, 예를 들면 플라스틱이 이에 해당한다. 하지만 이 두 경우는 브라운가르트가 말하는 '완전한' 재활용과는 아직 관계가 없다.

지속가능한 경제는 기본적으로 성장을 포기해야 함을 절대 요구하지 않는다. 다만, 특정 영역에서만 그럴 뿐이다. 어쨌든 에너지 집약적 제조 공정의 하나인 알루미늄 제련의 경우에는 그런 포기가 유의미하며, 심지어 불가피하기까지 할 것이다. 또 알루미늄은 재활용해도 거의 재료의 가치가 상실되지 않기 때문에 미국이 알루미늄을 일관되게 재활용하기 시작한다면 이 부문은 감산이 가능할 듯하다.[8]

한 곳의 탈성장은 다른 곳의 성장을 낳을 수 있다. 예를 들면 알루미늄 제조업의 성장을 포기하면 미국의 재활용업체, 아니면 경량제조 산업이 성장할 수 있는 것이다. 자동차 한 대를 제조할 때 철판 대신 알루미늄을 사용하면 차량 무게를 200킬로그램까지 줄일 수 있다. 하지만 재활용이 아닌 차량용 알루미늄을 제련하는 데에 소비되는 추가의 에너지를 차체 무게 감소에 따른 유류 절약분으로 보상하려면 6만 킬로미터를 일단 달려야 한다. 알루미늄을 재활용하면 그럴 필요가 없어지니 이 재활용 부문은 이를 기뻐할지도 모른다.'

석유화학 시대가 종언을 고한다는 자샤 페터스 박사의 진단이 옳다면 이는 분명 석유산업의 뚜렷한 마이너스 성장도 의미할 것이다. 말하자면 성장이 후퇴한다는 것이다. 다른 한편으로 석유산업은 거대 산업 위주의 성장사회가 이 성장 개념을 얼마나 편협하게 파악하는지를 보여주는 좋은 사례다. 보다 정확한 경제적 계산을 해내려면 이중의 의미를 가진 이 마이너스 성장이 만들어내는 모든 것까지 다 포함시켜야 한다.

우리는 거대 산업의 활동으로 인해 위축되는 것이 무엇인가에 대해 주목할 필요가 있다. 지하자원, 경작면적, 삼림, 수산자원, 생물종 다양성, 식수자원 또는 경쟁력 있는 소기업, 전업 농부의 수가 줄어들면 이는 단지 유감스러운 일일 뿐 아니라 경제적 손해다.

그러므로 쓰레기더미를 줄이기 위한 구매의 여러 대안을 찾아볼 때 정확히 어디에서 탈성장이 일어나야 하는지 살펴보는 것은 필요하다. 왜 우리는 아시아의 의류 제조업체 노동자의 임금을 어느 정도 인간의 존엄성에 맞는 수준으로 올리기 위해 옷 한 벌 값을 12센트 인상하는 것조차 많다고 여기는 저가 의류 제조업체와 성장이 일어나지 않음에 대한 두려움을 나눠야 한단 말인가? 소수의 사람들이 더 많은 이익을 얻도록 눈감아주는 이들은 왜 우리에게 성장이 이루어지지 않을 경우에 일어날 대재앙의 모습을 상상하게 하는가? 이미 성장경제가 만들어낸 끔찍한 결과의 모습을 충분히 떠올릴 수 있는데 말이다.

각종 노후화에 의해 구축된 경제 방식은 모든 사람을 유혹하거나 압박하거나 아니면 억눌러서 무기력한 상태로 만들어버릴 것이다. 그런 상태에서는 끊임없는 구매행위의 반복과 그 구매력을 유지하기 위한 중노동만이 상수常數가 되어 반복된다. 그러나 그렇게 강력한 담당기관조차 존재하지 않는다.

우리는 한 걸음 뒤로 물러나 다른 관점에서 그 시나리오를 보아야만 한다. 그래야 자신의 행위 능력을 인식할 수 있다. 스스로 결정하는 것. 독립하여 만족감을 발견하면서도 다른 사람과도 함께 동반자가 되어 나아가는 것을 말이다.

이제는 컨슈머에서
프로슈머로

일상생활에 필요한 수많은 물건으로부터 더 급진적으로 독립하고 싶다면 어떻게 해야 할까? 쓰레기더미를 만들지 않기 위해 아무것도 구매하지 않는 게 혹 가능하기나 할까? 물건을 구매하는 것은 결국 그 물건이 어떻게 기능하는지, 또는 우리가 어떻게 필요한 물건을 스스로 만들 수 있는지 모르기 때문이다. 우리는 구매용 물건에 의존해 있는 것이다.

샘 뮈어헤드Sam Muirhead는 이런 의존성이 얼마나 많이 사라질 수 있는지를 시험해 보았다. 베를린에서 살고 있는 뉴질랜드 출신의 이 영화제작자는 스스로 실험을 한다. 자신의 모든 삶을 특허 받은 대량생산 제품의 족쇄로부터 해방하여, 이른바 '오픈 소스' 제품으로 전환해보는 것이다.

오픈 소스란 좁은 의미에서는 누구든 임의로 실행, 복사, 보급해도 되는 무료 제공 소프트웨어라고 볼 수 있다. 하지만 연구하고 변경하고 개선해도 된다. 원천 코드가 공개되어 누구나 접근할 수 있기 때문이다. 그러니까 그냥 소비만 해도 될 뿐 아니라 자기 필요성에 맞게 재단하고 그것으로 원하는 것을 합법적으로 만들어도 되는, 그러면서도 그 대가로 뭔가를 지불할 필요가 없는 소프트웨어다. 2012년 8월 1일, 뮈어헤드는 이 원칙을 1년 동안 가능한 한 포괄적으로 자신이 살아가는 데 필요한 모든 것에 확장하기 시작했으며, 블로그에 이와 관련한 글을 올렸다.[10]

이것을 구체적으로 이야기하자면 제조업체가 재단용 본을 제공하지 않은 청바지는 구입하지 않으며(설령 유명 상표의 청바지일지라도),

직접 따라할 수 있는 제조방법이 제공되지 않은 맥주도 먹지 않음을 의미한다. 그는 어느 정도 이 조치를 완성하고 싶어한다. 이를 성장 비판론자인 니코 패히는 소비자, 즉 컨슈머에서 프로슈머로 가는 조치라고 서술했다. 프로슈머는 단순한 소비자가 아니라 자급하는 사람으로서, 또는 적어도 공동 생산자로서, "자신의 실질적·수작업적·사회적 능력을 이용해 제조업 생산을 대체"하는 '경제적 주권'을 되찾았다.[11]

현실에서 이것이 뮈어헤드에게 의미하는 바는, 자신이 먹을 음식의 일부를 스스로 만들어내려고 일찌감치 베를린 크로이츠베르크 Kreuzberg 지역 내 한 마을의 정원Nachbarschaftsgarten(직역하면 '이웃 정원'으로, 동네 사람들이 공동으로 관리하고 가꾸며 즐기는 텃밭 겸 정원. 여러 도시에 이런 공간이 있다. - 옮긴이) 회원이 되었음을 의미한다.

물론 다른 지역에서는 이렇게 되기가 훨씬 더 어렵다. 뮈어헤드는 자신의 실험이 결국 소비사회에서 100퍼센트 벗어나는 데까지는 이르지 못할 것임을 당연히 의식하고 있다. 어떤 경우에는 실패가 이미 정해진 수순이기도 하다. 이러한 시도를 기록하는 수단인 컴퓨터와 카메라도 오픈 소스 제품으로 완전히 대체되지는 않는 것이다.

그러나 오히려 한편으로는 생산과 소비의 간극이 그 사이 얼마나 벌어지는지에 대한 감각을 개발하고, 다른 한편으로는 호기심과 뭔가를 찾아내려는 마음이 있을 때 우리가 얼마나 나아갈 수 있는지를 알아내는 것도 이 실험의 목표다. 물론 수많은 기존 단체들의 네트워크와 무료로 얻을 수 있는 지식을 이용해서 말이다. 컴퓨터와 카메라를 특허 받은 제품의 종속성으로부터 분리하려고 리눅스 같은 공개 소프트웨어로 갈아타는 것은 첫 번째 조치일 뿐이다.

그러나 몇몇 제품의 경우에는 100퍼센트 해결책도 있다. 그 사례로 맥주를 보자. 뮈어헤드는 맥주를 만들 수 있는 제조법을 제공하는 업체를 한 군데 발견했다. 옷을 따라 만들 수 있는 재단용 본을 내놓은 재단사도 충분할 정도로 있다. 무료로 사용할 수 있는 소프트웨어를 이용해 1980년대의 낡은 니트웨어 제조 기계를 독창적인 목도리와 모자를 생산하도록 되살린 해커들도 있다. 세제를 스스로 만들 수도 있으며, 이는 심지어 파는 것보다 값도 더 싸다. 하지만 돈을 아낀다는 느낌보다 더 멋진 일은 어떤 것의 작동 원리를 안다는 것, 그리고 자신이 스스로 무언가를 만들 수 있는지를 알아차리는 것이다.

오픈 소스 아이디어를 찾아 나선 뮈어헤드의 블로그를 보면 놀라운 세상이 열린다. 거기서는 사람들이 '스스로 만들기'에 대한 열정으로 고철이나 각종 자투리 재료 등 눈에 띄는 것들을 이용해 마술 부리듯 놀라운 물건을 만들어낸다. 그 과정에서 주의를 기울이는 것은 자기들이 발견한 것을 네트워크를 통해 공유하고, 그 노하우를 대중들이 마음껏 사용할 수 있도록 제공하는 일이다.

영어권 플랫폼인 'knowable.org'는 이런 지식을 취합하는 수많은 곳 중 하나다. 이곳에서는 20리터짜리 플라스틱 통과 지퍼, 하드디스크, 메인보드, 전원공급 장치, 풀, 카펫용 칼, 대나무 파이프를 이용해 컴퓨터를 한 대 조립할 수 있음을 보여준다. 몇몇 사람은 자신들의 모든 삶을 오픈 소스로 전환하는 대신, 본보기로 일상 기기 하나를 원자재 획득에서부터 최종 이용에 이르기까지 자기 손으로 만드는 시도를 한다. 토머스 스웨이츠^{Thomas Thwaites}는 이런 노력을 'thetoasterproject.org'에 기록하여 성공을 거둔 토스터 제작 과정을 보여주고 있다. 심지어 그는 이 기기를 만들려고 제작에 필요한 금속도 스스로 캐내려 했다.

많은 이들이 이런 운동을 '디지털 두잇유어셀프^{Do-It-Yourself}' 운동의 일부로 간주한다. 그들은 자신을 그냥 '만드는 사람^{Maker}'이라 부른다. 이런 운동의 수많은 센터 중 하나가 베를린에 있는 오픈 디자인 시티^{Open Design City}다. 이는 열린 공방의 하나로, 천연 화장품 제조에서부터 비닐봉지를 직접 녹여 붙여 쇼핑백 만들기, 그리고 콘크리트 작업에 이르기까지 자신이 가진 모든 능력을 테스트해볼 수 있다.

공영 독일라디오^{Deutschlandradio} 방송은 베를린을 이미 3D 제작자들의 새로운 수도^{首都}로 간주한다. 소비자를 생산자로도 만들어주는 제2의 산업혁명이 자라나고 있는 새 수도로 말이다.[12] 소규모 제조업자들의 집합은 대량생산업체들의 본격적인 경쟁자가 될 수 있을지도 모른다. 이런 현상에 대한 책을 저술한 크리스 앤더슨^{Chris Anderson}은 "우리는 이런 민주화로 무엇이 가능해지는지, 또 그 뒤에 어떤 경제 권력이 최종적으로 숨어 있는지를 알고 있다"고 말한다.[13]

물건에 대한 존중은

인간과 자연에 대한 존중

개인적으로 만든 제품에 대한 동경은 미리 제작된 제품 중에서 하나를 고르는 게 아니라 부분적으로는 자신의 욕구를 실현하겠다는 소망의 표현임이 확실하다. 어쩌면 더 많이 제품을 스스로 다뤄보겠다는 욕구는 산업생산이 갈수록 더 많이 우리에게 제공해주는 것에 대한 단순한 반작용이기도 하다. 분명 제품들 사이에서는 무언가가 작용하고 있다. 하지만 우리는 그것을 보지 못한다. 그것을 제대로 이해하는 사람은 소수에 불과하다. 제품이 우리 삶 속에서 북적거린다. 바로 블랙박스다. 이런 블랙박스는 우리의 일상을 지배하기까지 한다.

그러나 불신의 눈으로 해석하자면, 이렇게 스스로 만든 제품을 지향하는 흐름 뒤에는 다른 무언가도 있으리라 추측할 수 있다. 말하자면 심리적 노후화의 새로운 현상 같은 것이다. 계획된 노후화는 거대 기업에 의해, 그리고 거대 기업을 위해 그 정점에 이르렀다. 그럼에도 불구하고 그것이 거대 기업에만 국한되어 있을 필요는 없다. 노후화는 제품과 함께 다른 곳으로 옮겨갈 수 있는 것이다. 만일 한 '프로슈머'가 3D 프린터로 자신이 원하는 꽃병을 만들었다면, 이제 그는 더 이상 제품을 만들지 않을 것인가? 이 질문은 여전히 흥미롭다.

일상적으로 사용하는 물건에 우리가 '질릴' 수 있음을 결국 배웠다. 그래서 우리는 새로운 물건을 하나에서 만족하는 게 아니라 적어도 하나 이상을 '정기적'으로 원할 것이다. 이 경우에 다른 점이 있다면, 그 꽃병을 사지 않고 스스로 생산한다는 것이리라.

컬러 프린터가 언제부턴가 가정용으로 장만할 만한 가격의 물건이 되었다. 그래서 모든 프린터가 작은 인화실 또는 작은 인쇄소로 이용되듯, 3D 프린터의 이용도 당연지사가 될지도 모른다. 단추 하나 누름으로써 쓰레기더미를 위한 보급품을 스스로 생산할 수 있을지도 모른다. 이 말은 개인에 의한 생산이 자원 보전, 폐기처분, 에너지 효율성 면에서 적절한지에 대해 대량생산과 똑같은 척도로 측정해야 함을 의미한다.

우리는 언제 어디서나 옳은 절대적인 해법이(물론 인증마크를 통해 제품을 증명하는 방법이 가장 좋다) 존재하는 것은 아니라는 생각에 익숙해져야만 한다. 문제는 무엇이 옳고 그른가가 아니다. 무엇을 살지 말지, 산다면 언제가 좋은지, 반년 동안 갖고 있을지 아니면 평생을 갖고 있을지, 또 그런 다음 팔지 말지, 우리 아이들에게 선물할지, 아니면 아무런 찌꺼기도 남지 않도록 해체한 다음 재활용할 건지 등을 심사숙고해서 결정해야 한다.

하지만 이런 결정의 자유를 짐으로 느낄 필요는 없다. 계획된 노후화에 맞서 자신을 방어한답시고 무조건 스스로 만든 것만을 이용함으로써 프로슈머가 될 필요는 없다. 애플에 대항해 소송을 내기 전에 이미 애플이 만든, 사용 후에 버리지 않을 수 없는 아이팟에 반대하는 항의 시위를 공개적으로 행한 니스탯 형제처럼 소비자들은 인터넷을 통해 과거 그 어느 때보다도 더 잘 연대할 수 있다.

예를 들면 경영학을 전공한 베를린의 슈테판 슈리데^{Stefan Schridde}는 영화 〈쓰레기더미를 위한 구매〉를 위해 소비자들이 경험한 조기 노후화 사례를 포스팅할 수 있도록 '어설픈 솜씨는 사양합니다^{Murks! Nein danke}'라는 정보제공 블로그를 시작했다.[14] 제조업체의 어설픈 솜씨를 공개함으로써 고객들을 잘못된 구매 결정으로부터 지켜줄 수 있으며, 다른 한편으로는 그렇게 공개적으로 비판을 받은 제조업체가 나중에라도 제품을 개선하게 할 수 있었다.

'상표 순위 매기기^{Rank a Brand}' 모임은 자신들의 웹사이트에 유명 상표 제조업체가 얼마나 책임감 있게 자원을 다루며 자사 제품의 지속가능성과 관련하여 얼마나 투명한지에 대한 정보를 제공한다.[15] 그럼에도 불구하고 그러한 정보는 발판만 제공할 수 있을 뿐, 계속 주의를 기울일 필요가 있다. 즉 생산자에게 지속가능한 방식으로 행동하라는 압박의 수위를 높이면 지속가능성 부문이 성장 시장이 되는 것이다.

그와 같은 행동은 결과적으로 제조업자가 '녹색'으로 행동함을 보증해준다는 인증마크의 숫자에도 적용된다. '녹색' 기준에 따른 점수가 좋지 않아 이미지에 손상을 입는다 해도 그것이 항상 오명^{汚名}의 원인이 제거되는 쪽으로 이어지지는 않는다. 이미지 관리를 위한 노력이 때로 홍보 업무에 더 큰 예산을 배정하는 것으로 나타나기도 한다. 또 매년 새 물건을 사는 것이 아니라 평생 쓸 제품을 다시 구매하는 것이 멋진 일이 되면, 더 비싼 가격은 더 비싼 자재와 더 나은 가공에 따른 것이 아니라 부분적으로는 특별히 고급스런 신제품 라인을 발표하고 소개하는 데 드는 광고 예산 때문일 수 있다.

복잡하다. 그래도 실제로 계획된 노후화에 맞서는 싸움에서 직접적으로 작용하는 수단이 몇 가지 있다. 이런 수단은 (바라건대) 특별히 오래가는 고가의 제품을 사기 위해 사용자 포럼에 등록할 필요도 없고 많은 돈도 요구하지 않는다.

'물건에 대한 존중'이 그런 수단의 하나다. 물건에 마음을 주는 것이 말도 안 되는 유물론적인 행위일 필요는 전혀 없다. 물건에 대한 존중은 인간의 노동에 대한 존중과 제품 제조에 투입되는 원자재와 에너지의 원천인 자연에 대한 존중을 의미한다. 이는 멀리 떨어진 어느 곳의 컨베이어벨트에서 만들어져서 소포로 우리 집까지 배달되는 물건에도 똑같이 해당된다. 그 물건을 보고서 그것이 지나온 기나긴 여정을 우리가 알아보지 못하더라도 말이다.

그다음 동맹군은 자신의 '지성'이다. 이것은 가장 떨쳐내기 어려워 보이는 심리적 노후화라는 메커니즘에서 벗어나는 데 매우 유용할 수 있다. 광고와 사회 전체적 합의를 통해 수십 년에 걸친 조건반사 훈련에 대항하는 데에는 그 어떤 법규도 도움이 되지 않는다. 하지만 약간의 숙고는 도움이 된다. 즉 다음번에 물건을 구입한다면 '과연 누구에게 가장 많이 도움이 되는가' 하는 문제를 스스로 한 번 제기해보는 것이다.

바로 앞의 것과 밀접하게 연관된 세 번째 동맹군은 시각·청각·촉각 등 '감각의 총체'로, 이런 감각들을 신뢰하는 사람은 어떤 요구르트라도 그것이 벌써 유통기한보다 2주 넘게 냉장고에 있었다는 이유만으로 내다버릴 필요가 없다. 식품에 붙어 있는 '유통기한'은 언제부터인가 아무도 모르게 '소비기한'이 되어버렸다. 소비자 보호를 위한 도구가 일종의 자체 폐기 메커니즘으로 변한 것이다. 소비자들이 식품이 먹을 만한 것인지를 내용물을 들여다보고 냄새 맡은 다음 스스로 결정해야 함에도 오로지 포장지에 명료하게 적혀 있는 기한만 유효하다고 생각하는 것이다. 무엇을 더 사용할 수 있고 없는지를 다른 사람의 판단에 넘기는 순간 우리는 계획된 노후화라는 원칙을 내면화한 것이다.

쓰레기더미를 만들지 않기 위해 소비를 줄이는 것은 재미난 일이다. 2년에 한 번쯤 국수 뽑는 기계를 사용하는 이웃 주부에게 그 기계를 누군가에게 빌려줄 수 있는지 물어보는 것, 주말여행 두 번쯤 하고 나면 지퍼가 고장 날 것이 대번 눈에 보이는 싸구려 소형 여행 가방을 특별세일 판매대 위에 그냥 내버려두는 것처럼 말이다. 전기轉機는 우리 스스로 만들 수 있으며, 어떤 미래를 살아갈 것인지는 자신이 함께 결정할 수 있다.

1 www.leila-berlin.de 참조.

2 "8 Fragen an … Tom Hansing vom Verbund Offener Werkstätten", Dawanda Blog, 2012년 9월 24일자, http://tinyurl.com/a52albx 참조.

3 Andreas Poulakos, "Repair Cafés als Widerstand: Mehr reparieren, weniger konsumieren", WDR Ratgeber, www1.wdr.de/themen/ratgeber/repaircafe114.html, Kommentar: www1. wdr.de/themen/ratgeber/repaircafe114_compage-2_content-long. html#comment 참조.

4 http://ifixit.org, 이 영웅들은 http://ifixit.org/category/fixers에서 볼 수 있다.

5 www.saschapeters.com 참조.

6 Sascha Peters, *Materialrevolution. Nachhaltige und multifunktionale Werkstoffe für Design und Architektur*, Basel 2011, 6쪽 이하 및 34쪽.

7 http://kerti-berlin.de, www.direktrecycling.de 참조.

8 아일랜드에서의 알루미늄 제련과 관련한 멋진 이야기는 Andri Snær Magnason, *Traumland. Was bleibt, wenn alles verkauft ist?*, Freiburg 2011에서 읽을 수 있다.

9 "Aluminium: Wie Strom zu Blech wird", *GEO Magazin*, 2002년 7월호 참조.

10 http://yearofopensource.net 참조.

11 Niko Paech, *Befreiung vom Überfluss. Auf dem Weg in die Postwachstumsökonomie*, München 2012, 123쪽.

12 Christiane Giesen, "Die digitale Do-it-yourself-Avantgarde. Die Entstehungsgeschichte der Maker-Bewegung", *Deutschlandradio*, 2013년 1월 30일자, www.dradio.de/dkultur/ sendungen/thema/1994513/ 참조.

13 Chris Anderson, *Makers: Das Internet der Dinge: die nächste industrielle Revolution*, München 2013 참조.

14 www.murks-nein-danke.de 참조.

15 www.rankabrand.de 참조.

계획된 노후화는 우리에게 어떤 영향을 미쳤는가?

내 어린 시절, 우리 집 전기레인지용 부품이 소리 소문 없이 시장에서 사라졌다고 엄마가 큰 목소리로 불평하시던 게 기억난다. 부품이 없으니 수리가 불가능했으며, 가족은 값비싼 신제품을 구매해야 한다는 압박을 받았다. 당시 나는 처음으로 '선결파열점'이라는 말을 들었다. 값이 그리 싸지도 않았던 새로 산 옷은 세 번 빨았더니 폭이 두 배로 늘어나 헐렁해져버린 반면, 한 친구가 벼룩시장에서 장만한 옷(전후 시대에 입던 영국의 실용 드레스)은 몇 번을 빨아도 계속 멋져보였던 기억도 있다.

조사를 시작하면서 나는 인터넷상에서 떠도는 수많은 음모론을 접했고, 다음과 같은 기괴한 일화들과도 맞닥뜨렸다.

옛날에 한 발명가가 있었다. 그는 영원히 사용할 수 있는 전구를 개발했지만 생산 계약을 따낼 수는 없었다. 오히려 짙은 색 양복을 입은 몇몇 신사들의 방문을 받았다. 그 신사들은 그를 협박했다. 결국 그는 전구 제조업자를 피해 도망 다니면서 여생을 보냈다. 그들은 그가 개발한 새 전구가 시장에 나오지 못하도록 철저히 방해했다. 이따금 그 발명가는 주소도 남기지 않고 떠나기 바로 전날 밤 늦은 시각에, 어느 이름 없는 선술집에서 낯선 사람들에게 자신의 이야기를 풀어놓곤 했다.

이 이야기의 다른 버전에서는 짙은 색 양복을 입은 그 신사들이 트렁크 하나를 돈으로 가득 채워 가지고 온다. 발명가는 자신의 특허를 그 제조업자들에게 팔아넘긴 뒤 남쪽의 어느 섬으로 들어가 은둔한다. 그리고 그의 발명은 한 전구 제조업체의 문서보관실 깊숙이 파묻히고, 결코 실현되지 않는다.

가장 음울한 버전에서는 이 발명가가 어느 날 갑자기 흔적도 없이 사라져버린다.

내 마음 속에서는 이 도시의 전설들을 사실로 대체하겠다는 야심이 무르익어갔다. 나의 조사는 어떤 타격에도 흔들리지 않는 확고한 결과를 제공해야만 했으며, 계획된 노후화의 존재 여부에 대한 물음에 최종적인 대답을 해주어야 했다. 영화 속에 등장하는 모든 진술은 구체적 증거, 원본 서류, 그 시대 증인들의 진술이나 법원의 판결서류로 뒷받침되어져야 했다. 왜냐고? 한갓 소문을 퍼뜨리는 것이 무슨 의미를 갖겠는가?

구체적 조사 작업은 어느 날 밤 길거리에서 시작되었다. 내 앞에 이웃이 버린 쓰레기가 쌓여 있었다. 그중에는 엡손Epson 잉크젯 프린터도 한 대 있었다. 이미 나는 인터넷상에서 떠도는 앞의 음모론을 통해 그 모델을 알고 있었다.

나는 그 프린터를 집으로 가져왔다. 며칠 뒤 그것을 마르코스 로페스에게 보여주기 위해서였다. 예전에 나는 한 르포 작품과 관련해 전산학 전공자였던 마르코스를 인터뷰한 적이 있었다.

마르코스도 마찬가지로 그 이야기를 알고 있었다. 그는 러시아 해커가 만든 프리웨어를 설치했으며, 우리는 함께 프린터 계수장치를 위아래로 조정해보았다. 계수장치를 숫자가 더 이상 올라가지 않을 때까지 올릴 때마다 오류 메시지가 떴으며, 프린터는 꿈쩍도 하지 않았다. 그러나 우리가 수동으로 수치를 얼마간 낮추거나 계수장치를 0으로 조정하자 프린터는 다시 문제없이 작동했다. 이런 인식을 긴장감 불러일으키는 영화장면으로 변신시키는 일은 분명 만만치 않을 것이다.

그러나 촬영에 이르기까지는 시간이 꽤 걸렸다. 그 사이에 이 영화에 대한 조사가 결실을 맺기 시작했다. 다수의 사례를 접한 나는 몹시 놀랐다. 또 '계획된 노후화'가 처음에 생각했던 것보다 훨씬 더 생생한 현상임을 확인했다.

애초 나의 계획은 대량생산 초창기에 전구 카르텔이 행한 고약한

짓거리와 1950년대 미국의 소비광풍을 재미있게 묘사해 보여주는 것이었다. 그러니까 깨우쳐주는 바는 있지만 현대에 아무런 영향을 미치지 못하는 과거의 개별적 사례로 관객들을 즐겁게 해주는 것이었다.

하지만 조사를 하면서 그게 전부는 아님을 깨달았다. 계획된 노후화는 그 어느 때보다 더 중요해졌으며, 산업 전반에 걸쳐 나타나고 있었다. 특히 전자 산업 부문에서 점점 더 새로운 형태로 떠오르고 있음이 뚜렷이 밝혀졌다.

완성된 영화는 세계 여러 나라에서 상영되어 화제를 일으켰다. 스페인에서는 첫 텔레비전 방송이 나간 뒤 24시간 동안 '계획된 노후화'라는 제목이 트위터Twitter의 트렌딩 토픽Trending Topic(사용자들이 올린 트윗을 분석해 어떤 단어가 가장 많이 쓰이고 있는지를 보여주는 기능)이 되었으며, 한동안 미용실이나 버스 안 그리고 거리에서 숱한 화젯거리를 제공했다. 뭔가 문제가 있었다는 관람객들의 모호한 의혹에 이름을 부여하는 것, 그 일을 우리가 해냈다.

영화가 미친 영향은 오히려 뜻밖이었다. 스웨덴의 파이럿 베이Pirate Bay가 유튜브YouTube에서 복제된 업로드의 해상도가 좋지 않다면서 HD급의 복사를 정중히 요청해온 것이다. 허가 없이 인터넷으로 시청한 모든 사람들에게 1센트씩만 받았더라도 나는 그 사이 새로운 영화를 촬영할 수 있었을지도 모른다.

쿠바의 한 텔레비전 채널은 이 영화를 '자본주의의 진실'이라는 프로그램의 일환으로 3회 연속 방송했다. 정치적 스펙트럼의 다른 한쪽 끝에서는 시청자들이 나를 비난했다. 우리가 '계획된 노후화'의 존재를 그 어떤 타당한 증거로도 입증하지 못했다는 것이다

계획된 노후화라는 주제는 마케팅 및 홍보회사들에 의해 발견되었으며, 스페인의 한 사업가는 수입된 LED 전등 한 상자와 꾸며낸 이야기 하나를 가지고 언론사들을 두루 훑었다. 그는 살해 협박을 받음에도 불구하고 최초의 내구성 있는 현대식 전구를 발명해 이 세상을 행복하게 했다고 떠들어댔다. 점차 제품의 내구연한이 상표딱지에 나타나 있어야 한다는 요구가 커지고 있다. 그래야 소비자들이 정보를 알고서 결정을 내릴 수 있다는 것이다. 심지어 유럽 국민투표까지도 고려되었다.

유감스럽게도 영화의 틀을 깨트렸을 질문 하나가 계속 내 머릿속에 남아 있었다. 즉 계획된 노후화가 인간에게 그리고 우리의 사회적 접촉에 미친 영향이 무엇인가 하는 것이었다. 이 계획된 노후화는 사람도 노후화한 것으로 볼 수 있다는 수많은 고용주의 견해(예를 들면 쉰이 넘은 직원들의 경우, 그들이 가진 모든 직업적 경험에도 불구하고 고용주는 노후화되었다고 여긴다)에 공동으로 책임이 있는가? 그간 우리는 우정과 인간관계도 마찬가지로 교환할 수 있다고, 또 언제든지 대체될 수 있다고 여기게 되었는가?

금융위기에 직면해 정치인들이 소비를 해야 경제가 살아난다며 우리를 붙들고 쉬지 않고 소비행위를 부추기는 것을 보면, 나는 그

사이 모든 욕구를 다 가진 한 인간이 노후화된 것으로 간주되는 지점에 우리가 다다른 것은 아닌가 하는 궁금증이 생긴다. 부지런한 소비자라는 역할을 일단 제외한다면 말이다.

2013년 2월 바르셀로나에서

코지마 다노리처

영화 소개

코지마 다노리처Cosima Dannoritzer의 영화 〈쓰레기더미를 위한 구매Kaufen für die Müllhalde〉는 바르셀로나의 '메디아 3.14Media 3.14'와 파리의 '아티클 지Article Z'가 아르테 프랑스ARTE France, TVC(스페인 카탈루니아 방송) 및 TVE(스페인 공영방송)와 공동 제작한 작품으로, NRK(노르웨이 공영방송) · RTBF(벨기에의 프랑스어권 방송, 벨기에 프랑스어 공동체 방송) · SBS-TV(호주 방송) · TG4(아일랜드 공영방송) · TSR(스위스의 프랑스어 국영방송) · YLE(핀란드 국영방송)가 제작에 협조했다. 또 유럽연합의 미디어 프로그램MEDIA Programme 및 카탈루니아어 문화산업 연구소Institut català de les industriès culturals, ICEC도 우호적으로 지원해주었다.

이 영화는 지금까지 21개국에 수출되었으며, 150개가 넘는 영화제와 행사에서 상영되었다. 그중에는 상하이 국제 텔레비전 축제Shanghai International TV Festival, 국제 다큐멘터리 영화제United Nations Association Film Festival(스탠포드 대학교), 세계 자원포럼World Resources Forum(다보스), 아탁 영화제Attac Filmfestival(베를린), 파리샹스Pariscience(파리), 워치 독스Watch Docs(바르샤바), 인풋 인터내셔널 텔레비전 컨퍼런스Input International Television Conference(시드니), 오픈 시티 독스 축제Open City Docs Fest(런던), 괴테 인스티투트Goethe-Institut(홍콩), DocsDF(멕시코) 및 유럽 쓰레기 방지 주간European Week of Waste Prevention이 있다.

영화제 수상 및 수상후보 목록

- '최우수 기록영화: 기술, 과학, 교육 부문Bester Dokumentarfilm Technik, Wissenschaft und Bildung', GZDOC, 중국 2010
- '최우수 기록영화Bester Dokumentarfilm', 스페인 텔레비전 아카데미, 스페인 2011
- '국제적 물결Ondas Internacional', 스페인 2011
- '심사위원 특별상Besondere Erwähnung der Jury', 국제환경영화페스티벌FICMA, 스페인 2011
- '최우수 영화Bester Film', SCINEMA, 호주 2011
- '마에다 특별상Maeda Special Prize', 저팬 프라이즈Japan Prize, 일본 2011
- '최우수 저녁시간용 기록영화Bester abendfüllender Dokumentarfilm', FILMAMBIENTE, 브라질 2011
- '최우수 사회 부문 기록영화Bester sozialer Dokumentarfilm', 매그놀리아 어워즈 Magnolia Awards(상하이 국제 텔레비전 축제), 중국 2011(후보)
- 포칼 인터내셔널 어워즈Focal International Awards, 영국 2011(후보)
- 유럽상Prix Europa, 베를린 2011(후보)
- '최우수 과학 기록영화Beste Wissenschaftsdokumentation' 및 '미디어 커뮤니티 상 Media-Community Prize', 사람과 환경People and Environment, 러시아 2012
- '최우수 해외영화Bester internationaler Film', 쿠알라룸푸르 에코 필름 페스티벌 KLEFF, 말레이시아 2012
- 최우수 환경영화에 대한 '해바라기 상Prix Tournesol', 녹색 영화제Festival du Film Vert, 스위스 2013

※ 영화 〈쓰레기더미를 위한 구매〉는 아르테arte 사이트에서 구입할 수 있다. www.artevod.com/pret_a_jeter

눈 뜬 소비자가 많아질수록
쓰레기로 버려지는 물건이 줄어든다

경제는 순환이다. 그러니 기업은 부지런히 만들어내고, 소비자는 기꺼이 사다 쓰고 주저 없이 내다버린다. 그러면 일자리도 생겨나고, 수출도 늘어나고, 살림도 윤택해진다. 생산과 소비가 쉼 없이 맞물려 돌아가지 않으면 마치 고인물이 썩듯 경제는 죽고 삶은 피폐해진다.

그렇게 믿었던 시절이 있었다. 아직도 그렇게 믿는 사람이 적지 않다. 그런데 다른 한쪽에서는 우리가 만드는 물건이 어떻게 생겨나며, 그것이 어디에서 생을 마감하는지를 보라고 외친다. 그들은 땅에서 자란 곡식이 우리의 뱃속으로 들어감으로써 그 효용을 다한 뒤 다시 배설물의 형태가 되어 그 땅의 거름으로 돌아가는 것을 진정한 순환이라고 여긴다. 그들에게는 중국에서 캐낸 광산물로 속을 알 수 없는 전자제품을 만들고, 그것의 효용가치가 다한 다음 아프리카의 어느 가난한 나라에 버려지는 것은 순환의 축에 들지 않는다.

사실 두 견해 모두 나름대로 타당성을 지닌다. 그래서 최종 결정은 결국 당사자, 즉 기업이나 개인의 몫이 된다. 다만, 결정의 당사자가 관련 정보를 얼마나 인식하고 있는가는 매우 중요하다. 기업과 소비자 개인 간에는 보유 정보량 면에서 비대칭성이 있다. 이런 비대칭성을 해소하는 데에는 소비자들의 연대가 유용하다. 이 책은 소비자가 알아야 할 유용한 정보와 연대의 의미를 잘 보여준다.

예를 들어보자. 우리가 알고 있는 백열등의 수명은 그리 길지 않다. 유리 안의 가느다란 필라멘트가 끊어지면 그걸로 끝이다. 좀 더 굵은 필라멘트를 쓰면 더 오래 쓸 수 있지 않을까? 아마 많은 사람들이 그런 생각을 한 적이 있을 것이다. 그렇다. 우리가 써온 전구란 제조업체가 딱 1,000시간 정도만 불이 켜지도록 개발한 결과였다. 프린터 제조업체들도 그런 기업가 유전자를 물려받았는지, 일정 횟수 이상은 인쇄가 되지 않는 프린터를 만들어냈다. 멀쩡하던 프린터가 갑자기 인쇄를 하지 못하니 소비자로서는 환장할 노릇이다.

그런데 소비자들이 연대해 그 까닭을 밝혀냈다. 전구 수명을 통제하는 비밀 카르텔이 있다는 것, 프린터 제조업체가 인쇄 횟수를 헤아리는 칩을 의도적으로 내장했다는 따위를 알아낸 것이다. 기업만 제 살 궁리를 하는 게 아니다. 소비자, 눈 뜬 소비자도 그렇게 한다.

기술 분야가 점점 더 전문화될수록, 기계식에서 디지털식으로 전환될수록 소비자는 기업이 제공하는 제품에 수동적으로 만족해야 하는 존재가 되며, 직접 그 제품에 개입할 여지는 점점 더 줄어든다.

따라서 혹 기업이 불순한 의도를 전개하더라도 전혀 대응하지 못할 수 있다. 앞에서 예로 든 두 사례는 모두 불순한 의도의 사례다. 전구업체 스스로가 수명 통제기구를 비밀리에 운영한 것, 그리고 프린터 제조업체가 소비자의 이의 제기에 즉각 시정조치를 내린 것이 그 증거다.

눈 뜬 소비자의 존재는 기업의 타성을 깨뜨려주는 죽비와 같다. 소비자가 제품의 재료, 제조 과정, 노동 여건, 에너지 효율, 재활용, 폐기물 처리 등에 대해 관심을 보일수록 기업은 거기에 부합하는 제품을 만들려고 애를 쓴다. 둘 사이의 긴장관계가 잘 유지될 때 기업도, 소비자도 서로 신뢰하고 만족할 수 있다. 그래야 우리가 산 물건이 쓰레기가 되지 않는다.

사실 소비자와 기업은 상호 대립의 관계가 아니라 상호 의존하는 소중한 관계다. 그런 점에서 볼 때 이 책에는 양측에 경종을 울려 긴장관계를 유지하게 하는 값진 정보가 담겨 있다. 정보는 소비자를 눈 뜨게 하고, 눈 뜬 소비자는 기업을 자극해 발전하게 한다. 저자를 비롯한 책의 기획자들에게 감사와 격려의 박수를 보낸다.

류동수

관련 도서

Glenn Adamson, *Industrial Strength Design. How Brooks Stevens Shaped Your World*, Cambridge / London 2003

Edward Bernays, *Propaganda. Die Kunst der Public Relations*(übersetzt von Patrick Schnur), Freiburg 2013(4. Aufl.)

Peter Berz · Helmut Höge · Markus Krajewski(Hg.), *Das Glühbirnenbuch*, Wien 2011

Hans Christoph Binswanger, *Die Wachstumsspirale. Geld, Energie und Imagination in der Dynamik des Marktprozesses*, Marburg 2006

Michael Braungart · William McDonough, *Einfach intelligent produzieren. Cradle to cradle: Die Natur zeigt, wie wir die Dinge besser machen können*, Berlin 2005

Hans Diefenbacher · Roland Zieschank, *Woran sich Wohlstand wirklich messen lässt. Alternativen zum Bruttoinlandsprodukt*, München 2011

Thomas Frank, *The Conquest of Cool. Business Culture, Counterculture, and the Rise of Hip Consumerism*, Chicago 1979

Elizabeth Grossman, *High Tech Trash. Digital Devices, Hidden Toxics, and Human Health*, Washington 2006

Tim Jackson, *Wohlstand ohne Wachstum. Leben und Wirtschaften in einer endlichen Welt*(übersetzt von Eva Leipprand), München 2011

Kalle Lasn, *Culture Jamming. Das Manifest der Anti-Werbung*(übersetzt von Tin Man), Freiburg 2008(3. Aufl.)

Serge Latouche, *Farewell to Growth*, New York 2009

Donella Meadows · Jorgen Randers · Dennis Meadows, *Grenzen des Wachstums. Das 30-Jahre-Update: Signal zum Kurswechsel*(übersetzt von Andreas Held), Stuttgart 2007(2. Aufl.)

Vance Packard, *Die geheimen Verführer. Der Griff nach dem Unbewussten in jedermann*, Düsseldorf 1958

Vance Packard, *Die große Verschwendung*(übersetzt von Walther Schwerdtfeger), Düsseldorf 1961

Niko Paech, Befreiung vom Überfluss. Auf dem Weg in die *Postwachstumsökonomie*, München 2012

Victor Papanek, *Design für die reale Welt. Anleitungen für eine humane Ökologie und sozialen Wandel*(übersetzt von Elisabeth Frank-Großebner), Wien / New York 2009

Sascha Peters, *Materialrevolution. Nachhaltige und multifunktionale Werkstoffe für Design und Architektur*, Basel 2011

Robert u. Edward Skidelsky, *Wie viel ist genug? Vom Wachstumswahn zu einer Ökonomie des guten Lebens*, München 2013

Giles Slade, *Made to Break. Technology and Obsolescence in America*, Cambridge 2006

John Thackara, *In the Bubble. Designing in a Complex World*, Cambridge 2005

Manuel Zalles-Reiber, *Produktveralterung und Industrie-Design*, München 1996

관련 링크

영화 〈쓰레기더미를 위한 구매(Kaufen für die Müllhalde)〉에 대한 반응으로 설립된 공익 플랫폼 'Murks? Nein Danke!(어설픈 솜씨는 사양합니다)'는 토론 포럼으로 기능하며 수선 가능성, 보증 규정 및 서비스 업무에 대한 정보를 제공한다. '어설픈 솜씨 알림(Murksmeldungen)'에서는 계획된 노후화 및 제품 노후화의 사례를 수집한다. 소비자들이 자신의 사례를 신고해주기를 요청하고 있다.
www.murks-nein-danke.de/blog

'독일 환경자연보호 연합(Bund für Umwelt und Naturschutz Deutschland=BUND)'의 '남부 오버라인(Südlicher Oberrhein) 지역연맹'은 계획된 노후화 반대에 동참하고 있다. 이들이 개설한 웹사이트에는 이 같은 주제에 대한 다양한 정보와 고민들이 수집되어 있다. 특히 이 현상이 도시설계에서도 어떤 역할을 하는 게 아닌가 하는 문제를 제기한다.
vorort.bund.net/suedlicher-oberrhein/geplante-obsoleszenz.html

'전자포럼(Elektronikforum)'이라는 웹사이트에서는 전기 기기 및 가정용 기기와 관련된 문제점에 대해 의견을 공유할 수 있다. 운영자들이 관리하는 여러 포럼에서는 이용자 문의에 대한 답변이 제공되며 조언과 기술 교류가 이루어진다. 그 외에도 부품 배송 및 부품 거래장터가 링크로 연결되어 있다.
forum.electronicwerkstatt.de

영어권 플랫폼 **'아이픽스잇(iFixit)'**의 운영자들은 고장 난 물건을 각 개인이 직접 훌륭하게 수선할 수 있다고 생각한다. 그들은 이런 확신의 확산을 과업으로 삼아 수선 작업을 지원한다. 즉 혼자 수선할 수 있도록 전기 및 전자 기기 그리고 자동차 수선에 관한 상세한 안내를 웹사이트에서 제공한다. 질문은 아이픽스잇 커뮤니티가 대답해주며, 수리 도구와 부품이 없는 경우 주문을 할 수 있다. 물론 자신의 지식을 제공하는 것도 대환영이다.
www.ifixit.com

영어로 된 사이트인 **'인사이드 마이 랩톱(Inside my Laptop)'**상에는 기기의 부품 교체 및 노트북 컴퓨터 수리(PC와 Mac)에 도움이 되는 지침들이 있다. 특히 수리 단계별로 상세한 사진을 곁들여서 이해하기 쉽다.
www.insidemylaptop.com

오스트리아의 **'수선 네트워크 빈(Reparaturnetzwerk Wien)'**은 수선서비스를 중개해주며 수선에 유용한 조언을 제공한다. 그 외에도 환경 컨설팅 및 쓰레기를 피할 수 있는 방법을 조언해준다.
www.reparaturnetzwerk.at

'열린 공방 연합회(Verbund offener Werkstätten)'는 스스로 해볼 것을 북돋우려 하며, 이를 위해 열린 공방을 제공하는 단체들을 하나로 묶었다. 이 공방에서는 수공업적 및 예술적 작업이 이루어질 수 있다. 웹사이트에서는 공지에 대한 안내가 있으며 각종 행사 개최를 알려주기도 한다. 그 외에도 포럼 한 곳은 현재 대략 50개에 달하는 회원 프로젝트에 (정보 및 기계의) 교환, 네트워크화 및 전문적 컨설팅 기회를 제공하고 있다.
www.offene-werkstaetten.org

'30일 30가지 물건(30 Tage 30 Dinge)'이라는 웹사이트는 옛날 재료와 물건으로 이용해 만든 새 물건을 날마다 하나씩 선보인다. 이 원칙은 '업사이클링(Upcycling)'이라 불린다. 누구나 자신의 프로젝트를 이 웹사이트에서 발표할 수 있는데, 자기 아이디어를 운영자에게 보내기만 하면 된다.
www.weupcycle.com

인터넷 접속으로 디스코장 천장에 매달린 공 모양의 회전조명, 고무보트, 망원경을 찾고 있는가? **'품피품페(Pumpipumpe)'**라 불리는 스위스의 한 프로젝트는 소비재의 의식적 처리와 이웃과의 공유를 장려한다. 우편함에 붙이는 스티커는 무료로 주문할 수 있는데, 이로써 거주자들은 자신이 무엇을 빌려줄 수 있는지를 표시할 수 있다.
www.pumpipumpe.ch

이웃에게 디스코장의 회전조명이나 고무보트, 망원경을 빌려달라고 할 일이 없는 사람은 영어 웹사이트인 **'knowable.org'**에서 자기가 찾는 물건을 스스로 만들 수 있는 방법을 발견할 수 있다. DIY 애호가들을 위한 아이디어 수집처인 이곳에는 접착제 사용과 같은 간단한 처치법이 소개되어 있다.
knowable.org

독일의 수많은 도시에 존재하는 **'기브박스(Givebox)'**는 임시변통으로 만든 작은 중간 기지를 일컫는다. 사람들은 자신에게 쓸모없는 물건을 익명으로 갖다두거나 남이 갖다놓은 물건을 무료로 가져갈 수 있다. 인터넷 URL(uniform/universal resource locator: 인터넷상의 파일 주소)은 페이스북 사이트로 연결되며, 그 사이트에서 각자의 경험들을 공유할 수 있다. 기브박스 설치에 대한 조언과 지원 내용 등이다.
www.givebox.net

온라인 배송업체 **'쓰레기보다는 상상(Einfälle statt Abfälle)'**에서는 자급자족이라는 주제와 관련된 잡지와 단행본을 구할 수 있다. 제작 안내서를 보면 회전톱에서부터 폐품으로 만든 페달식 자동차, 직접 만든 풍차로 전기 생산하기에 이르기까지 없는 게 없다.
www.einfaelle-statt-abfaelle.de

'몽땅 공짜(Alles und Umsonst)'라는 웹사이트에서는 자기에게 더 이상 필요 없어서 다른 사람에게 주고 싶은 물건을 내놓거나, 필요는 하지만 사고 싶지는 않거나 살 수 없는 물건들을 뒤져서 찾을 수 있다. 이용조건에 따르면 동물, 주택, 무기 및 몇몇 물건들은 제외된다.
http://alles-und-umsonst.de

'음식 나누기(Foodsharing)'라는 포털사이트는 남은 음식을 다른 이들과 나누거나 무료로 다른 이들에게 전달할 수 있는 가능성을 제공한다. 이 아이디어는 영화 〈쓰레기를 맛보라(Taste the Waste)〉에서 비롯되었으며, 이 영화를 감독한 발렌틴 투른(Valentin Thurn)은 이 프로젝트의 공동 설립자이기도 하다. 제공되는 식품은 모두 상인, 생산자 및 개인에게 요청하여 받는다.
www.foodsharing.de

'네 밥을 나누어라(Thuisafgehaald / Teiledeinessen)'라는 플랫폼을 통해서는 아주 넉넉하게 구입한 식품들이 다른 형태로 굶주린 사람들에게 전달될 수 있다. 네덜란드에서는 1년 만에 4,733명의 남녀 요리사들이 개인적으로 소액의 실비만 받고 남을 위해 요리를 하겠다고 신청했다. 얼마 전부터는 오스트리아에서도 이 사이트가 개설되어 운영되고 있다.
www.thuisafgehaald.nl | www.teildeinessen.at

'안티프러뇌르 숍(Antipreneur-Shop)'(기업가를 뜻하는 프랑스어 단어 entrepreneur에서 앞부분 entre-와 영어식 발음이 비슷한 anti-를 붙여 만든 임의의 조어로, '기업가에 대항하고 반대하는 가게'라는 의미로 보인다. - 옮긴이)'은 이른바 쓸 만한 물건이 아니라 명백히 쓸모없는 물건들을 제공한다. 하지 않을 일 목록을 적어두는 메모지에서부터 자기 집 먼지의 가치를 높여줄 고급 미세먼지에 이르기까지 그곳에서는 마음이 열망하(지 않)는 것은 모두 살 수 있다. 그 뒤에 어떤 콘셉트가 숨어 있는지는 주문하기 전에는 비밀….
www.antipreneur.de

미국의 소비사회 비판가 애니 레너드(Annie Leonard)가 제작한 20분짜리 동영상 **'물건 이야기(The Story of Stuff)'**는 소비의 회전목마가 그 사회적 및 생태적 결과를 포함하여 어떻게 작동하는지를, 아니 오히려 작동하지 않는지를 설명한다.
http://vimeo.com/2416832

포털사이트 **'상표 순위 매기기(Rank a brand)'**는 그 이름에서 짐작되는 바와 달리 독일어 사이트다. 이 단체는 유명상표 제조업자들이 얼마나 책임감 있게 자원을 다루는지, 또 그들이 자기네 제품의 지속가능성이라는 항목에서 얼마나 투명한지에 대한 정보를 수집한다.
www.rankabrand.de

영화 〈**쓰레기더미를 위한 구매(Kaufen für die Müllhalde)**〉의 페이스북 사이트를 통해 영화 제작팀과 개인적 접촉이 가능하다. 이곳을 통해 영화제에 소개된 영상, 영화에 대한 토론 및 새로운 전개 양상에 관한 최근 소식을 발 빠르게 접할 수 있다.
www.facebook.com/KaufenfuerdieMuellhalde

우리는 어떻게 지구를 살릴 수 있을까?

김미화(자원순환사회연대 사무총장)

인간의 삶의 질을 높이고 안락한 생활을 지속하기 위해서는 일부분의 쓰레기와 오염물질을 발생시킬 수밖에 없다. 그러나 지구의 정화 능력이 가능한 상태에서 순환해야 한다. 하지만 현재의 지구는 감당할 수 없을 정도로 써버린 자원으로 인해 자정능력을 상실했고, 오염물질은 축적되어 또 다른 환경피해를 부르고 있다. 가속도가 붙은 자연재해는 되풀이됨으로써 현대사회에 큰 문제를 일으키는 추세다.

현재 우리나라 사람들은 **매일 35만여 톤, 일 년이면 1억 2,800톤**의 쓰레기를 배출하는데, 한 사람이 80년을 산다고 가정했을 때 약 200여 톤의 쓰레기를 발생시키는 셈이다. 과거의 쓰레기는 대부분 자연에서 쉽게 분해되는 소재였던 반면, 현대사회의 쓰레기는 그렇지 못하다. 과학 발전의 부산물로 생겨난 대부분의 제품들은 화학물질로 이루어져 있어서 쓰레기가 소각되거나 매립되었을 때 유해가스를 발생시킨다. 쓰레기는 물에 들어가면 수질오염을 일으키고, 땅에 묻으면 토양오염이나 침출수로 인한 지하수오염을 일으키며, 태우면 이산화탄소^{CO_2} 등 대기오염 물질을 만들어낸다.

페트병 5개로 붉은악마 티셔츠 만들어

2010년 남아공월드컵 때 인기리에 판매된 모 스포츠사의 붉은악마 응원용 티셔츠는 페트병^{PET}을 재활용하여 만든 옷이다. 페트병으로 만든 옷은 가볍고, 통풍이 잘되기 때문에 스포츠나 등산을 할 때 매우 실용적이다. **1.5리터 페트병 5개면 티셔츠 한 벌을 만들 수 있고, 14개면 등산용 재킷, 25개면 겨울용 스웨터**, 페트병 36개면 카펫을 만들 수 있다. 우리가 겨울에 사용하는 머플러도 재활용 페트병으로 만든 것이 많다.

그러나 페트병에 담배꽁초를 넣으면 재활용이 어렵고, 아무 데나 버리면 생태계를 파괴하는 원인을 제공할 수도 있다. 폭우나 태풍에 휩쓸린 페트병이 해류에 떠밀려 바다와 해안을 오염시키고, 이는 해양생물을 멸족시키는 원인이 되기도 한다. 우리나라에서도 연간 발생하는 페트병이 많지만 붉은악마 티셔츠는 만들지 못한다. 왜냐고? 병 속에 이물질이 많아서 품질이 떨어지기 때문이다. 우리나라에서 분리배출된 페트병은 질 좋은 제품을 만들지 못하기에 붉은악마 티셔츠는 대부분 외국에서 수입한 페트병 원료로 만들어진다. 자존심이 상하는 일이다. 그렇다면 우리나라 페트병으로 붉은악마 티셔츠를 만들 방법은 없을까? 페트병을 깨끗하게 분리배출하려는 우리의 작은 실천만 있다면 물론 가능하다.

천 년 지나도 썩지 않는 신십장생 스티로폼 마귀

21세기 최첨단 과학시대는 **천 년이 지나도 썩지 않는 플라스틱**을 뻥튀기하여 스티로폼을 만들었다. 스티로폼은 가볍고 보온성이 뛰어나 주로 건축자재나 생활용품으로 많이 사용된다. 하지만 아무렇게나 버려진 스티로폼은 가벼워서 바람에 떠다니다가 자연으로 돌아가 썩지 않고 토양과 하천을 오염시킨다. 심지어 먹이를 찾아 나선 동물들이 이 스티로폼 조각을 먹고 목숨을 잃기도 한다. 이러한 스티로폼도 잘 분리배출해주면 효자 노릇을 톡톡히 한다. 우리가 수출하는 액자의 80퍼센트 이상이 재활용한 스티로폼이고, 스티로폼을 재활용한 건축용 자재는 외국에서 각광받는 수출품이다.

120만 톤 폐지 버리고, 150만 톤 폐지 수입하는 나라

우리나라 국민 **한 사람이 일 년 동안 170킬로그램의 종이를 소비**한다. 이는 30년생 원목 3그루에 해당된다. 사람이 80세까지 산다면 지름 22센티미터, 높이 18미터의 나무 240그루를 잘라야 하며, 사용된 나무만큼 자연을 유지시키기 위해서는 한 사람이 해마다 3그루의 나무를 심고 그 나무가 30년 동안 자라야 자급자족이 가능하다. 전 국민이 종이 한 장을 덜 쓴다면 하루에 4,500그루(A4용지 1만 장=원목 한 그루, 4,500만 명=4,500그루)의 나무를 살리게 되는 것이다.

우리나라에서 **버려지는 종이는 연간 120만 톤**이다. 이 양은 나무 2,000만 그루 이상을 태우고 버리는 것과 같다. **폐지 1톤을 재활용하면 다 자란 나무 20그루를 살리고 물 28톤, 에너지 4,200킬로와트/시(kW/h), 이산화탄소 500톤** 이상을 줄일 수 있다. 또한 나무에서 종이를 만들 때 사용되는 에너지의 3분의 1 정도로 대기오염 74퍼센트, 수질오염 35퍼센트, 공업용수 58퍼센트를 줄일 수 있다. 폐지 재활용률을 1퍼센트만 높이면 30년생 소나무 75만 그루를 심는 것과 같은 효과를 얻는다.

그러나 아쉽게도 우리나라는 연간 150만 톤 폐지를 수입해서 사용한다. 현재 버려지는 폐지 120만 톤을 재활용한다면 자연 폐지 수입량도 줄어들 것이다. 한 장의 종이도 절약하고, 재사용 및 재활용을 위해 분리배출하는 노력이 필요한 이유이기도 하다.

무심코 사용하는 종이컵 한 개가 아마존 원주민 눈을 멀게 한다

우리나라 국민 한 사람이 하루에 배출하는 쓰레기의 양은 2013년을 기준으로 1킬로그램이다. 그중 **일회용품의 경우 1인당 연간 소비량은 종이컵 302.5개, 접시 21.9개, 종이그릇 65.8개, 나무젓가락 80개**다. 합산하면 한 해에 약 21만 톤, 개수로는 약 233억 개의 일회용품이 생산돼 버려진 것이다. **연간 일회용 종이컵을 150억 개 사용하고, 종이컵 한 개당 무게는 11그램이며, 150억 개 종이컵이 배출하는 이산화탄소는 16만 톤**이다. 150여억 개의 종이컵을 만들기 위해서는 50센티미터 이상 나무 1,500만 그루를 잘라야 한다. 16만 톤의 이산화탄소를 줄이기 위해서는 지구촌에 나무를 3만 그루 이상 심어야 정화가 되고, 종이컵은 썩는 데만 20년 이상 걸린다. 일회용 종이컵을 만들기 위해서는 1,000억 원이 지출되고 쓰레기 처리비용만도 연간 60억 원이 지출된다. 일회용 종이컵에 사용되는 목재로 인해 환경은 파괴되고 자원은 고갈된다. 더욱이 종이컵에 코팅된 얇은 비닐막은 방부재와 각종 화학물질로 처리되어 건강과 환경에도 악영향을 미친다.

우리가 이렇게 종이컵을 사용하는 동안 아마존 정글의 원주민들은 점점 눈이 멀고 있다. 종이컵 제작에 필요한 목재를 얻기 위해 아마존 정글의 울창한 삼림을 훼손시키자, 과다한 햇빛에 고스란히 노출된 아마존 정글 원주민들의 시력이 약해져서 결국 실명에 이르게 된 것이다. 한 번 쓰고 버리기 위해 우리는 지구환경을 해치고 아마존 원주민들의 눈까지 멀게 하는 등 너무도 많은 희생을 요구하고 있다.

지구와 지구촌 사람들을 위해서는 종이컵 사용을 되도록 자제해야 한다. 일반적으로 종이컵용 분리수거함이 많이 설치돼 있지 않아서 수거도 어려울뿐더러 재활용도 쉽지 않다. 그럼에도 꼭 종이컵을 사용해야 한다면 최소한으로 사용하고, 사용 후에는 꼭 분리수거함을 찾아서 배출하여 재활용이 가능하게 하자.

비닐봉투 한 장을 덜 쓰면 기름값이 내려간다

우리나라는 **하루에 1,035톤, 한 해에 38만 톤의 일회용 쓰레기가** 발생한다. 연간 4,000억 원의 자원이 일회용을 만들기 위해 낭비되고, 쓰레기 처리비용만도 1,000억 원에 달한다. **비닐봉투 1톤[1]을 제작하는 데 원유 11배럴[2]이 사용**된다. 비닐봉투 9장에 사용되는 원유로 1킬로미터 거리를 승용차로 달릴 수 있다. **비닐봉투 1킬로그램을 제작하는 데 이산화탄소 5.87킬로그램이 발생**한다. 나무 한 그루가 일 년 동안 흡수하는 이산화탄소 양이 약 5킬로그램밖에 되지 않는데 비해 우리는 이산화탄소를 너무 많이 발생시킨다. 2013년 비닐봉투 생산량은 약 200억 장으로, 쇼핑봉투 제작비만 약 6,000여억 원이 들었고 이산화탄소 **배출량은 260만 톤**이었다. 전 세계가 일회용 비닐봉투 사용량을 50퍼센트만 줄여도 이산화탄소 배출량을 크게 줄일 수 있을뿐더러 기름값이 내려가는 효과까지 덤으로 얻을 수 있을 것이다.

우리나라는 선진국에 비해 포장재를 많이 사용한다. 선물을 할

---

1 비닐봉투 한 장당 18.3밀리리터 수준의 원유가 사용된다.
2 석유의 경우 1배럴 = 42미국 갤런 = 158.9리터로, 우리나라는 석유의 단위로 배럴(bbl)을 사용한다.

때도 물건에 비해 과대 포장을 하거나 이중, 삼중으로 포장을 한다. 선물을 겹겹이 감싸고 있던 포장재는 곧바로 쓰레기로 버려지는 경우가 허다한데, 이는 자원 낭비뿐만 아니라 이산화탄소를 발생시키는 원인이 된다. 대부분의 포장재는 플라스틱 재질로 만들어졌기에 포장을 줄인다면 그만큼 화석연료 감량과 이산화탄소 발생을 줄여 지구온난화를 막을 수 있다.

현재 우리나라는 한 사람이 일 년 동안 평균 9.3톤의 이산화탄소를 배출한다. 세계평균인 4.22톤보다 무려 두 배나 많은 양이다. 우리가 사용하는 모든 물건들을 오래 쓰고 재활용한다면 이산화탄소 배출량이 세계평균에 근접해질 것이다.

몸도 슬림, 지구도 슬림, CO_2 다이어트

현재 우리나라에서 하루에 버려지는 음식물쓰레기량은 1만 3,000톤이다. 식탁에 오르기도 전에, 또 식탁에 올랐다가 남겨져서 버려지는 음식물의 양이다. 경제협력개발기구[OECD] 가입국가 중 단위면적당 가장 많은 음식물쓰레기를 발생시키고 있다는, 결코 자랑스럽지 않은 통계를 가지고 있다. 또 일 년 동안 전 국민이 음식을 조리하는 데 들이는 비용은 연간 126조 원으로, 국가 총예산의 40퍼센트라고 한다.

반면 곡물자급률은 OECD 국가 중 최하위 수준이다. 국제 곡물가격을 보면, 밀가루의 경우 2008년 톤당 200달러였으나 2011년 톤당

310달러로 올랐고, 옥수수는 톤당 150달러에서 270달러로 올랐다. 그 외 대두유, 설탕 등의 모든 곡물가격이 고공행진을 하고 있다. 앞으로도 국제 곡물가격은 아주 빠르게 상승할 것이다. 곡물가격의 상승은 식량 수입을 위해 앞으로 더 많은 비용을 지출해야 됨을 뜻한다. 그럼에도 음식물쓰레기로 버려지는 비용은 20조 원이 넘는다고 한다. 전 국민이 일 년 동안 **음식물쓰레기로 배출하는 온실가스는 연간 885만 톤**이다. 이는 승용차 234만 대가 배출하는 온실가스 양에 맞먹는데, 전 국토 11.5퍼센트 면적에 소나무 18억 그루를 심어야 이 온실가스를 전부 흡수할 수 있다고 한다. 음식물쓰레기 문제는 국민 한 사람, 한 사람이 아니라 전 국민이 힘을 합할 때 비로소 해결할 수 있다.

버려지는 식량, 모자라는 식량

지구촌 70억 인구 중 10억 인구가 매일 굶주림으로 고통받고 있다. 우리나라와 같은 경제국은 음식물쓰레기 처리가 중요하고, 개도국은 배고픔 해소가 중요하다. 1950년 대비 식량생산량은 3배가 증가했고, 인구도 3배가 증가했다. 그럼에도 굶주리는 인구는 갈수록 늘어난다. 갈수록 심해지는 부익부 빈익빈富益富貧益貧 현상은 생산과 소비의 불균형을 초래한 지구촌의 현실이다. 음식물쓰레기 50퍼센트만 줄여도 지구촌 사람들이 모두 행복해질 수 있다. 매년 전 세계에서 생산되는 음식의 약 20억 톤이 식탁에 오르기도 전에 버려진다.

유통기한, 원플러스원 판매로 이어지는 유통마케팅 등으로 식량의 30~50퍼센트인 약 12~20억 톤에 달하는 식량이 조리되기도 전에 버려진다고 한다. 생산되는 야채 및 작물의 30퍼센트는 못생기고 울퉁불퉁해서 상품 가치가 없다고, 즉 소비자들의 외면을 받는다는 이유로 수확조차 안 되고 있다. 식량 낭비는 곧 땅과 물, 그리고 에너지 자원의 낭비이기도 하다.

서울에서 금도 캐고, CO_2도 줄이고

전 세계에서 스마트폰을 가장 많이 사용하는 나라는 한국이다. 전기전자 산업이 급속도로 발전하면서 폐전자제품도 많이 발생하고 있다. 이로 인한 환경피해는 불 보듯 뻔하다. UNEP유엔환경계획 발표에 따르면, 전 세계적으로 연간 4,000만 톤 이상의 폐전자제품이 발생하고 있다고 한다. 앞으로 인구수가 많은 중국이나 인도 등이 성장할 경우 폐전자제품 발생량은 현재보다 10배 이상 증가할 것이라는 우울한 전망도 나온다. 무엇보다 부자 나라에서 버려진 폐전자제품이 가난한 나라에서 해체되면서 환경오염과 건강피해를 야기한다는 것이 문제다. 환경 보전과 자원 절약을 위해서라도 재활용에 대한 논의는 아주 중요하다.

우리나라는 연간 폐전자제품이 6,600만 대가 발생하는 것으로 추정하고 있다. 폐전자제품에는 금·은·동·구리·철·알루미늄 등 많은 양의 귀금속과 팔라듐·인듐·로듐 등의 희귀금속이 들어 있다.

서랍 속에 들어 있는 휴대전화기 한 대를 분해하면 금 0.04그램, 은 0.2그램, 팔라듐 0.005그램, 구리 14그램 등 약 41.67그램의 금속자원이 나온다. 광산에서 1톤의 금광석을 채굴하면 금 5그램이 생산되지만, 폐휴대전화기 1톤(약 1만 대)을 분해하면 금 400그램을 얻을 수 있다. 이외에도 폐휴대전화기 1톤에는 은 3킬로그램, 구리 100킬로그램, 주석 13킬로그램, 니켈 16킬로그램, 리튬 5킬로그램이 함유되어 있다.

또한 알루미늄 1톤을 광산에서 채굴하면 수자원 1378.6톤이 필요하나, 재활용하면 60.9톤만 있으면 된다. 폐휴대전화기 한 대에는 금·팔라듐 등의 금속자원이 16종 이상 들어 있는데, 이를 돈으로 환산하면 폐휴대전화기 한 대당 2,500~3,400원의 가치를 지닌다.

광산에서 금을 채굴할 경우 화석에너지 과다 사용으로 대기오염을 일으키는 것은 물론이고 이산화탄소 발생, 생태계 파괴 등의 환경문제를 야기한다. 그렇다고 해서 많은 금이 채굴되는 것도 아니다. 즉 금 같은 천연광물을 채굴할 경우 비용은 많이 들지만 생산성은 낮다는 말이다(고비용 저효율). 금 채굴생산성은 금광산보다 폐휴대전화기가 100배 더 높다. 옛날에는 금광에서 금을 캤지만, 현대사회는 도시에서 금을 캐고 있다.

일본 물질재료연구소 조사에 따르면, 일본 전자제품에 들어 있는 금은 6,800톤으로 세계 지금^{地金} 매장량(4만 2,000톤)의 16퍼센트에 이른다. 더불어 은은 세계 매장량의 23퍼센트, LCD 텔레비전에 들어가는 인듐은 38퍼센트에 이른다고 한다. 그렇다면 우리나라에서 잠자고 있는 전기전자제품 속의 금속자원은 얼마나 될까? 현재 국내에서 사용 중인 전기전자제품은 약 3억 3,000만 대로 추정된다. 경제적 가치는 10조 원 정도이며, 매년 1조 3,000억 원가량의 폐전기전자제품이 발생된다고 보면 된다. 만일 우리나라에서 발생하는 폐전자제품을 전량 수거한다면 어느 정도의 가치가 있을까? 휴대전화기 2,589억 원, 컴퓨터 4,799억 원, 기타 9조 2,102억 원가량의 수입을 창출할 수 있을뿐더러 값비싼 유가금속(금이나 은처럼 값나가는 유색 금속) 자원을 확보할 수도 있다.

분리배출 잘하면 부자나라 만든다

전 세계는 자원 부족으로 어려움을 겪고 있다. 우리가 사용 후 버리는 냉장고, 세탁기, 텔레비전, 휴대전화기 등의 폐전기전자제품은 그냥 버리면 독성 쓰레기로 전락한다. 당연히 처리비용도 비싸고 환경적으로도 악영향을 미친다. 그러나 재활용을 한다면 국가발전과 경제에 큰 도움이 된다. 지금 세계는 천연자원 부족으로 더 이상 채굴할 광산을 찾기가 어렵다. 그렇다면 폐전기전자제품 속에 든 금속자원을 최대한 채취하는 게 부족한 자원문제를 해결하는 지름길이다.

우리나라에는 전 세계로 전기전자제품을 수출하는 경쟁력을 가진 기업들이 많다. 이들을 앞으로 경쟁력 있고 주도권을 가진 기업으로 발전시키려면 무엇보다 자원 확보가 필수적이다. 그러나 우리나라는 자원 절대 부족 국가로서 대부분의 자원은 수입에 의존하고 있는 실정이다. 만일 휴대전화기, 전자제품 등의 주요 수출품목의 자원을 충분히 확보하지 못한다면 수출에 큰 차질을 빚게 된다. 결국 자원 확보를 위해서라도 전기전자폐기물 수거율을 높여야 한다는 결론에 이른다. 그러나 우리나라에서 폐전기전자제품을 재활용하는 양은 30퍼센트 이내에 그치고 있다. 50퍼센트 이상의 금속자원을 폐전기전자제품을 분해해서 확보하는 독일, 스웨덴, 일본 등과 비교해볼 때 우리나라의 재활용률은 매우 낮음을 알 수 있다. 왜 재활용률이 선진국에 비해 현저히 낮을까?

전 세계적으로 휴대전화기 사용주기가 가장 짧은 우리나라는 매년 2,000만 대가량의 폐휴대전화기가 발생한다. 그러나 수거되는 양은 600만 대에 불과하다. 그럼, 그 많은 폐휴대전화기는 어디로 갔을까? 아마도 '장롱폰'이라는 말을 들어봤을 것이다. 그냥 버리기 아까워서 장롱서랍 깊숙이 보관하고 있는 바로 그 폐휴대전화기 말이다. 집집마다 몇 대씩은 보관하고 있을 법한 이 폐휴대전화기 때문에 지금도 우리는 환경파괴라는 오명을 뒤집어쓴 채 광산에서 금, 은 등의 천연자원을 채굴하고 있다. 얼마 되지도 않는 생산량 때문에 많은 비용을 들이는 일도 감수하고서 말이다.

그럼, 소형 전기전자폐기물은 수거율이 높을까? 전혀 아니다. 많은 사람들이 단순히 분리배출이 귀찮다는 이유로, 또는 각 시·군·

구 등의 지방자치단체가 적극적으로 수거하지 않는다는 이유로 종량제봉투에 담아서 그냥 내다버리고 있다. 종량제봉투 속에 든 전기전자폐기물은 최종적으로 매립지에 묻히거나 소각장에서 한줌의 재로 타버린다. 소중한 자원을 그냥 버리는 것도 모자라서 환경오염물질까지 배출하는 것이다.

조금 아깝고 불편하더라도 사용하지 않는 휴대전화기와 종량제봉투 속에 담긴 소형 전기전자제품을 분리배출해준다면, 자원 확보나 에너지 절약 차원에서 큰 도움이 될 것이다. 물론 지구온난화의 주범인 이산화탄소도 감축시킬 수 있다.

더불어 살아가는 사회 만들기, 쓰레기 제로 사회

현재 미국, 일본, 유럽 등 선진국에서는 경제와 환경을 위한 '제로 웨이스트ZeroWaste' 붐이 일고 있다. 모든 제품을 생산할 때 제품원료를 줄이기 위해 디자인 설계를 하고, 발생된 모든 폐기물은 자원으로 재활용하여 자원의 가치를 높이는 동시에 에너지 절약과 이산화탄소를 줄인다는 것이다. 선진국들의 전략은 자원순환 재활용 기술 향상을 통해 국가 경쟁력을 높이고, 일자리 창출 효과를 극대화한다는 것이다. 즉 5R 관점에서 실천을 하고 있는 것이다. 여기서 5R은 Reformulation(제품 재구성), Redesign(설비 재배치), Reduce(감량화), Reuse(재사용), Recycle(재활용)을 말한다.

재활용은 쓰레기 처리비용을 줄이는 한편, 천연자원 구입비용도 줄인다. 또한 쓰레기를 땅에 묻거나 태울 때 나오는 침출수, 악취, 유해물질, 이산화탄소 등의 환경오염물질을 원천적으로 줄여 사회적·환경적 비용 절감과 효과도 높다. 재활용은 무엇보다도 새로운 일자리 창출을 확대시키는 데 이바지한다. 재활용 기술의 발전은 국가 경쟁력을 갖추고 미래 산업을 선점하는 데 동력이 될 것이다.

환경을 위협하는 기업들의 음모와 지구를 살리기 위한 우리들의 선택

지구와 바꾼 휴대폰

초판 1쇄 발행 2015년 3월 13일
초판 3쇄 발행 2020년 7월 13일

지은이 위르겐 로이스 · 코지마 다노리처
옮긴이 류동수
펴낸이 이범상
펴낸곳 (주)비전비엔피 · 애플북스

기획 편집 이경원 차재호 김승희 김연희 이가진 황서연 김태은
디자인 최원영 이상재 한우리
마케팅 한상철 이성호 최은석 전상미
전자책 김성화 김희정 이병준
관리 이다정

주소 우) 04034 서울시 마포구 잔다리로7길 12 (서교동)
전화 02)338-2411 | **팩스** 02)338-2413
홈페이지 www.visionbp.co.kr
이메일 visioncorea@naver.com
원고투고 editor@visionbp.co.kr

등록번호 제313-2007-000012호

ISBN 978-89-94353-96-8 03300

「이 도서의 국립중앙도서관 출판시도서목록(CIP)은 서지정보유통지원시스템 홈페이지(http://seoji.nl.go.kr)와 국가자료공동목록시스템(http://www.nl.go.kr/kolisnet)에서 이용하실 수 있습니다.(CIP제어번호: CIP2015005935)」